dtv

An manchen Orten der Welt war selbst der große Robert Musil bloß ein ländlicher »Muh-Muhsil«. – Die Orte, deren Magie etwa seit Mitte des vorigen Jahrhunderts eine solche Verwandlung hervorrief, waren die sogenannten »Sommerfrischen«. Raus aus der Stadt war die Devise, und wer es sich leisten konnte, zog mit Sack und Pack aufs Land: in ein Bauernhaus, zur Untermiete oder an die See. Dort gingen dann offensichtlich sommerliche Hitze und erfrischender Wind eine heiter-spielerische Verbindung ein – und hier verbrachten auch die großen Dichter und Essayisten der bürgerlichen Epoche unvergeßliche Sommermonate. Heiter oder genervt, spöttisch oder voller Nostalgie erzählen etwa 40 Autoren in diesem Buch von ihren Erlebnissen der Natur, von Wohltätigkeitskonzerten, Landpartien, Badeausflügen und dem zuweilen bizarren Benehmen der »Familien Möllendorpf, Hagenström, Kistenmaker und Fritsche«.
Der geneigte und gewiß amüsierte Leser wird entscheiden, ob dieses zauberhafte Buch nicht vielleicht doch eine Renaissance der »Sommerfrischen« bewirken kann.

Der Herausgeber *Jörg Plath,* geboren 1960, lebt als Redakteur und Literaturkritiker in Berlin.

Sommerfrische

Ein literarisches Lesebuch

Mit einem Nachwort
herausgegeben
von Jörg Plath

Deutscher Taschenbuch Verlag

Originalausgabe
Juli 1999
Deutscher Taschenbuch Verlag GmbH & Co. KG,
München
© 1999 Deutscher Taschenbuch Verlag, München
Umschlagkonzept: Balk & Brumshagen
Umschlagbild: ›Strand in Noordwijk‹ (1908) von
Max Liebermann (© VG Bild-Kunst, Bonn 1998)
Satz: Bembo 10/12'
Gesamtherstellung: C. H. Beck'sche Buchdruckerei,
Nördlingen
Gedruckt auf säurefreiem, chlorfrei gebleichtem Papier
Printed in Geormany · ISBN 3-423-12647-7

INHALT

Joachim Ringelnatz

SOMMERFRISCHE

Zupf dir ein Wölkchen aus dem Wolkenweiß,
Das durch den sonnigen Himmel schreitet.
Und schmücke den Hut, der dich begleitet,
Mit einem grünen Reis.

Verstecke dich faul in die Fülle der Gräser.
Weil's wohltut, weil's frommt.
Und bist du ein Mundharmonikabläser
Und hast eine bei dir, dann spiel, was dir kommt.

Und laß deine Melodien lenken
Von dem freigegebenen Wolkengezupf.
Vergiß dich. Es soll dein Denken
Nicht weiter reichen als ein Grashüpferhupf.

Deneken

ÜBER DIE SITTE DER STÄDTER,
DEN SOMMER ÜBER SICH
IN BAUERNHÄUSERN EINZUMIETEN

Seit mehreren Jahren schon ist es hier Sitte geworden, daß Familien, die keine Gärten oder Landgüter besitzen, sich zu ihrem ländlichen Aufenthalte irgendeine angenehme, nahe gelegene Gegend auswählen, wo sie in einem geräumigen Bauernhause einige Zimmer mieten und darin den Sommer über ihre eigene Ökonomie führen.

Ich selbst habe diese Sitte mitgemacht und während der

letzten zwei Sommer in einer solchen einfachen ländlichen Wohnung in einer Gegend, wo die Natur seit Jahrhunderten ihre Werkstätte der prächtigsten Eichen angelegt und diese in mannigfache schöne Gruppen geordnet zu haben scheint, mit meinem kleinen Haushalte eine wahrhaft-göttliche Muße genossen.

Ich will es versuchen, ein Gemälde dieses Genusses zu entwerfen, ohne jedoch, von dem zauberischen Reize meines Gegenstandes hingerissen, den Schatten zu vergessen, der sich auch hier, so wie überall, neben dem Lichte findet.

In verschiedenen benachbarten Dörfern, welche von der Natur nicht ganz vernachlässigt sind, haben seit den letzten Jahren erst einzelne spekulative Köpfe unter den Bauern, denen dann bald mehrere folgten, ihre Häuser, wenngleich auch nur notdürftig, doch für genügsame Städter hinreichend, zum ländlichen Aufenthalte eingerichtet.

Ein kleines Wohnzimmer, ein oder ein Paar Schlafstuben und höchstens noch eine Speisekammer sind alles, was sie nebst dem Gebrauche ihrer Küche und der Feuerung von den ersten Frühlings- bis zu den spätesten Herbsttagen, je nachdem ihre Häuser mehr oder weniger bequem eingerichtet sind und in einer mehr oder minder angenehmen Gegend liegen, zu 30 bis 40 Rthr. vermieten.

Leicht geschürzt, wie es für das flüchtige Leben sich paßt, ist man hier eingerichtet. Die paar Zimmer sind bald möbliert: es bedarf dazu keiner mühsamen Vorbereitung und keiner weitläufigen Anstalten. Fehlt ja noch etwas, so läßt man's sich aus der nahen Stadt nachbringen, die uns denn auch mit unserm täglichen Brote versorgen und uns von ihrem Markte und aus ihren Küchen die Leckerbissen liefern muß, woran sich unsere Gaumen einmal gewöhnt haben, wenn wir nicht etwa mit bloßer Hausmannskost und mit den Früchten des Landes vorliebnehmen wollen.

Der beschränkte Raum der Speisekammer faßt keinen großen Vorrat. Frugalität wird daher ein notwendiges Gesetz, welches den weichlichen Epikuräer zurückschreckt, der sich überall unbehaglich fühlt, wo sich ihm nicht prächtige Säle mit reichbesetzten Tafeln öffnen. Hier findet er seine Rechnung nicht. An köstliche, glänzende, üppige Gastmahle läßt sich nicht denken. Es fehlt der Platz dazu. Man darf es bei unserem veränderlichen Klima nicht wagen, für eine zahlreiche Gesellschaft unter freiem Himmel den Tisch decken zu lassen. Man muß wenigstens einen Zufluchtsort im Hinterhalte haben, wohin man sich, wenn man von einem Gewitter oder von einem plötzlichen Regen und Sturm überrascht wird, zurückziehen kann. Und wenn auch in einigen Häusern der wohlhabendsten Bauern die Dielen geräumig genug sein möchten, so bleiben diese doch immer nur ein Notbehelf, wozu man nicht gern greift. Der Rauch und die Hitze von dem nahen Feuerherde, Schwärme von Fliegen und Mücken, welche durch die Speisen angelockt werden, manch widrige Dünste, welche in der beschlossenen Luft umherziehen, und die bäurische Unordnung, die sich nicht immer verstecken läßt, sind keine Reize, dort oft eine Gesellschaft zu bewirten.

Aber − ist es denn so schwer, hierauf Verzicht tun zu müssen? Gewähren nicht die sokratischen Mahle, bei denen, wie Kant sagt, die Zahl der Gäste nicht die Zahl der Musen übersteigen und nicht weniger als die Zahl der Grazien betragen darf, einen weit reineren Lebensgenuß und, wenn wir Sinn dafür haben, sollte es uns bei einer ausgebreiteten Bekanntschaft nicht willkommen sein, in dem Mangel an Raum und Gelegenheit eine gültige Entschuldigung zu finden, wodurch wir uns gegen die üppigen Gastmahle sichern können, welche den ländlichen Aufenthalt so sehr verbittern? Muß es nicht oft den Besitzern von Gärten oder Landhäusern lästig werden, wenn die Höflichkeit und die Mode sie nötigen, ihr Geld oder ihre Zeit an Mahlzeiten zu verschwenden, die sie der Reihe nach ihren Freunden oder Bekannten geben müssen? Von diesem Übel sind wir in den Bauernhäusern befreit. Die Schwelger meiden uns dort, und wenn Freunde uns überraschen, die nicht der Gaumen, sondern das Herz zu uns herzieht, so beweisen sie uns hierdurch ihre echte Freundschaft, welche in frohen Gesprächen die frugale Mahlzeit würzt. Sie erwarten keine andere, da wir nicht darauf vorbereitet sind. Unbeschreiblich angenehm sind solche Überraschungen. Sie stören durchaus nicht unsere gute frohe Laune. Um eine köstliche Bewirtung brauchen wir uns nicht zu kümmern. Die Unmöglichkeit überhebt uns aller Verlegenheit und aller Sorgen. Unsere Gäste wissen dies und begnügen sich daher mit dem, was wir ihnen vorzusetzen vermögen. Wir geben uns dann ganz unbefangen den geselligen Vergnügungen hin und freuen uns aus vollem Herzen des echten Genusses wahrer Freundschaft, die nirgends besser schmeckt, als auf dem Land im Schoße der schönen Natur.

Vergebens sind alle Versuche, dem Luxus unter diese Strohdächer den Eingang zu verschaffen. Er ist und bleibt eine fremde Pflanze, die auf diesem Boden nie gedeiht, sondern in ein krüppelhaftes Gewächs ausartet. Man kann die paar kleinen, niedlichen Stübchen nett und gefällig ordnen und sie niedlich wie ein Puppenkästchen möblieren. Man kann die umliegenden Besitzungen des Hauswirts, wenn dieser es verstatten will, insofern ihre erste Bestimmung, der Nutzen des Eigentümers, dabei nichts verliert, verschönern: man kann liebliche Gänge durchs Gehölz sich schlängeln und hie und da, wo man eine hübsche Aussicht ins Freie hat, unter einem schattigen Baume einen Rasensitz oder eine Bank hinsetzen lassen und so einigermaßen die Reize der Natur durch die Kunst erhöhen. Aber hier steht denn auch die Simplizität auf der

Grenze und erlaubt nicht, weiter in das Gebiet der Üppigkeit oder auch des mit Geschmack verbundenen Aufwandes hinüberzuschweifen. Hierzu sind nur die Besitzer von Landgütern und Gärten privilegiert: diese können nach den Eingebungen ihres Genius oder nach den Vorschriften der Kunst, so wie der Umfang und die Beschaffenheit ihrer Besitzungen und der Gegend es verstatten, Landschaftsgemälde in der Natur darstellen; sie können palastähnliche Gebäude aufführen und in prächtigen Sälen nach Wohlgefallen Prunkmahlzeiten geben. Dies alles ist uns versagt, die wir in den einfachen Bauernhäusern unser Wesen treiben. Manche feineren Genüsse müssen wir hier entbehren. Wir können, wenn wir bei einem geläuterten Geschmacke den Drang in uns fühlen, Schöpfer einer kleinen Welt um uns her zu werden, diesen nicht befriedigen. Unentwickelt muß er hier in uns schlummern. Wir dürfen nicht daran denken, die schönen Pläne, womit die Phantasie in den glücklichsten Stunden sich beschäftigt, auszuführen. Wir haben hier nichts aufzuweisen, was unserem Geschmacke Lob und Bewunderung bringen könnte. Dagegen werden wir aber auch von keiner der Sorgen und Gefahren beunruhigt, wodurch die Gutsbesitzer so oft geängstigt werden – und kein Verdruß, womit bald der Hofmeier, bald der Gärtner, bald das zahlreiche Gesinde und bald die Handwerker unaufhörlich sie necken, verdirbt uns den Frohsinn, womit wir unbeneidet und im ungestörten Frieden ein wahres Idyllenleben hier führen. Das ländliche Vergnügen kostet uns keine große Summe; wie die Bauern saugen wir hier auch aus gemeinen Feldblumen lieblichen Honig. Die ganze Gegend, worin wir wohnen, betrachten wir wie unseren Garten, und diesen durchstreifen wir von allen Seiten mit immer neuem Vergnügen, welches bei weitem so abwechselnd nicht sein kann, wenn die Spaziergänge nur in dem Bezirke eigentümlicher Besitzungen beschränkt sind. Und wer hockt nicht gern am liebsten auf seinem eigenen Gute? Wer klebt nicht fest an dem Boden, worauf er seine Ideale realisiert, und wer verweilt nicht gern vor dem Spiegel, worin er in der gefälligsten Gestalt sich selbst erblickt und so von anderen gesehen wird?

Frei von solchen Fesseln, folgen wir der süßen lockenden Stimme der schönen Natur. Am Arme der Liebe und der Freundschaft wandeln wir zwanglos durch liebliche Kornfelder, im kühlenden Schatten ehrwürdiger Eichen über blumige Wiesen und durch dunkles Gebüsch, solange wir Kraft und Lust haben, überall umher und kehren dann am Abend mit mannigfachen Bildern zur künftigen Rückerinnerung bereichert in unsere einfache Wohnung zurück, wo nach einem leichten frohen Mahle der wohltätige Schlaf uns sanft einwiegt und Geist und Körper zu neuen Genüssen für den folgenden Tag erheitert und stärkt.

Zwar wohnen wir in abgesonderten Zimmern getrennt von der Familie des Hauswirts; allein, wir mischen uns doch oft unter sie und sind ihr nahe genug, um ihre Lebensweise, die sie eben nicht zu verheimlichen pflegen, genau beobachten zu können, und diese hat bei dem größten Teil der hiesigen Landleute, wenn auch gleich die sonst eiserne Härte ihrer Sitte seit einem Jahrhunderte wohl etwas biegsamer geworden ist, doch immer noch sehr viel Patriarchalisches, welches, wenn man es in einer unbefangen-heiteren, von keiner menschenfeindlichen Laune getrübten Stimmung auffaßt, tief rührt und die Simplizität des Landlebens erst recht anziehend macht.

Es gibt Ausnahmen; aber meistens haben die Bauern in den hiesigen Gegenden, wo sie unter keinem Drucke von übermäßigen Auflagen und von zu strengen Pflichten gegen die Gutsherrschaft seufzen, sondern wo es ihnen vergönnt ist, die Früchte ihres Fleißes selbst zu genießen, ein frisches, gesundes, wohlgenährtes Aussehen, ein gutmütiges

Wesen und Kraft und Lust zur Arbeit, die sie unabänderlich nach der einmal gewohnten Tagesordnung fleißig und unermüdet forttreiben und wozu sie sich durch ihre derbe Hausmannskost stärken, welche sie täglich drei- oder viermal in reichlichem Maße genießen.

Der Anblick einer solchen Mahlzeit, die im Sommer stets auf dem Hausflur gehalten wird, gewährt ein ganz eigenes Vergnügen.

Oben an der langen gedeckten Tafel präsidiert der alte Hausvater, neben ihm sitzt die Mutter, und dann folgen der Reihe nach die Kinder, Knechte und Mägde. Der Vater gibt durchs Abnehmen der Mütze das Signal zum Gebet. Kaum ist das auswendig gelernte Formular von ihm selbst oder von einem der Kinder gedankenlos, halblaut und unverständlich hergeplappert, so fallen alle mit ihren hölzernen Löffeln begierig über die dampfenden, bis an den Rand mit Grütze oder Milch gefüllten Näpfe her. Sind diese geleert, so schneidet der Vater das Brot, und die Mutter teilt die Speisen umher, welche dann in starken, gehäuften Portionen bei einer allgemeinen Stille, die nur selten durch irgendeine lakonische Rede unterbrochen wird, mit gesundem Appetit und wetteifernder Schnelligkeit verzehrt werden. Nach einer Viertelstunde ist alles vorbei. – Es wird wieder gebetet und die Tafel dann aufgehoben.

Des Abends nach Tische raucht der Vater noch ruhig ein Pfeifchen, sieht dabei nach, ob alles in der gehörigen Ordnung sich befindet, schließt die Türen zu, und um 9, höchstens halb 10 Uhr im Sommer begibt die ganze Hausgenossenschaft sich zu Bette, um des andern Morgens beim Sonnenaufgange wieder wach und munter zur Arbeit zu sein.

Oft hab' ich nach dem Abendessen mit meinem Hauswirte, einem verständigen, redlichen, kraftvollen alten Manne, der die echtpatriarchalische Gesichtsbildung eines Schweizerbauern hat, ein Stündchen verplaudert und im stillen bewundert, wie hell er bei seiner übrigen Simplizität dachte, wie richtig er urteilte, wie natürlich und bestimmt er sich ausdrückte und mit welch einem festen und ruhigen Blicke er alles um sich her betrachtete. Über manche Dinge, die ich aus der Ferne kaum dem Namen nach kannte, erhielt ich durch ihn die deutlichsten Begriffe. Eine solche angenehme und gewiß oft belehrende Unterhaltung war für mich die beste Vorbereitung zum süßen, sanften Schlafe, den die ländlichen Stimmen – der Gesang der Vögel, das Geblök des Viehs, das ferne Bellen eines Hundes, das Gequäke der Frösche und dergleichen – bei der sonst tiefen Stille der Nacht viel mehr befördern als stören.

Ein Tag gleicht hier auf dem Lande dem anderen; außer daß an den Sonn- und Festtagen in feierlichen Kleidern die Kirche und des Nachmittags die Wirtshäuser besucht werden oder die ehrbareren Hausväter und Hausmütter sich unter die Bäume oder um ihren Herd zu traulichem Geschwätze zusammensetzen, während die frohe Jugend um sie her in lustigen Spielen und zuweilen wohl auch in munteren Tänzen sich freut.

Dies ist durchgängig die Lebensweise der hiesigen Bauern, wenngleich in einigen Gegenden bei größerer Wohlhabenheit sich Üppigkeit und Schwelgerei unter sie eingeschlichen haben mag und an anderen Orten hingegen ein spärlicheres Fortkommen sie grämlich, finster und verschlossen macht und ihnen die Lust zum frohen geselligen Zusammenleben nimmt.

Ich könnte noch manche Beiträge zur Charakteristik der hiesigen Bauern liefern, wenn meine Absicht nicht wäre, nur einige Hauptzüge von dem Bilde dieser Leute hinzuwerfen, um zu zeigen, daß es so übel nicht sei, mit ihnen unter einem Dache zu wohnen.

Sie sind, im ganzen betrachtet, biedere, brave Menschen, die es wohl verdienen, daß die Städter sich freundlich ihnen nähern und nicht mit stolzer Verachtung sich von ihnen wegwenden. Aber es ist auch eine höchst verderbliche, falsche Art von Wohltätigkeit, wenn einige Städter in dem Ergusse ihrer fröhlichen Laune oder auch aus Prahlerei die Leute, bei denen sie wohnen, mit Geschenken von Leckereien und Getränken überhäufen und dadurch in ihnen und ihren Kindern schädliche, vorher nicht gekannte Lüste aufregen. Sie verbreiten durch diese übelangebrachte Freigebigkeit ein gefährliches Gift unter die Landleute; sie ziehen anderen Städtern, die von ihren frugalen Tischen keinen Überfluß auszuteilen haben, saure und scheele Gesichter von den Hauswirten zu, veranlassen manche bittere Vergleiche und verdrängen so nach und nach die wohltätige Sitte, wodurch es ihren minder begüterten Mitbürgern möglich wird, ohne großen Geldaufwand auch Anteil an dem Genusse des ländlichen Vergnügens zu nehmen.

In den vorzüglich angenehmen Gegenden, wo mehrere Familien sich in Bauernhäusern eingemietet haben, ist die Art des Zusammenlebens ungefähr ebenso wie an den kleineren freundlichen Brunnenörtern zu Lehburg, Dryburg u. a. Die sich kennen, besuchen sich, gehen und fahren zusammen spazieren und vereinigen sich dann und wann auch wohl zu kleinen freundschaftlichen Feten und Lustpartien. Unbekannte hingegen bekümmern sich hier so wenig wie in der Stadt umeinander.

Ein großer Teil des Vergnügens würde verlorengehen, wenn man hier Putz in Kleidung einführen oder sonst auf irgendeine Art sich von der Weise, wie man zu Hause zu leben gewohnt ist, entfernen, wenn man sich wegen der vorübergehenden Städter scheuen wollte, im Schlafrocke oder im häuslichen Morgenkleide unter einer Eiche am Wege zu frühstücken, dort offene Tafel zu halten und im traulichen Kreise der Seinigen zu scherzen, auch wohl einmal ein frohes Lied mit ihnen zu singen.

Lärmende, ungebundene Sittenlosigkeit werden vernünftige Menschen sich nirgends erlauben; aber je mehr wir uns sonst von dem Zwange der steifen Etikette und aller der lästigen Förmlichkeiten und Vorurteile, welche im geselligen Umgange herrschen, befreien, desto mehr gewinnen wir an echtem Lebensgenusse, vorzüglich auf dem Lande, wo wir der Natur so nahe sind, so gern mit ihr sympathisieren und uns so glücklich fühlen, wenn wir ihren einfachen Gesetzen ungehindert folgen dürfen, die tief in unsere Herzen gegraben sind; solange diese in dem Gewühle der Welt ihre Reinheit nicht verloren haben und keine quälenden Vorwürfe eines befleckten Gewissens diese schöne deutliche Schrift verdunkeln und allmählich ganz auslöschen.

Es ist wahrlich keine tändelnde Empfindelei und kein tadelnswerter Müßiggang, wenn wir mit dem Bewußtsein einer nützlichen Tätigkeit und der treuen Erfüllung unserer Pflichten dann und wann im Schoße der ländlichen Natur die Gedanken von den Gegenständen unseres Berufs abziehen, alle Sorgen und alle Übel, welche in der bürgerlichen Gesellschaft so oft unsere Zufriedenheit stören, vergessen, diesen Druck, unter dem unsere edelsten Kräfte seufzen, für eine Zeitlang abschütteln und mit unbefangenem, kindlichem Sinne uns ganz unseres Daseins freuen und, durch solche köstliche Gaben unserer guten Mutter Natur gestärkt, mit erneuerter Kraft zu den Geschäften dann zurückkehren, welche der Beruf von uns fordert.

Je einfacher wir auf dem Lande leben, und je weniger wir hier mit den Werken der Kunst umgeben sind, desto reiner sind solche Genüsse, desto inniger und ungeteilter können wir uns den häuslichen Freuden in dem kleinen Familienzirkel, der uns umgibt, hingeben. Die Störungen, welche in der Stadt so oft unsere glücklichste Meditation unterbrechen oder uns von der Seite der liebenden Gattin oder aus dem traulichen Kreise ausgewählter Freunde fort zu Geschäften und Menschen hinreißen, mit denen unser Geist und Herz nicht sympathisieren können – solche Störungen bleiben uns bei der ländlichen Muße fern, wo keine Welle die Spiegelglätte aufregt, auf welcher unsere Gedanken und Gefühle in sanfter Bewegung hingleiten.

Zwar haben wir in den Bauernhäusern keine von allem Geräusch abgelegene, geschmackvoll eingerichtete, mit einem hinreichenden Büchervorrate versehene Studierzimmer, wie man sie in den Städten und Landhäusern haben kann. Allein das große Buch der Natur liegt vor uns aufgeschlagen. Aus diesem und aus uns selbst können wir Weisheit genug lernen, und wir finden hier überall leicht ein Plätzchen, wo wir uns einem ungestörten Nachdenken überlassen – wo wir mit ununterbrochener Aufmerksamkeit lesen und unsere Gedanken niederschreiben können.

Ich leugne indessen nicht, daß, so glücklich eine solche Meditation, wenn sie sich mit Philosophieren oder mit Dichten beschäftigt, hier auch sein mag, dennoch diejenigen Geistesarbeiten, welche eine anhaltende Anstrengung und das Nachschlagen vieler Bücher erfordern, uns nur am Schreibepulte, wo wir die Bücher, die wir brauchen, gleich bei der Hand haben, gelingen, und daß es daher besser sei, solche Arbeiten so lange ruhen zu lassen, bis wir sie nach unserer Rückkehr in die Stadt mit doppelter Kraft angreifen und sie mit wahrer Selbstzufriedenheit vollenden können. Unstreitig haben in dieser Hinsicht die Landgüter einen großen Vorzug: sie verstatten dem Geschäftsmanne einen längeren Aufenthalt auf dem Lande; denn er findet hier ebensogut wie in der Stadt sein zur gelehrten Muße ganz eigentlich gestimmtes und geordnetes Zimmer, und ungehindert kann er hier die Akten und Bücher um sich lagern, welche er zu jeder Arbeit, die er vornimmt, mitbringt oder mit leichter Mühe sich herausbringen läßt.

Dies ist ein sehr wesentlicher Vorzug für Geschäftsmänner, die sich sonst nur auf kurze Zeit von ihrem Schreibtische entfernen dürften. Sowohl deswegen als auch überhaupt betrachtet, würde es ein übereiltes, einseitiges Urteil sein, wenn man unter den mancherlei Arten, wie man den Sommer zur Erholung benutzen kann, unbedingt nur für eine einzige entscheiden und diese für die vorzüglichste unter allen erklären wollte. Die Bestimmungsgründe sind dabei gar zu individuell.

In den Bauernwohnungen muß man sich immer mehr oder weniger behelfen und sich manche Einschränkungen gefallen lassen, woran man zu Hause nicht gewohnt ist. Bei schlechtem, regnerischem Wetter ist man hier in ein enges kleines Zimmer mit seiner Familie eingekerkert und kann sich mit keiner Arbeit beschäftigen, die einen größeren Raum und Stille erfordert. Äußerst unangenehm ist endlich das starke, anhaltende, eintönige Geräusch, welches manche Arbeiten, die der Bauer auf dem Hausflur verrichtet, zum Beispiel das Dreschen, Flachsbrechen und dergleichen, verursachen. Auf eine kurze Zeit kann es uns erträglich, sogar unterhaltend sein; aber wenn es oft mehrere Stunden hintereinander unaufhörlich fortdauert, so wird diese lärmende, monotone Musik eine Folter für die daran nicht gewöhnten Ohren.

Wer also die Bequemlichkeit liebt oder diese wegen seines Alters oder wegen eines zarten schwächlichen Gesundheitszustandes zu suchen genötigt ist; wer sich nur in einem ausgebreiteten geselligen Umgang wohl befindet; wem es Bedürfnis ist, seine Tätigkeit in der Hervorbringung schöner Gartenanlagen und Werke der Kunst, in der Aufführung geschmackvoller Gebäude und in der Betreibung einer eigenen Ökonomie zu üben; wem der stille ruhige Genuß des Landlebens auf die Dauer zu langweilig wird, und wer auch für seine ernsteren Berufsgeschäfte auf dem Lande leben will, der darf nicht in den Bauernhäusern seine Wohnung nehmen. Er muß, wenn er Vermögen dazu hat, sich nach Gärten und Landgütern umsehen, wo ihm auf einer höheren Stufe der Kultur das ländliche Vergnügen zwar nicht so ganz unmittelbar aus der Hand der Natur, aber doch mehr, wie seine Bedürfnisse und Neigungen es fordern, durch die Kunst modifiziert und verfeinert gereicht wird.

Der grübelnde, durch angestrengtes tiefes Denken ermüdete Gelehrte, dessen Geist durch längere Anspannung in tötende Einförmigkeit oder in die gefährliche Seelenkrankheit der fixen Ideen versinken würde; sowie der mit Geschäften sehr überhäufte Mann, der, um einmal Luft zu schöpfen, sich völlig aus seinem gewohnten Wirkungskreise herausreißen muß, bedürfen eines kräftigeren Heilmittels als dasjenige ist, welches ihnen der Aufenthalt auf dem Lande gewähren kann. Sie müssen durch eine angenehme Reise sich erheitern und zerstreuen, oder, wenn auch ihr Körper einer Kur bedarf, diesen an einem Brunnenorte stärken.

Derjenige hingegen, welcher die Kunst zu entbehren versteht, an Geist und Körper gesund ist und ohne viele Zubereitung und ohne großen Geldaufwand die rohe ungekünstelte Natur auf dem Lande genießen will, kann in einem dazu eingerichteten Bauernhause völlig seiner Neigung gemäß leben.

Dank sei's daher dem Genius unserer Zeit, daß er auch hier die Vorurteile entfernt und es zur Sitte gemacht hat, daß jetzt auch Leute vom Stande sich nicht zu schämen brauchen, unter einem Strohdache sich ihres Lebens zu freuen!

Bremen, am 8ten Jenner 1802

Guy de Maupassant

Heiss wie ein Dampfbad

Es war einer jener Sommerabende, an denen in Paris die Luft nicht ausreicht. Die Stadt, heiß wie ein Dampfbad, schien zu schwitzen in dieser schwülen Nacht. Die Abflußkanäle hauchten ihren verpesteten Atem aus den granitgefaßten Mündern, und die im Kellergeschoß gelegenen Küchen stießen die widerlichen Ausdünstungen von Abwaschwasser und alten Soßen durch ihre niedrigen Fenster auf die Straße. Die Concierges saßen in Hemdsärmeln rittlings auf strohgeflochtenen Stühlen in den Einfahrtstoren und rauchten Pfeife, und die Leute gingen mit schleppendem Schritt vorüber, barhäuptig, den Hut in der Hand.

Alfred Kerr

»Staub soll er fressen«

2. Juni 1895

»Gott − was ist der Mensch!« Hirsch-Hyazinth in den Bädern von Lucca läßt einmal diesen Ausruf aus dem tief gepreßten Busen streichen … Was ist der Mensch in Berlin, wenn der Monat Mai zu Ende geht? Ein geplagter Wurm, der Sand atmet und sich vor schlechter Luft und Hitze krümmt. Es langweilt die Leser, von solchen Dingen zu hören, ich weiß, ich weiß. Aber ich muß sie sagen; warum sollte ich diese Unlust allein in mich hineinfressen.

In der Bellevuestraße, am Großen Stern, auf den öffentlichen Plätzen ist schon alles graugrün, nichts mehr grün; alles trocken, nichts mehr frisch; den Namen der Geliebten braucht man nicht in alle Rinden einzuschneiden, man kann ihn mit geringerer Kraftanstrengung auf die Blätter malen, die mit Staub dick bedeckt sind, mit märkischem Staub, der immer war und immer wiederkehrt. »Staub soll er fressen« – es scheint, daß Faust in Berlin ansässig gewesen ist, der stets verneinende Geist hätte hier wenigstens darin leichtes Spiel mit ihm gehabt. Ja, wir alle fressen Staub jetzt, Tag für Tag, er dringt in alle Poren, und wer noch gezwungen ist, aus irgendeinem Grunde einige Zeit hier zu weilen, in dem mahnt und summt es täglich stärker und stärker, wie einst ein deutscher Dichter eine schöne Frau mahnte: Verlaß Berlin mit seinem dicken Sande und dünnen Tee und überwitz'gen Leuten, die Gott und Welt und was sie selbst bedeuten, begriffen längst mit Hegelschem Verstande ... Verlaß Berlin ... Verlaß Berlin ...

Peter Altenberg

Sommerreise

Morgen also, 7 Uhr 10 des Morgens, geht's aufs Land!

Nach drei bangen Land-losen Sommern.

Man steht bereits um $1/26$ auf, schläft nicht so tief vor Glück.

Es sind die seltenen Höhepunkte des sonst ziemlich trostlosen Lebens!

Man frühstückt »an der Bahn«, etwas mehr, obzwar man gar nicht hungrig ist, vor lauter Freude. Freude sättigt, andere behaupten wieder, sie zehre, Gott, die Naturen sind ja so verschieden.

Man schreibt an »sie« noch eine Karte:

»Gruß aus der Bahnhof-Halle!

Ewig Dein.«

Aber man hat andere Sorgen.

Wo ist mein Gepäckträger, Nr. 87?!

Habe ich Zigaretten mit und Zündhölzchen?!

Ja, du Egoist, alles ist vorhanden,

du wirst auf dieser Bahnfahrt von 4 Stunden nichts entbehren!

Wie angenehm es nach Rauch riecht.

Die Lokomotive bereitet sich bereits vor.

Nein, sie ist noch gar nicht da.

Wo ist sie denn, die Lokomotive?!

Es riecht also nach fremden Lokomotiven, aber es ist, wie wenn's die eigene wäre!

Ja, fahren denn da nicht auch Leute in den Sommer hinein, die sich danach sehnen?!

Man macht ihre Freude mit, indem man ihren Lokomotivrauch riecht;

dafür riechen sie um 7 Uhr 10 den unseren!

Jetzt kommt die unsere!

He, Gepäckträger Nr. 87!

Da haben Sie eine Krone mehr, heute ist mir alles schon gleichgültig.

Es riecht nach Rauch, doch außerhalb der langen düsteren Bahnhofhalle wird bereits lichte Bergluft wehen, so von sehr ferne!

Hans Fallada

Reisevorbereitungen

Kaum war das schöne Weihnachtsfest vorüber, so fingen die Eltern an, Pläne für die Sommerreise zu machen. Die Sommerreise war für uns alle etwas Selbstverständliches, für die Eltern, weil sie den Hauptteil ihres Lebens in kleinen, fast ländlichen Städten verbracht hatten und nie rechte Großstädter wurden. Immer sehnten sie sich nach mehr Licht, weniger Lärm, etwas Grünem. Wir Kinder aber wollten wenigstens einmal im Jahre »raus«; grade weil wir echte Großstadtkinder waren, hatte eine Sommerfrische auf dem Lande alle Reize einer Entdeckungsfahrt ins Ungewisse für uns.

[...]

Die Wahl des Ortes war stets recht schwierig, denn er mußte billig sein, nicht zu weit von Berlin entfernt liegen, und er mußte dem Ideal entsprechen, das meine Eltern von ländlicher Stille und Schönheit hatten. So haben die Eltern Sommerfrischen entdeckt, in die damals noch kaum je ein Berliner gekommen war. Wir sind in Neu-Globsow gewesen, als es noch ein von seinen Glasarbeitern verlassenes, verfallenes Dorf war, und wir haben in Graal manchen Sommer die Ferien verbracht, als dort noch alles still und ländlich war, ohne Strandkörbe und ohne Kurtaxe. In Müritz gab es schon Berliner, Müritz war ein aufblühendes Seebad, aber in Graal herrschte noch der Friede.

War der Ort der künftigen Sommerfrische bestimmt, so war das erste, daß mein Vater sich Karten von ihm kaufte, Karten der Landesaufnahme, sogenannte Meßtischblätter. An manchem Winterabend, während der Schnee gegen die Fensterscheiben flog, saßen wir um Vater und folgten seinem Finger, der uns schon jetzt unsere Sommerwege wies. Das Bedürfnis nach Ordnung bei meinem Vater war so groß, daß er sich gescheut hätte, an einen Ort zu fahren, von dem er nicht schon vorher, ehe er ihn noch gesehen hatte, jeden Weg, jede Brücke, jeden Waldfleck kannte.

Unter seiner Leitung lernten wir unmerklich Karten lesen, wir kannten bald jedes Zeichen auf diesen Blättern. Wir wußten den Weg von Gelbensande nach Graal mit jeder Abzweigung, jeder Schonung. Wir konnten genau sagen, wann der Wald aufhörte und das langgestreckte Dorf sichtbar wurde. Und so gut wir das alles im voraus wußten, so überrascht waren wir doch immer wieder, wenn das auf dem schwarz-weißen Blatt Gesehene sich in die Wirklichkeit umsetzte. Die kleinen, mickrigen Waldzeichen auf der Karte wurden nun zu einem überwältigend hohen Buchendom, der Weg, der so klar und glatt vor uns gelegen hatte, mit einem Blick zu übersehen, wand sich nun in vielen Krümmungen, daß man keine hundert Schritte voraussehen konnte, durch den Wald. Er war auch nicht glatt, tief war er in den Sand eingeschnitten, und hob sich über Hügelchen, von denen die Karte nichts gewußt hatte.

Neben diesen Meßtischblättern kaufte mein Vater aber in einem andern Geschäft der Friedrichstadt, ich glaube, in der Mittelstraße, Ansichtspostkarten unserer künftigen Sommerfrische. Ich bin nie selbst in diesem Geschäft gewesen, habe es auch später nie entdecken können und bezweifele, daß es noch existiert. Aber die Schilderungen, die uns Vater von diesem Geschäft entwarf, grenzten ans Wunderbare.

Man sollte in ihm nicht nur alle Ansichtskarten aller deutschen Orte kaufen können, sondern fast aller Reiseorte der ganzen Welt. Wenn Vater von der Bedienung »Graal« verlangte, beschäftigte sich sein einer Nachbar mit Marseille. Die Nachbarin auf der andern Seite aber wühlte in

Karten von Cannes und behauptete hartnäckig, es müsse noch eine besonders hübsche Karte geben, mit drei Palmen hinten und zwei Palmen vorne! Und die Karte wurde gefunden! Niemand hätte sich mehr als Vater freuen können, daß die Karte gefunden wurde. Er war nun einmal sehr für Ordnung.

Hermann Harry Schmitz

WIE ES KOMPLIZIERT WAR, BIS ICH IN DIE SOMMERFRISCHE KAM

Ich hatte alles, was auf der ersten Seite meines Fahrplanes stand und vor dem Gebrauch des Buches zu lesen war, genau gelesen und kam, nicht zurecht, ich kam, weiß Gott, nicht zurecht.

Qualvolle Tage, durchgrübelte Nächte, völliges Zerfallensein mit mir selbst, hitzige, erbitterte Dispute mit lieben Bekannten waren vorausgegangen, bis ich endlich zu einem Entschluß gekommen war, wohin überhaupt ich in die Sommerfrische gehen sollte.

Von dreiundachtzig Bekannten waren mir dreiundachtzig verschiedene Sommerfrischen empfohlen worden. Ein jeder behauptete von seinem Favoritplatz, daß er das entzückendste Fleckchen auf der Erde sei. Man grollte mir, man haßte mich fast, man wandte sich wütend ab und brummte: »Warum fragen Sie mich denn, gehen Sie von mir aus, wohin Sie wollen« – wenn ich mich nicht im gleichen Augenblick enthusiasmiert für den gepriesenen Ort entschied.

»Nach Norderney müssen Sie gehen«, sagte mir Frau Geheimrat Doddersucht, die von ihren sechs Töchtern bereits vier auf Norderney losgeworden war, alles gute Partien, wirklich ausgezeichnet waren die Mädchen angekommen; »man trifft durchweg nur gute Gesellschaft dort. Exzellenzens Mostert lernten wir vergangenes Jahr kennen, reizende Leute, ganz reizende Leute. Ach, und die Reunions sind so entzückend, wirklich nur nette, scharmante Herren mit Lebensstellungen. Ich habe für Tilly und Erna noch neue Ballkleider nachkommen lassen.«

Behüt mich Gott! Ich dankte, ich bekam vorläufig als Junggeselle meine Revenuen allein auf. Außerdem gehe ich nicht in die Sommerfrische, um in Marionettenbetrieben mitzuwirken.

Borkum – »ich bin jedes Jahr sechs Wochen mit meinen Kleinen dort. So nett ist das mit dem Kinderbataillon, so herzig, und den Kleinen macht es gar so viel Spaß, so lieb können die Kinderchen mit ihren Eimerchen am Strand spielen«, pries mir Frau Knüsterpüster, Mutter von acht unerwachsenen Kindern, dieses Nordseebad.

Ich spiele nicht gern Soldat oder mit Eimerchen im Sand, außerdem machen mich Kinder nervös.

»Nach Knokke«, riet mir Herr Selmenkuhl, »man trifft dort immer Düsseldorfer, das ist zu nett.«

Ich fand das gar nicht so arg nett und dankte.

»Ostende, das ist was für Sie«, suchte mich Herr Huschebold zu begeistern. Ernste Männer nannten ihn einen Windbeutel, einen Schürzenjäger. Am Stammtisch sagte man, er sei ein verdammt toller Kerl, man kniff dabei ein Auge zu und schlug sich auf die Beine. »Famose Weiber in Ostende, feiner Betrieb, tipp, topp.« Er kickste mich in die Seite: »Familienbad!«

Ich will meine Ruhe haben, außerdem habe ich X-Beine, ich sehe im Bad gar nicht martialisch aus.

»Zoppot! Idyllisch – poetisch«, schwärmte Goliath Bumke, »ha, die Unendlichkeit des Meeres, die Sinfonie der

Wasser!« Dabei flog mir ein verkautes Blättchen von seiner Zigarre, das ihm von ohngefähr in den Mund geraten war, an die Backe; es war eine Angewohnheit von ihm, er tat das immer. »Reisen wir zusammen, ich reise morgen«, schlug er vor.

Auch Bumke gab ich einen Korb.

An die See mag ich überhaupt nicht, da soll man sich verloben, oder aber es sind zu viele Kinder da, oder ... oder ... und die X-Beine verleiden mir überhaupt, öffentlich zu baden. –

Nach Thüringen – da sind mir zu viele Berliner. In den Harz – da sind mir auch zu viele Berliner. An den Rhein – da ist es im Sommer zu heiß. Scheveningen – da ist es mir zu fein. Zandvoort – da sind nur Holländer. Nach Rügen – das ist mir zu weit, und an den Kreidefelsen macht man sich den schwarzen Anzug weiß. In die Eifel – die ist in den Ferien so überlaufen. In den Hunsrück – da weiß ich überhaupt nicht, wo das ist. In die Schweiz – da geht jetzt jeder hin, außerdem hat man die Schererei mit dem fremden Geld und der Verzollung. In die bayerischen Alpen – da versteh ich den Dialekt nicht. In den Spessart – da bin ich zu bange wegen der Räuber. Nach Triberg – da wäre ich nett verrückt.

Ich wußte nicht mehr ein noch aus. Es war entsetzlich. Die wenigen Leute auf der Straße, die Häuser, selbst die Droschkenpferde schauten mich höhnisch an und feixten. Heißer und heißer wurde es in der Stadt. Ich mußte weg, ich mußte jetzt unbedingt weg. Aber um Himmels willen wohin?

Da kam mein Freund Edeward. Edeward hatte eine Schnauze, gegen die niemand ankam, außerdem bekam er noch Geld von mir; ich zog es vorläufig daher vor, seine Überlegenheit in gewissem Maße anzuerkennen.

»Du fährst in den württembergischen Schwarzwald,

wohlverstanden in den württembergischen«, legte er los, »ich war in diesem Frühjahr dort, in einem famosen, kleinen Nest, hoch auf einem Bergrücken, inmitten wunderbarer Tannenwaldungen. Das ist etwas für dich. Ich war der einzige Gast in dem Hotel, nur selten verlief sich ein Stadtfrack auf die Höhe. Verpflegung tadellos. Dann soll es im Sommer, wenn wir hier am Rhein bald umkommen vor Hitze, gar nicht zu heiß sein, immer wehe ein erfrischendes Lüftchen da oben. Und dann vor allen Dingen billig: drei Mark volle Pension. Denke dir, mit Nachmittagskaffee, ist das nicht erstaunlich?«

Mit Nachmittagskaffee, das war ja ganz außerordentlich, verwunderte ich mich forciert, im übrigen schien die ganze Sache in meinem Sinne zu funktionieren. Ich war des weiteren Suchens aber auch völlig überdrüssig und klammerte mich an Edewards Vorschlag, nur um aus dem furchtbaren Dilemma herauszukommen.

»Du mußt über Karlsruhe fahren, dann Karlsruhe–Pforzheim, du findest es leicht in jedem Kursbuch«, hatte Edeward noch gesagt und war dann gegangen. –

Du findest es leicht – so eine Gemeinheit. Ich saß jetzt in der zweiten Nacht, vergraben in einem Stoß von Kursbüchern und kam nicht zurecht und kam auch absolut nicht zurecht. Ganz blöde war es mir im Kopf, die Zahlen tanzten mir vor den Augen.

Bis Köln – ja das fand ich, dann fing es schon an, links- und rechtsrheinische Strecken, daraus soll ein Pferd klug werden. Dann war am Kopf der Zahlenrubrik ein W oder ein L oder ein D oder Gabel und Messer oder ein Fahrrad oder ein Stern, oder die Zahlen hörten mitten in der Kolonne ganz auf. Dann paßten die Stationsnamen nicht zu den Zahlenreihen, weil die eine Seite zu hoch oder zu niedrig geheftet war. Es war zum Auswachsen. Mainz hatte ich dann endlich gefunden, und ich freute mich schon

riesig; da merkte ich, daß ich den Dampferfahrplan aufgeschlagen hatte.

Leicht zu finden, ich lachte gellend und verfluchte alle
Eisenbahnen, alle Kursbücher, alle Sommerfrischen, mich
selbst, Edeward und wer mir noch gerade einfiel.

Dann hatte ich Mainz nun wirklich, fand auch Karlsruhe
irgendwo ganz hinten, verblätterte dann die Seite mit
Mainz wieder, wußte dann nicht mehr, ob ich links- oder
rechtsrheinisch nachgesehen hatte, verlor dann auch noch
Karlsruhe wieder und fand zum Schluß überhaupt gar
nichts mehr. Die dicken Tränen standen mir in den Augen.
Dann raffte ich mich auf und griff zu einem Kursbuch,
speziell für Süddeutschland. Da war wieder Köln und
Mainz nicht zu finden. Ich ging vorsichtig von Karlsruhe
aus, alles klappte, bis ein Pfeil in eine Nebenrubrik zeigte,
und alles war wieder verloren. Ich schrieb ganze Zahlenko-
lonnen ab, ich blätterte wie im Wahnwitz, griff zu immer
neuen Kursbüchern, steckte meine sämtlichen zehn Finger
als Lesezeichen in die Bücher, stierte mit weit aus dem Kopf
stielförmig hervortretenden Augen in das Zahlenchaos und
murmelte mechanisch: »Köln, Bonn, Remagen, Binger-
brück, Mainz, Mainz, Mainz . . .«

Ich dachte ernstlich an Selbstmord.

Am dritten Tag fand ich den Anschlußzug von Mainz
nach Karlsruhe. Von Karlsruhe weiter nach Pforzheim, das
bekümmerte mich vorläufig nicht, wenn ich nur schon mal
in Karlsruhe wäre. Wie ein Besessener sprang ich auf, kletterte vor Übermut und Freude auf den Kleiderschrank,
stellte mir eine brennende Kerze auf den Kopf und sang
patriotische Lieder, bis ich völlig außer Atem war.

7 Uhr 20 am nächsten Morgen würde ich fahren. 7 Uhr
20, eine traute Zahl. Das war meine Zahl, ich war ganz
stolz; 7 Uhr 20, wie das klang, welche Phonetik.

Den ganzen Tag über war ich in einer fieberhaften

Tätigkeit. Ich kaufte mir schon ein Billett bis Karlsruhe, um am anderen Morgen freie Hand zu haben, stampfte meinen Kram in den großen Koffer und eine herzige Handtasche, sang Reiselieder, gebärdete mich überhaupt wie ein junges Füllen.

Punkt sechs Uhr am anderen Morgen ließ ich mich wecken. Fünf Minuten nach sieben war ich am Bahnhof.

Meinen großen Koffer gab ich bis Karlsruhe auf. Die gelbe Leinenhaut meines soignierten Rohrplattenkoffers schauderte, als ein herkulischer, bärtiger, wildfremder Mann mit übelriechendem Leim eine Nummer auf den Koffer klebte. Ich mußte an einem kleinen Fensterchen drei Mark achtzig bezahlen und bekam dafür ein dünnes Papier; dieses so wichtige Dokument nicht zu verlieren, war jetzt meine einzige Sorge.

Ich hatte noch eine dick angeschwollene Handtasche zu tragen, einen Regenkragen, einen Paletot, einen Schirm und einen Stock, mit einer Kordel zusammengebunden; der Stock rutschte immer heraus oder stellte sich quer. Dann hatte ich noch bei mir eine photographische Kamera, eine Tüte mit Schinkenbroten und drei weichgekochten Eiern für unterwegs; meinen Fahrplan für Süddeutschland und einen Packen Reiselektüre hielt ich krampfhaft gegen mich gepreßt.

Ich kam an die Sperre. Wo habe ich mein Billett? Billetts habe ich immer in der linken Westentasche. Da ist es nicht. Oder rechts – auch nicht. Ich erbleichte – oder in der Innentasche des Rockes – oder in einer der Seitentaschen oder im Paletot. »Durchgehen, durchgehen, nicht die Passage versperren«, schrien hinter mir Ungeduldige. Der Mann mit der Zange hielt die Hand gezückt. Ich fand das Billett nicht. Ich stellte meinen ganzen Kram ab und ließ die Hände blitzschnell in allen Taschen herumsausen – zog andere Papiere mit heraus, die zu Boden fielen, bückte mich danach, mein Hut fiel ab, meine Brieftasche rutschte mir aus der Tasche. Der Angstschweiß trat mir auf die Stirn: mein Billett war weg. »Sehen Sie doch einmal ganz ruhig nach, Sie werden es schon finden«, meinte der Bahnsteigschaffner gütig. Das nützte auch nichts, das Billett war und blieb verschwunden. Ich mußte 7 Uhr 20 weg, ich mußte unbedingt weg, dann schon lieber ein neues Billett.

Ich stürzte zum Schalter. Am Schalter stand ein Mann, der nach Stallupönen wollte und sich auseinandersetzen ließ, auf welcher der vielen Routen er am besten dahin käme. Er war schwerhörig und verstand den Beamten nicht. Ich tanzte von einem Bein auf das andere. Ich stieß und drängte den Mann mit den Ellenbogen und rief in das Fensterchen: »Karlsruhe, schnell, schnell!« »Nach der Reihe, einer nach dem anderen, nicht vordrängen, Sie kommen auch noch dran«, verwies mich der Beamte milde. Der Mann, der nach Stallupönen wollte, schimpfte, legte sich dann extra breit vor das Fensterchen und ließ sich seinen Reiseweg weiter explizieren. 7 Uhr 17 zeigte die Uhr. Noch drei Minuten. Ich zitterte vor Aufregung. Daran sollte also die Reise scheitern! Endlich, endlich war der Mann erledigt. Ich schrie in das Fensterchen: »Karlsruhe, schnell, schnell!« Der Beamte war weggegangen. 7 Uhr 18, noch zwei Minuten. »Karlsruhe, zweiter, geben Sie mir doch ein Billett nach Karlsruhe!« brüllte ich jetzt in das Fensterchen. Der Beamte kam langsam in den Kartenraum zurück, guckte mich wütend an und begann in seinem Fahrkartenschrank zu suchen. Dann legte er das Billett auf das Drehbrett: »Geld, Geld!« fuhr er mich an. Ich hatte noch kein Geld ausgepackt. Ich kramte in den Taschen herum, versuchte mit dem Gold und Silber, welches ich bei mir führte, zu bezahlen. Es reichte nicht, ich mußte einen Hundertmarkschein wechseln lassen. Das hielt wieder auf.

Auf 7 Uhr 20 schnappte der Zeiger, als ich mit meinem

Billett zur Sperre stürzte. Schnell die Handtasche und die übrigen Sachen, die friedlich verstreut auf dem Boden meiner harrten. Ich raste durch den Bahnhofsgang, rannte eine alte Frau um, hinter mir her wurde geschimpft, eilte die Treppe hinauf und erreichte den Bahnsteig, als gerade der Zug langsam die Halle verließ. In einigen gewaltigen Sätzen hatte ich den letzten Wagen erreicht – ein Wagen vierter Klasse – »Zurückbleiben, wollen Sie wohl zurückbleiben«, schallte es hinter mir energisch. Ich lief noch ein Stückchen neben dem Zug her, dann gelang es mir, den Handgriff zu packen, ich schwang mich auf die Plattform. Mein Stock und Schirm kamen mir zwischen die Beine. Ich kam zu Fall und stieß mir furchtbar das Schienbein an der Plattform. Mein pralles Köfferchen flog in hohem Bogen durch die Luft und platzte auf dem Steinboden des Perrons. Meine treuen Socken, meine Zahnbürste, mein Kamm, meine Seife, meine Pantoffeln, mein Nachthemd und mancherlei diskrete Bekleidungsstücke verstreuten sich auf dem Boden und waren den profanen Blicken hämischer Menschen preisgegeben. Mein schöner gelber Paletot war an einem Haken des Waggons hängengeblieben und schleppte über die fettigen Gleise. Meinen Regenkragen hatte ich schon auf der Treppe verloren, gleichzeitig mit dem Fahrplan und den Zeitungen. Die Kamera war mir bei dem Zusammenstoß mit der alten Frau aus der Hand geflogen. Mein Schirm und Stock hingen zerbrochen am Trittbrett. Ich lag auf dem Bauch auf der Plattform mit zerschundenem Schienbein, zerrissener Hose, ohne Hut, nur die Tüte mit den Schinkenbroten hielt ich noch krampfhaft in der Hand. Mit den Eiern schien etwas vor sich gegangen zu sein, es lief mir ein gelbes, nasses Etwas über die Finger. Egal, egal, ging auch alles zum Teufel, ich hatte meinen Zug erreicht.

Ich erhob mich ächzend aus meiner unwürdigen Lage. –

Was war das? Der Zug fuhr langsamer, immer langsamer und stand dann ganz still und fuhr zu meinem größten Entsetzen wieder in den Bahnhof zurück: er hatte nur rangiert.

Viele energische Hände nahmen mich in Empfang. Man zog mich von der Plattform und schleppte mich in das Bureau des Stationsvorstehers. Mein Bein tat mir scheußlich weh, ich konnte kaum gehen. Meine neue Hose hing in Fetzen herunter. Sehr mitgenommen sah ich aus. Alle Leute lachten, stießen meine schönen Sachen, die auf dem Perron herumlagen, mit Füßen und machten häßliche Witze.

»Nein, so was! Nein, so was ist nun doch noch nicht vorgekommen«, keuchte wütend neben mir ein Mann mit einer roten Mütze, »das muß exemplarisch bestraft werden, exxxx .... x ... emplarisch!!«

Mir war ganz unklar, warum dieser Mann so wütend war; ich hatte doch das kaputte Schienbein, mein Köfferchen war geplatzt, meine Socken, meine Zahnbürste, meine Seife und so weiter lagen auf dem Boden herum, mein Paletot war verdorben – –

Ganz willenlos, völlig gebrochen ließ ich mich in ein unfreundliches Zimmer mit hohen langweiligen Pulten schieben.

Ganz apathisch antwortete ich auf die seltsamsten Fragen. Dann mußte ich ein Formular unterschreiben und zum Schluß vierzig Mark bezahlen.

Ein Mann, auch in Uniform, hatte Mitleid mit mir. »Wohin wollen Sie denn eigentlich?« erkundigte er sich teilnehmend.

»Nach Karlsruhe mit dem Zug 7 Uhr 20«, schluchzte ich verzweifelt.

»7 Uhr 20 – 7 Uhr 20 – – – da fährt aber kein Zug nach Karlsruhe. Da müssen Sie sich irren.«

»In meinem Fahrplan steht dieser Zug«, jammerte ich weiter.

»7 Uhr 20 – warten Sie mal«, der freundliche Mann nahm ein Kursbuch zur Hand, »richtig, 7 Uhr 20 fährt ein Zug, das ist aber abends. Sie haben den Strich übersehen.« –

Ich suchte unter dem Feixen der Menge meine Sachen zusammen, schlich in den Wartesaal und begab mich daran, mich in schweren Dingen furchtbar zu betrinken. Vorher hatte ich den Portier mit heiligen Eiden und fünf Mark verpflichtet, mich, könne kommen, was da wolle, in den Zug 7 Uhr 20 abends nach Karlsruhe zu schaffen.

Viele Rotweinflaschen, leere Kognakflaschen, das war meine letzte Vision, dann weiß ich nicht mehr, was mit mir geschehen ist. – –

Die Sonne schien mir ins Gesicht, als ich wach wurde mit einem furchtbaren Brummschädel, einem entsetzlichen Sodbrennen, eingehüllt in eine dicke Kognakatmosphäre. Ich befand mich in einem fahrenden Zug.

»Billjät vorwiese, bittäh«, hörte ich jemand sagen. Ein Schaffner in einer fremden Uniform stand vor mir.

Verstört zog ich aus der linken Westentasche meine Fahrkarte.

»Sie hätten in Karlsruhe aussteigen müssen, wir sind bereits in Basel«, sagte mir der Mann kopfschüttelnd.

Schon fuhr auch der Zug in den Hauptbahnhof Basel ein.

Wieder längere, kostspielige Erörterungen auf dem Stationsbureau. –

Nach etwa drei Wochen langte ich in Z., dem Ziel meiner Reise, völlig verwahrlost und heruntergekommen an. Ich war in der Zwischenzeit unfreiwillig in Genua, Zürich, München, Hannover, Saarbrücken, Bromberg gewesen, hatte vier Tage in Polizeigewahrsam, einen Tag auf dem Konsulat, eine Nacht im Gasthaus zur Heimat, eine

Nacht in der Wanderer-Arbeitsstelle, eine Nacht in einem Trinkerasyl, zwei volle Tage in einer Irrenanstalt, zwei Nächte im Obdach der Inneren Mission und die übrige Zeit auf der Eisenbahn und in Wartesälen zugebracht. Ein gräßlicher Fluch heftete sich an meine Fersen: unstet und flüchtig. Nie, aber auch nie im richtigen Zuge. –

[...]

Hans Fallada

EINE ELENDE PLACKEREI

Wie mein Vater das eigentliche Ziel unserer Sommerreise, das Haus, in dem wir wohnen sollten, ermittelte, weiß ich nicht mehr, jedenfalls hat er es nie vor unserer Ankunft gesehen, und es gab daher manchmal die seltsamsten Reinfälle, von denen noch berichtet werden soll. Jedenfalls waren Hotels und Pensionen nicht nur der Kosten wegen, sondern auch wegen der Galle meines Vaters ausgeschlossen. Auch in den Ferien mußte Mutter selbst kochen, die gleiche reizlose Diät, die wir alle mitaßen, an die wir völlig gewöhnt waren (noch heute habe ich eine tiefe Abneigung gegen alles starke Gewürz).

So landeten wir meist in einem Büdner- oder Bauernhaus, was für uns Kinder natürlich von Vorteil war. Denn da gab es Vieh, Reiten auf Pferden, Leiterwagenfahrten zur Roggenernte und ähnliche Genüsse mehr. Für Mutter bedeutete das natürlich auch in den Ferien reichliche Arbeit, zumal uns immer nur eines von unsern beiden Hausmädchen begleitete. Im Grunde war es nur der aufs Land versetzte städtische Haushalt, etwas erschwert durch die primitiven ländlichen Einkaufsgelegenheiten und das Kochen auf demselben Herd mit den Bauern. Doch hatte meine Mutter eine sehr selbstverständliche, unauffällige Art, all ihren vielen Pflichten gerecht zu werden. Uns Kindern ist es damals nie aufgefallen, daß Mutter eigentlich das ganze Jahr hindurch nie eine freie Minute hatte, und dabei war sie doch immer fröhlicher Laune.

Solch ein Umzug für fünf bis sechs Wochen bedingte natürlich eine unendliche Packerei. Man fuhr nicht wie heute mit ein bißchen Kleidern, Wäsche und Schuhen, nein, es wurden auch Töpfe, Bestecke und Geschirr eingepackt, Konserven wanderten in Kisten, auch wurden leider die Schulsachen von uns Kindern nie vergessen, denn »eine Stunde Schularbeiten an jedem Ferientage hält den Kopf in Gang«.

Daneben aber spielte sich der alljährlich wiederholte Kampf zwischen Vater und Mutter wegen der Akten ab. Im allgemeinen kümmerte sich Vater überhaupt nicht um die Packerei. Ging sie aber ihrem Ende zu, verkündete Mutter schon ihre Absicht, Hilfe zu holen, die sich auf die Schließkörbe zu setzen hatte, damit sie auch zugingen, so wurde Vater unruhig. Mit Aktenbündeln unter dem Arm strich er herum und versuchte, sie unter Wäsche und Kleidern versteckt in die Koffer zu schmuggeln. Hier preßte er noch einen Band Reichsgerichtsentscheidungen hinein, dort ein begonnenes Manuskript über den Dreierlei Beweis im Strafverfahren.

Meiner Mutter entgingen diese heimlichen Machenschaften natürlich ganz und gar nicht, und nach kurzem stellte sie den Feind. »Vater, als du im vorigen Herbst so krank wurdest, hast du doch selbst gesagt, du wolltest in diesem Sommer einmal ganz ausspannen! Und nun steckst du schon wieder Arbeit in die Koffer!«

»Ich will ja gar nicht richtig arbeiten, Louise!« sagte Vater dann etwas verlegen. »Ich nehm mir nur so ein bißchen zum Schmökern mit.«

»Das kenne ich!« sagte Mutter. »Du sagst jetzt ›ein bißchen schmökern‹, und am dritten Tag schon bist du den ganzen Nachmittag nicht mehr loszueisen. Nein, Vater, tu mir die Liebe, laß dieses eine Mal alle Arbeit zu Hause, sonst wird aus deiner ganzen Erholung nichts!«

Aber so sehr meine Mutter auch bat, in diesem Punkt war der sanfte Vater unnachgiebig, aus diesem Gefecht ging er stets siegreich hervor. Ja, schließlich holte Mutter noch selbst einen Handkoffer vom Boden, der ganz allein mit Vaters Büchern und Schriften gefüllt wurde. Still legte sie obenauf wenigstens noch ein paar Bände von Gustav Freytag zum Vorlesen an Regentagen. Dann faßte Vater Mutter um und sagte: »Sei bloß nicht traurig, Altchen. Ich will diesmal wirklich nur ganz wenig arbeiten.«

Käthe Kollwitz

SCHWÄRMERISCHE SEELIEBE

Höhepunkt des Jahres waren die Sommerferien in Rauschen. Seit meinem neunten Jahr waren wir alle Sommer dort. Die Eltern machten einmal eine Reise durch das Samland und kamen nach dem Fischerort Rauschen, eine halbe Stunde von der See entfernt. Es waren vor kurzem mehrere Männer des Orts von einem großen Sturm auf See ertrunken. Die Witwe eines solchen, eine Frau Schlick, fanden die Eltern teilnahmslos vor sich hinbrütend auf der Schwelle ihres Hauses sitzen. Dies Haus hatte eine Lage, die die Eltern entzückte. Sie mieteten es erst und kauften es dann der Frau Schlick ab, so aber, daß diese mit ihren beiden Töchtern weiter im Hause wohnte. Der Vater nahm nun ein paar Veränderungen an dem Hause vor, aber es behielt ganz den Charakter des Bauernhauses. Die Fahrt nach Rauschen dauerte fünf Stunden. Eisenbahn gab es nicht, wir fuhren mit einer Journaliere, das war ein großer, mit vier oder fünf Sitzreihen versehener bedeckter Wagen. Die hinteren Sitzreihen waren herausgehoben, und es kam da herein, was man für viele Wochen brauchte: Bettsäcke, Wäsche, Körbe, Bücherkisten, Weinkisten. Welche Wonne, wenn erst die Journaliere vor dem Hause stand, alles aufgeladen war, Mutter, Mädchen, wir Kinder (der Vater kam meist nach) auf den Vordersitzen verstaut waren, der Kutscher sich auf seinen vorderen Extrasitz schwang, die drei, manchmal vier Pferde anzogen, und es losging durch die engen Königsberger Straßen, durch das hallende Tragheimer Tor und dann quer durchs ganze Samland. Erst kurz vor Sassau konnte man zum erstenmal die See sehen. Da standen wir alle auf Zehenspitzen und schrien: Die See, die See! Die See ist mir niemals und nirgends mehr, auch nicht die Ligurische See, auch nicht die Nordsee, das gewesen, was die samländische See war. Diese unaussprechliche Erhabenheit der Sonnenuntergänge von der hohen Küste aus! Dies Ergriffensein, wenn man zum ersten Male sie wieder nah sah, den Seeberg runterrannte, Schuh und Strümpfe auszog und die Füße wieder das Gefühl des kühlen Seesands hatten! Dieser metallische Schall der Wellen!

Die schwärmerische Seeliebe wuchs, je mehr man in die empfindsamen Jahre hineinkam. Aber damals war Rauschen ein unbekannter Ort, nur aufgesucht von Naturschwärmern, da war man noch allein bei Sonnenuntergang, war die Küste unbebaut. Dies Kinderparadies ist gründlichst verloren.

Alberto Moravia

ANGST

Als der Sommer gekommen war, beschloß die Mama, ich
solle einen Monat auf dem Lande verbringen, da es mir
während des Frühlings schlechtgegangen war. Sie hatte
einen Bruder in Sant Oreste, dem schrieb sie und fragte
ihn, ob er in der Umgebung einen Bauern wüßte, der
bereit sei, einen jungen Mann ohne viel Ansprüche in
seinem Hause aufzunehmen. Mein Onkel antwortete, es
gäbe da einen Bauern, einen kleinen Grundbesitzer, dessen
Haus fast in den Bergen liege, mitten zwischen Kastanien-
wäldern. Die Mama sagte sofort: »Das ist das richtige für
dich; du bist in einer Familie, atmest in den schönen Kasta-
nienwäldern gute Luft, wirst essen, schlafen, zunehmen,
und paß auf, wenn du zurückkommst, bist du wie neu.«
Um die Wahrheit zu sagen, ich war nicht sehr begeistert:
fort aus unserem Viertel, weit weg von der Bar, dem Kino
und der Osteria bin ich nur noch ein halber Mensch,
sozusagen. Aber da es mir wirklich schlechtgegangen war
und da ich fühlte, daß ich noch immer nicht ganz gesund
war, entschloß ich mich dann mehr oder weniger, doch zu
fahren.

Ich entschloß mich allerdings nur halbwegs. Eigentlich
gefiel mir der Gedanke gar nicht, mich zwischen Kasta-
nienwäldern zu begraben; aber ich wollte sehen, ob ich
mich mit der Zeit nicht an ihn gewöhnte. Doch je mehr
ich darüber nachdachte, um so weniger war ich davon
angetan. Inzwischen hatte der Bauer, der mich aufnehmen
sollte und der Tullio Tocci hieß, einen Brief an mich
geschrieben. Mit Buchstaben, flatternd wie Musiknoten,
und Worten, von denen jedes einzelne einen Schnörkel

bildete, sagte mir dieser Tocci, daß er mich Ende Juli erwarte. Er duzte mich einfach und schloß wie ein typischer Ignorant: »Was machst Du überhaupt in Rom? Komm nur her. Wirst schon sehen, wie Du Dich dann fühlst.« Das war ungefähr das gleiche, was auch die Mama gesagt hatte, doch aus ihren Worten sprach Mutterliebe, die wahre Liebe, während ich aus seinen Zeilen einen gewissen Sarkasmus herauszuhören glaubte, als wollte mich dieser Tocci verhöhnen. Ich legte den Brief in eine Schublade und vergaß, ihn zu beantworten.

Die Tage vergingen, es war heiß im sommerlichen Rom, und ich führte das gewohnte Leben: Ich stand spät auf, ging in die Bar, um mit den Freunden das Neueste im Sport zu diskutieren, ging ins Kino und machte Ausflüge nach Ostia und zu den Schlössern. Ende Juli kam ein weiterer Brief von Tocci. Diesmal teilte er mir mit, daß seine Frau und seine Tochter meine Ankunft kaum erwarten könnten, daß alles für mich hergerichtet sei und daß ich mich bestimmt sehr wohl fühlen würde. Dann schloß er mit dem dunklen Satz: »Du hast es versprochen und wirst Dein Wort halten. Wenn Du nicht kommst, wirst Du es bereuen.« Diese Worte gaben der Antipathie, die ich bereits gegen diesen Tocci empfand, weitere Nahrung. Ich sagte zu der Mama, daß das ja geradezu eine Drohung sei und daß ich mir von niemandem drohen ließe. Sie antwortete, er sei eben ein unwissender Bauer und könne sich nicht ausdrücken. Er habe doch nur sagen wollen, ich würde es sicher bedauern, wenn ich keine Erholung fände, wie er sie mir biete. Ich antwortete, vielleicht sei es so gemeint, aber das ist ja auch gleich, was solle ich denn bloß bei einer solchen Familie. Nach den Briefen zu urteilen, sei Tocci vermutlich einer dieser Bauern, die so hart sind wie die Steine in ihren Gemüsegärten, seine Frau eine von diesen Bäuerinnen, die den ganzen Tag mit dem Wedel in der Hand an ihrem

Kohlenherd stehen, und die Tochter eins dieser derben Mädchen, die ungefähr die Grazie eines Esels besitzen. In einer solchen Familie würde mich die Langeweile – trotz der guten Luft der Kastanienwälder – ganz krank machen. Doch die Mama antwortete, daß ich gerade diese Langeweile brauche, um wieder ganz gesund zu werden.

Allmählich wurde ich zermürbt, fand mich damit ab und sagte der Mama, ich würde dann also am Sonntag fahren. Es war Freitag, und sie ging sofort in mein Zimmer, um meine Sachen aus den Schubladen hervorzuholen und meinen Koffer zu packen. Diese Eile verdarb mir vollkommen die Laune, denn das sah ja aus, als wollte sie mich so schnell wie möglich aus dem Hause jagen. Ich sagte ihr das, wurde immer wütender, und nachdem ich sie beschuldigt hatte, sie wolle meinen Tod, denn bei Tocci würde ich vor Langeweile sterben, ging ich hinaus und schlug die Tür hinter mir zu. Es war Abend, ich ging zur Bar an der Piazza Mastai und traf dort meine Freunde. Als sie mich in so finsterer Stimmung sahen, fragten sie mich, was ich habe, und ich erzählte ihnen die Sache und zeigte ihnen auch die Briefe von Tocci. Einer von ihnen, Luigi, mit dem Spitznamen Limone, weil er so gelb wie eine Zitrone ist, sagte: »Ich meine, du solltest nicht dorthin fahren, Remo.« – »Und warum nicht?« – »Weil ich glaube, daß dieser Tocci ein gefährlicher Bursche ist.« – »Was soll das heißen?« – »Das soll heißen, daß das Ganze eine Falle sein könnte.« – »Eine Falle?« – »Ja, er lockt dich in sein Haus, dann ermordet er dich, um dich zu berauben, und vergräbt deine Leiche im Gemüsegarten unter dem Blumenkohl.« An so etwas hatte ich wahrhaftig nicht gedacht, doch auf einmal erschien mir diese Vorstellung sehr einleuchtend. Ohne es zu wissen, hatte Limone mir das Gefühl erklärt, das ich Tocci gegenüber empfand und das ich bisher nicht hatte deuten können: Es war ein Gefühl der Angst. Inzwischen fuhr Limone fort – halb im Spaß und halb im Ernst, wie mir schien –, mit großem Aufwand an Einzelheiten zu beschreiben, auf welche Art mich Tocci ermorden könnte; die Freunde, die sich über diese neue und hübsche Idee amüsierten, lachten sich schief. Aber ich lachte nicht mit; ich dachte, daß alles irgendwie zusammenpasse: die beiden Briefe, deren Ton vielleicht nicht nur sarkastisch wirkte, sondern es am Ende wirklich war, meine Krankheit, die mich dazu gebracht hatte, mich zu diesem Landaufenthalt zu entschließen, die Mama, die aus lauter Liebe blind für die Gefahren war, die mir womöglich drohten, und schließlich der Warner in Gestalt Limones, mochte seine Warnung auch nur seiner Bosheit entspringen und nicht ernst gemeint sein.

Jetzt, da die Freunde merkten, daß ich beeindruckt war, fingen auch die anderen an, mich aufzuziehen: »Gute Luft, Hausmannskost, Familienanschluß – und dann, wenn du schön zugenommen hast, wirst du geschlachtet.« Mit solcherlei Späßen, zuerst in der Bar und dann in der Osteria, verging der Abend. Aber ich war nun erschreckt; der Schweinebraten und der Schloßwein, den wir tranken, waren mir vergällt.

Ich ging spät nach Hause – es war gegen drei – und hatte sofort fürchterliche Träume. An den letzten, der mich aufweckte, erinnere ich mich noch. Ich befand mich auf dem Hof dieses Tocci, in der Gegend von Sant Oreste. Es stand dort ein schöner Baum, eine Kastanie, die ihre Äste dem Haus zuneigte. Zwischen den Blättern hingen viele noch geschlossene Kastanien in hellgrünen Schalen mit fast weißen Stacheln. Auf einmal fiel eine dieser Kugeln zu Boden, und während sie fiel, öffnete sie sich, und die neue braune, polierte Kastanie rollte auf eine Treppe zu, die, wie ich wußte, in den Keller führte. Ich folgte der Kastanie und sah sie die Treppe hinunterrollen, Stufe für Stufe, und um sie zu erwischen, lief ich hinter ihr her, in den Keller hinab.

Doch die Kastanie rollte mir davon, schnell und glänzend, und verschwand zwischen zwei Reihen von Fässern. Plötzlich schloß sich über mir die Tür, und ich war im Dunkeln. Ich sah nichts mehr und tastete herum, um die Kellertür zu finden. Eine entsetzliche Angst überfiel mich, da ich unter der Erde eingesperrt und allein war, und ich fing an zu schreien. Doch je mehr ich schrie, desto weniger hörte ich meine eigene Stimme, und schließlich drang kein Laut über meine Lippen. Plötzlich wurde ich durch mein wirkliches Schreien wach und suchte am Kopfende des Bettes den Lichtschalter.

Es saß jemand am Fußende des Bettes und sah mich an – ein Mann, den ich nicht kannte. Es war spät, denn durch die Spalten der geschlossenen Rolläden schimmerte die Sonne. Ich musterte den Mann und sah, daß er das Gesicht eines Bauern hatte, breit und einfach, von der Sonne verbrannt. Sein Mund war etwas schief, wie durch Anstrengung verzogen, seine Hakennase war scharf und hart, und die tiefliegenden Augen waren klein und glänzend. Er war schwarz gekleidet, das Hemd hatte keinen Kragen und war an der Kehle mit einem Knopf geschlossen. Er sagte: »Na, bist du endlich aufgewacht?«

Ich stotterte: »Wer sind Sie denn eigentlich?«

Und er: »Ich bin Tocci. Ich habe geläutet, aber niemand ist gekommen, und da die Tür offen war, kam ich herein. Weißt du überhaupt, daß es Mittag ist? Und du schläfst noch?« – Ich dachte mir, daß die Mama zum Einkaufen gegangen sein mußte und wohl die Tür offengelassen hatte. Ich sagte: »Und was wollen Sie hier? Wer hat Sie gerufen?«

»Niemand hat mich gerufen. Ich bin gekommen. Kommst du also zu mir hinauf oder nicht?«

Jetzt wurde mir der Grund dieses Besuches klar. Doch nach den Unterhaltungen des vorangegangenen Abends schien mir diese Hartnäckigkeit irritierend. Ich sagte, er solle einen Moment warten, stand auf, wusch mir das Gesicht, kämmte mich und zog Hosen und Hemd an. Er sah mir schweigend und mit starren, funkelnden Augen zu. Dann sagte ich: »So, jetzt bin ich fertig. Wir wollen hinuntergehen und einen Kaffee trinken; dabei können wir dann reden.«

Wir gingen hinunter zur Piazza Mastai, um uns vor das Café ins Freie zu setzen. Während er neben mir herging, sah ich, daß er kleiner war als ich und daß er breite Schultern, lange Arme und kurze, krumme Beine hatte. Als wir saßen, sagte er, er wolle Wein. Ich erklärte ihm, daß sie im Café keinen Wein servierten, und er gab sich mit einem Wermut zufrieden, den er in einem Zug hinuntergoß. Er wischte sich mit dem Handrücken den Mund ab und sagte: »Glaubst du vielleicht, daß wir ewig auf dich warten? Du mußt dich entschließen. Kommst du oder kommst du nicht?«

Um Zeit zu gewinnen, sagte ich: »Die Briefe, die Sie mir geschrieben haben, waren nicht ganz klar.«

»Was war dir nicht klar?«

»Zum Beispiel: wie werde ich behandelt?«

Er grinste – oder es schien mir zumindest so – und sagte dann langsam: »Behandelt? Familienanschluß, versteht sich! Was kann es Besseres geben als Familienanschluß? Du würdest dich wie zu Hause fühlen – nein, sogar besser, weil ihr hier alles in den Geschäften kauft und sie euch wer weiß was für ein Zeug andrehen, während bei uns alles im Hause gemacht wird.«

»Ist es denn auch ein bißchen kühl dort oben?«

»Kühl? Und wie. Wirst sehen, was da für ein Windchen weht.«

Ich sah ihn an. Es schien mir, als ob er mich zum besten hielte. Doch nein, er war ganz ernst; nur die Augen hatten etwas zuviel Glanz.

»Und das Zimmer?«

»Ich gebe dir ein Zimmer, wie du es dir nicht mal im Traum vorstellen kannst – mit einem Doppelbett, in dem du so gut schläfst, daß du überhaupt nicht mehr aufwachst.«

»Überhaupt nicht mehr . . .?«

»Na ja, wie man halt so sagt.«

»Und das Essen?«

»Sieh mich an, wie findest du mich?«

Ich sagte, ich fände, er sähe gut aus. Er sagte: »Es geht mir auch gut. Weil ich gut esse. Teller voll Teigwaren und dicken Bohnen. Und Kaninchen. Magst du Kaninchen?«

»Ja, mag ich gern.«

»Du würdest viel essen, und es würde dir gutgehen. Und im übrigen bist du nicht der erste. Letztes Jahr haben wir auch einen gehabt, einen echten Römer!«

»Und wer war das?«

»Was interessiert dich das, wer das war?«

»Na ja, um mich zu erkundigen.«

»Nein, ich sage dir nicht, wer das war«, sagte er auf einmal mit finsterer Entschlossenheit.

»Und warum nicht? Das kann doch nur bedeuten, daß er sich bei euch nicht wohl gefühlt hat und daß ich darüber nichts erfahren soll –«

»Es bedeutet gar nichts! Aber den Namen sage ich dir nicht.«

»Dann komme ich auch nicht.«

Bei dieser Antwort wurde sein Ausdruck drohend. Er stand auf und sagte: »Du hast es versprochen und jetzt mußt du auch kommen. Schau, dort hinten steht mein Motorrad.« Er deutete in Richtung des Hauses, in dem ich wohnte, wo tatsächlich ein Motorrad an die Wand gelehnt stand. »Jetzt steigst du mit mir auf das Motorrad, und ich bring dich gleich hinauf.«

»Sie sind ja verrückt!«

»Der Verrückte bist du! Und außerdem bist du ein Schwindler.« Während er dies sagte, streckte er seine Hand aus, als wollte er mich am Hals packen. Ich hielt ihn am Handgelenk fest und sagte wütend: »Was glaubst du wohl, wo du bist, du Idiot? In deinem Schweinestall? Du bist hier in Rom, und ich bin Römer! Versuch bloß nicht noch einmal, mich anzufassen, wenn du nicht ein paar aufs Maul kriegen willst!«

Da wurde ihm klar, daß er zu weit gegangen war. Er murmelte etwas Unverständliches und ging dann mit schnellen Schritten über den Platz davon. Ich sah ihn auf das Motorrad steigen und wegfahren. Immer noch sehr aufgeregt, ging ich nach Hause. Die Mama war in der Küche gerade dabei, die Einkaufstasche auf den Tisch zu leeren. In einem Zuge erzählte ich ihr die Geschichte meiner Angst und meiner Begegnung mit Tocci. Als ich fertig war, fing sie an zu lachen: »Du hast dich ja schön ins Bockshorn jagen lassen! Ich bin überzeugt, daß dieser Tocci ein ganz ordentlicher Mann ist, nur ein bißchen ungehobelt.«

»Aber warum lag ihm soviel daran, daß er sogar herkam?«

»Weil er natürlich an den Sommergästen verdient.«

»Und warum hat er mir den Namen des Gastes vom letzten Jahr nicht sagen wollen?«

»Weil er von dir einen höheren Preis verlangen wollte als von ihm.«

So ging ich also nicht mehr aufs Land und blieb den ganzen Sommer in Rom, von wo aus ich abwechselnd nach Ostia und zu den Schlössern fuhr. Sooft ich in diesem Sommer eine Zeitung aufschlug, erwartete ich die Nachricht zu finden, daß Tocci einen seiner Gäste ermordet habe. Aber es passierte gar nichts. Nur, daß ich seit jener Zeit Angst vor dem Lande und vor einsamen Orten habe.

Und zu der Mama, die sich wegen dieser Angst über mich lustig macht, sage ich, daß Tocci eines Tages, wenn nicht in diesem Jahr, dann irgendwann später, irgendwen bestimmt noch umbringen wird.

Hans Fallada

Beati possidentes!

Dann ist es endlich soweit!

Obwohl unser Zug vom Stettiner Bahnhof erst gegen acht Uhr fährt, ist die ganze Familie, Vater einschließlich, schon um halb sechs aus den Betten gejagt worden, denn auch die Betten müssen noch eingepackt werden! Während Mutter sie mit der alten Minna in einen ungeheuren Bettsack aus rotem Segeltuch stopft und propft, ist Christa in der Küche damit beschäftigt, Stapel Butterbrote anzuhäufen. Brote mit Wurst. Brote mit Ei. Brote mit kaltem Braten. Brote mit Käse. Aber so eifrig Christa auch schmiert und belegt, die Stapel wollen nicht recht wachsen, denn immer wieder machen wir Kinder einen Einbruch in die Küche und holen uns neue Frühstücksbrote. Unser Appetit ist ebenso ungeheuer wie unsere Aufregung. Nun geht es also wirklich los!

Plötzlich fällt mir ein, daß ich noch mit dem Portier reden muß. Zur Freude aller Hausgenossen rasen Ede und ich morgens um halb sieben die Treppe mit Donnergepolter hinunter und begrüßen den immer recht griesgrämigen wahren Herren des Hauses. Kein Wunder, daß er griesgrämig ist – er fährt ja nicht an die See, er hat ja keine Ferien!

Zum zehnten Male mindestens lege ich ihm meine Kaninchen ans Herz, ich halte sie unten im Keller. Besonders daß Mucki auch jeden Abend seine gewohnte Mohrrübe bekommt, ist so wichtig!

Der Portier ist eitel Ablehnung. »Ach, deine ollen Karnickel, die haben ja Lause!«

Ich protestiere gekränkt.

»Und doch haben se Lause! Wenn de keene Oojen nich hast, mußte sie mal mit de Lupe in de Ohren kieken! Det sind schon keene Lause mehr, dat is en janzet Lauseleum!«

Nachdem der Portier mich so zerschmettert hat, wendet er sich an meinen Bruder Ede. »Und du mit deinem Hamster! Ick sare dir, ich komme for nischt nich uff! Futtern will ick em woll und ooch Wasser jeben, aber de Kiste is zu schwach, det sare ick dir! Wenn der stiften jeht, ick stifte nich hinterher! Ick nich!«

Wirklich hält Ede seit einem Vierteljahr in seiner Stube einen Hamster, der in einer drahtbespannten Kiste wohnt! Vater weiß offiziell nichts davon, wie Vater offiziell auch nichts von meiner Karnickelei weiß! Aber meine Karnickel sind sanfte anhängliche Tiere, während Edes Hamster, Maxe genannt, ein Ausbund von Bosheit ist. Bisher ist Ede von der Bestie nur angefaucht, angespuckt und gebissen worden, trotzdem hängt er mit tiefer Liebe an diesem Geschöpf. Er bildet sich ein, er werde dem Hamster mit der Zeit das Pfeifen und das Tanzen beibringen – wie einem Murmeltier!

Jetzt versichert Ede dem Portier, daß der Hamster sich in seiner Kiste sehr wohl fühle, er habe noch nicht einen Ausbruchsversuch gemacht.

»Ach, red bloß keenen Stuß!« sagt der Portier mürrisch. »Wenn de erst weg bist, wird det Tier sich schon Jedanken machen. Ick hab keene Zeit, bei ihm zu sitzen und ihm Jeschichten zu erzählen, wie schön et in deine Kiste is! Wenn ick und wäre euer Vater, ick erloobte det nich, det jrenzt ja an Tierquälerei, die Karnickel in 'nem dunklen Keller und det Hamsterjeschöpf in 'ne Kiste! Aber mir jeht det nischt an. Ich bin nich im Tierschutz! Aber wat sonst mit die passiert, da bin ick Nante! Det vasteht ihr doch!?!«

Da wir's verstehen mußten und da ein anderer Tierfütterer nicht greifbar war, verstanden wir es auch. Etwas bedrückt stiegen wir die Treppe wieder hinauf. Als ich aber den herrlichen Wirrwarr in der Wohnung sah, vergaß ich sofort meinen Kummer. Der ganze Haushalt war in Auflösung begriffen. Fünf weibliche Wesen rannten – anscheinend ziellos – hin und her, setzten hier etwas ab, trugen dort etwas fort.

Minna rief: »Frau Rat, ich muß noch mal den Schlüssel haben für den großen Schließkorb!«

Fiete trug ein Zigarrenkistchen mit Puppenkleidern herbei und verlangte von Mutter, sie sollten noch in den verschlossenen Koffer. Itzenplitz suchte zwischen Vaters Büchern Reiselektüre. Christa schmierte noch immer Stullen.

Auf der Diele stand Vater und versuchte, das Gepäck zu zählen, ein fruchtloses Beginnen, denn immer wenn er die endgültige Zahl ermittelt zu haben glaubte, wurde ein Stück wieder weggeschleppt und zwei neue kamen hinzu.

»Louise!« rief Vater. »Es wird Zeit, die Gepäckdroschke zu holen! Kann ich Hans jetzt schicken?«

»Einen Augenblick noch, Arthur! Ich muß erst mal nachsehen, ob die Badetücher auch eingepackt sind.«

»Aber beeil dich!« rief Vater mahnend, und nun bestürmten Ede und ich ihn, wer von uns beiden bei dem Kutscher auf dem Bock fahren durfte. Vater wollte mal sehen; er war von dem ungewohntes Trubel bereits ziemlich nervös, wollte aber unbedingt seinen Ruf als glänzender Organisator, bei dem alles wie am Schnürchen geht, aufrechterhalten.

»Ich schicke jetzt Hans!« rief er nach einem neuen Blick auf die Uhr. »Es wird höchste Zeit!«

»Einen Augenblick bitte noch, Arthur! Wir kriegen den Bettsack nicht zu!«

»Lauf los, Hans!« sagte mein Vater leise und machte sich auf den Weg, beim Verschnüren des Bettsackes zu helfen.

Ich lief die Treppen hinunter. Ganz ohne Auftrag schloß sich Ede mir an. Ich mußte es schon dulden, aber lieb war es mir nicht. Es hatte so etwas Pompöses, wenn man allein in einer Droschke fuhr. Zu zweien wirkte es lange nicht so überwältigend.

Es war der erste Tag der großen Ferien. Ganz Berlin, soweit es Kinder hatte und es sich leisten konnte, war im Aufbruch. Wir sahen wohl Gepäckdroschken, aber sie waren alle besetzt. Wir liefen hin und her, wir suchten mit immer größerem Eifer, denn wir wußten, mit welcher Ungeduld der pünktliche Vater auf unsere Rückkehr wartete. Aber es war wie verhext. Leere Droschken sahen wir genug, aber keine, deren Fassungsvermögen unserm Auszug angemessen war. Es mußte durchaus eine Gepäckdroschke sein, also ein schwarzer verschlossener Kasten mit stabilem, von einem Gitter begrenztem Dach, auf das die Mehrzahl der Koffer zusammen mit dem Bettsack getürmt werden konnte.

Endlich erwischten wir am Nollendorfplatz solch Ungetüm. Stolz stiegen wir ein und ließen uns vornehm in die dunkelblauen Kissen zurücksinken. Aber gleich waren wir wieder aufrecht und sahen zu den Fenstern hinaus. Es war erhebend anzuschauen, wieviel schweißtriefende Familienväter, Jungen, Dienstmädchen und Portiers nach Gepäckdroschken liefen.

»Beati possidentes!« sagte ich zu Ede und war stolz, daß er noch nicht so viel Latein konnte, sondern daß ich es ihm übersetzen mußte. »Glücklich, wer da hat!«

Ja, wir waren viel beneidet. Überall standen auf den Bürgersteigen hinter Kofferbastionen Familientrupps. Alte Großmütter winkten unserm Kutscher verzweifelt mit Regenschirmen. Jungens sprangen einfach auf das Trittbrett unserer Droschke und boten dem Kutscher eine Mark extra, wenn er sie fuhr. Wir schlugen sie so lange auf die Finger, bis sie loslassen und abspringen mußten.

Auch Vater stand in der Luitpoldstraße hinter einigen Koffern, hielt nach uns Ausschau und wollte schelten, weil wir so spät kamen. Aber der Kutscher nahm uns in Schutz. »Lassen Se man die Jungens!« sagte er. »Die haben noch Schwein jehabt, det se mir jekriegt haben! Heute jibt's in janz Berlin keine freie Jepäckdroschke. – Na, Herr Portier«, wandte er sich an unsern Hausgewaltigen, der eben mit Minna einen Riesenkoffer heranschleppte, »is det det jrößte Stück? Na, denn wolln wa mal anfangen mit's Bauen!«

Und sie fingen an, den Koffer über Rad und Bock auf das Verdeck hinaufzustemmen. Aus dem Hause kamen immer neue Familienmitglieder mit Gepäckstücken, Plaidrollen, Schirmbündeln, zwischen denen unsere Strandschippen vom Vorjahre steckten. Aber Ede und ich beteiligten uns nicht mehr an der Schlepperei, wir begutachteten »unsere Gäule«. Winnetous berühmter Zucht entstammten sie bestimmt nicht, aber ich war dafür, daß es doch Ostpreußen seien, Ede stimmte für Hannoveraner – eine Ahnung hatten wir beide nicht. Vater versuchte unterdes das Verstauen des Gepäcks durch Ratschläge zu unterstützen. Aber das Familienhaupt wurde jetzt nicht beachtet, selbst Minna hörte nicht auf seine Worte. So verschwand Vater plötzlich im Haus, um Mutter auf Trab zu bringen.

Endlich waren alle unten, endlich waren alle Koffer verladen und festgebunden. Endlich saßen alle, ich recht schmollend, denn ich hatte mich in den Wagen zwischen die Schwestern klemmen müssen, während Ede auf dem

Bock thronte. Aber auch nicht eigentlich auf dem Bock, sondern auf einigen neben dem Kutscher untergebrachten Koffern: das Fassungsvermögen des Wagenverdecks hatte sich doch als zu gering erwiesen.

Mutter lehnte aus dem Fenster und gab Minna, die erst die Wohnung in Ordnung bringen wollte, ehe sie auf Urlaub ging, jene letzten Ratschläge, die wohl schon vor einigen Jahrtausenden die verreisende Hausfrau ihrer Schaffnerin gegeben hat: »Und sehen Sie, Minna, daß die Wasserleitung nicht tropft. Und der Gashaupthahn muß noch zugemacht werden. Ehe Sie im Speisezimmer einwachsen, reiben Sie die Stelle auf dem Parkett, wo Christa Glut verloren hat, mit Stahlspänen ab. Hänschen holt sich Frau Tieto selbst. Und die Blumen stellen Sie alle zusammen auf den Boden vom Balkon, dann hat es Frau Markuleit einfacher mit dem Gießen. Es wird ja auch einmal regnen. Und vergessen Sie nicht, die Schrippen und die Milch abzubestellen. Und die Zeitung soll der Junge solange bei Eichenbergs abgeben . . .«

»Los!« rief Vater dem Kutscher zu, und mit dem Anziehen der Pferde sank Mutter in ihren Sitz zurück.

»Ach, Vater!« rief sie ängstlich. »Ich habe sicher noch was vergessen . . . Da war bestimmt noch was . . .«

»Wenn noch was ist«, sagte Vater entschlossen, »kannst du ja Frau Tieto eine Karte schreiben. Wir müssen jetzt los, sonst versäumen wir den Zug!«

»Im nächsten Jahre werde ich noch eine Stunde früher aufstehen«, sagte Mutter. »Man wird nie in Ruhe fertig. Ich bin ganz abgehetzt . . . Was ich nur vergessen habe? Da war doch noch was!«

Und sie versank in Grübeln.

Unterdes war die Droschke, ächzend und klappernd, die Martin-Luther-Straße hinaufgefahren und bog jetzt auf den Lützowplatz ein. Der lag ganz in der Morgensonne. Auf dem Herkulesbrunnen rauschte und strömte schon die Wasserkunst und blinkte im Licht mit tausend grünen, gelben und blauen Tropfen. Kinder saßen schon in den Sandkisten und spielten. Wir aber würden heute abend schon im Seesand spielen!

Und während der Wagen nun rascher die grüne Hofjägerallee hinunterrollte, kam mir plötzlich alles ganz unwirklich vor. Jawohl, ich saß hier in einer Droschke, ich fuhr mit den Eltern und Geschwistern in die Sommerfrische – aber tat ich das wirklich? Das ein Jahr hindurch gelebte Stadtleben saß so fest in mir, daß dies, was jetzt wirklich geschah, mir ganz unwirklich erschien.

Mir war so seltsam, als sei ich noch zu Haus in der Luitpoldstraße. Ich meinte, mich dort stehen zu sehen in meinem Zimmer, mich und doch nicht mich, denn ich fuhr ja auch hier in einer Droschke durch den Tiergarten! Und es überkam mich, wie es mir schon einige Male – aber nur schwach – geschehen war, daß es eigentlich zwei Hans Fallada gebe, zwei ganz gleiche Hans Fallada, und sie erlebten beide genau das gleiche, aber sie ertrugen es nicht gleich.

Ich hatte schon versucht, diesen Gedanken zu Ende zu denken, aber ich war nicht damit zustande gekommen. Denn wenn es zwei ganz gleiche Hansen gab, so mußten sie bei denselben Eltern in derselben Stadt leben, und nicht nur in derselben Stadt. In der gleichen Straße mußten sie wohnen, im gleichen Haus und – immer mehr verengte sich der Kreis – im gleichen Zimmer. Im gleichen Bett mußten sie schlafen, in der gleichen Haut stecken, mit dem gleichen Munde reden – der andere Hans Fallada mußte also auch in mir sein.

Aber das stimmte nicht, denn ich fühlte ihn nicht in mir, sondern ich sah ihn außer mir. Wohl war er ganz gleich, aber er war doch wieder ein anderer, denn ich konnte ihn mit meinem inneren Auge außerhalb von mir sehen. Er war auch ich, aber er war ein Ich, das nicht ganz so wirklich war wie ich, der hier in einer Droschke fuhr, er war wie ein Schatten oder ein Gespenst. Oder wie ein Doppelgänger.

Manchmal konnte diese Erscheinung etwas sehr Beängstigendes haben, so wenn dieses zweite Ich etwas tat, was mir gar nicht recht war, und mein erstes Ich hatte dafür einzustehen, als habe es dies selbst getan. Aber in diesem Augenblick, eingezwängt in der übervollen Droschke an einem noch frischen Sommermorgen, war es fast erlösend, daß ich dies andere Ich dort in der Wohnung zurückließ, mürrisch und unzufrieden. Ein tiefes Glück überkam mich, daß ich fort von ihm fuhr, in den Sommer hinein, an einen Ort, wo es dieses andere Ich bestimmt nicht gab.

Ich wußte, es würden glückliche Ferien. Ich sah auf die Bäume des Tiergartens, ich sah das Grün und die hellen Kleider, ich war plötzlich so fröhlich wie noch nie. In mir sang es: ›Ich fahre in die Ferien! Berlin ist erledigt! Ich fahre von der Schule fort! In meinem Zimmer steht der andere Hans Fallada, dessen ich mich immer schämen muß, und ich fahre fort von ihm! Was bin ich glücklich!‹

Ein deutliches Mal fühlte ich mich in diesen Jahren ganz im Einklang mit mir. Es gab keine Zerrissenheit, keinen Zweifel mehr . . . Ich war wirklich glücklich . . .

Wir sind noch manches Mal nach dieser Reise durch Berlin in einer Gepäckdroschke zur Sommerfrische gefahren. Jedesmal habe ich mich dieses Gefühls von damals erinnert. Ich habe versucht, es mir zurückzurufen. Ich habe mir vorgesagt: ›Ich reise. Ich reise wirklich! Ich fahre in die Ferien! Ich fahre von allem fort!‹ Aber dieses Gefühl des Wirklich-Unwirklichen ist nie wieder in mir entstanden, nie wieder habe ich das gleiche Glück empfunden.

Georg Hermann

VERLOBT UND VERLIEBT

Also – man merkte ganz deutlich, es wurde Sommer in Berlin. Man hätte gar nicht auf die bestaubten Bäume zu sehen brauchen und auf die vielen Droschken mit Bettsäcken, umgestülpten Kinderwagen, Schließkörben, Hutschachteln, Reisetaschen, Plaidrollen und Koffern. Ja, die *feinen* Leute kamen sogar schon wieder nach Hause.

Und Frau Betty Löwenberg lag ihrem Mann täglich in den Ohren, es wäre für Goldhänschen höchste Zeit, daß er aus Berlin herauskäme. Und sie erzählte immer von neuem – so etwas riß dann bei ihr gar nicht ab –, daß der Kleine von Nora Mannheimer wie eine Posaune aus Heringsdorf zurückgekommen sei ... gar nicht wiederzuerkennen! Daß aber der Kleine von Grete Salinger wie eine Posaune hingegangen und wie eine Spinne zurückgekehrt war, das unterschlug Frau Betty Löwenberg ihrem Mann. Und außerdem wären alle ihre Bekannten da; Rosenauers sogar schon seit drei Wochen.

Acht Tage lief so Frau Betty Löwenberg von einem Warenhaus ins andere, um ihre Toilette – denn sie hatte, wie sie sagte, nicht ein Stück mehr zum Anziehen – etwas zu vervollständigen und um für Goldhänschen eine Schachtel mit Sandformen zu kaufen. Und erst im allerletzten Augenblick, nachdem Frau Löwenberg zwölfmal telefoniert hatte, kam der allerletzte lachsfarbene Strandmantel, und Frau Löwenberg konnte ihn gar nicht mehr in den Koffer legen, weil sie froh war, daß sie den überhaupt noch zubekommen hatte, sondern sie mußte den lachsfarbenen Strandmantel im Karton mit in die Gepäckdroschke nehmen.

Und wieder trug Emil Kubinke mit Pauline ihren Schließkorb – nur damals vor einem Vierteljahr hatten sie ihn zusammen *hinauf*getragen. Den Bettsack aber schleppte Emil Kubinke allein. Unten vor dem Haus jedoch bildeten die Vorübergehenden schnell Spalier; auch Pieseckes und fünf andere Portierleute von nebenan und gegenüber hatten sich eingefunden, um den Exodos der Familie Löwenberg beizuwohnen und den Droschkenkutscher zu bewundern, der in fachmännischer Vollendung auf dem Dach seines Vehikels die zahlreichen Gepäckstücke verstaute, und den Bettsack mit einem mächtigen Schwung noch hinaufwarf, daß er da ganz oben wie ein entgleister Luftballon liegen blieb. Die Plaidrolle, den Sportwagen, den Soxhlet-Apparat jedoch, die drei Kleinigkeiten, nahm er nebst Paulines Korb neben sich auf den Kutscherbock.

Dann kam Pauline mit Goldhänschen herunter – er sah in seinem roten Jäckchen mit den blanken Knöpfen genau wie ein Leierkastenaffe aus – und stieg ein. Frau Löwenberg kam mit ihrem Karton und Herr Löwenberg, der sie nur zum Bahnhof brachte, folgte mit schrägem Kopf, um seinen Zylinder nicht zu beschädigen.

Pauline, die noch von dem intimen Abschied von vorhin ganz rote Augen hatte, weinte, schämte sich vor ihrer Herrschaft, und weinte und schluchzte doch. Und als nun der Kutscher die Leine nahm und abfuhr, da winkte Pauline noch lange mit dem Taschentuch heraus nach Emil Kubinke, der grüßend an der Bordschwelle stand, fuhr sich über die Augen und Goldhänschen über die Nase und winkte wieder mit dem flatternden Tuch.

»Adieu – ich – schreibe – dir – auch – jleich . . .« Ja, die rotblonde Pauline!

Emil Kubinke sah und sah, bis der Wagen um die Ecke bog, aber dann ging er langsam in den Laden zurück, und er kam sich schwer verwaist und sehr bedauernswert vor, denn ihm blieb nichts als sein Schmerz, seine Sehnsucht und das Vergessen in der Arbeit. Solange Emil Kubinke vorn bei den Kunden war, beherrschte er sich ja, aber wenn er hinten in den Verschlag ging, um die Messer abzuziehen, dann schluchzte er doch jedesmal herzhaft auf; denn der brave Emil Kubinke war eben in der Schule nur bis Ober-Quarta gekommen ... gerade bis Ober-Quarta.

Aber schon am nächsten Mittag kam Herr Schultze mit seinen leichtgekrümmten Beinen in den Laden und brachte für Emil Kubinke eine Karte von Pauline aus Heringsdorf:

»Liber Emil! Hier ist es schön. Wir wohnen auch ser fein. Gestern wahr Kuhrkapele. Seit Deiner Abreise schleichen die Stunden so langsam dahin, als trügen sie eiserne Fesseln, und oft überschleicht mich Trauer und Schwermut! Ach Du bist so weit entfernt von mir! Vergiß meiner nur nicht! Und sollte Deine Abwesenheit auch Jahre währen, treu in feuriger Liebe wirst Du mich wiederfinden. Pauline.

Die Frau grißt auch.«

Emil Kubinke war beglückt und las die Karte ganz heimlich immer wieder, sobald in der Arbeit eine Pause eintrat. Und wenn er nicht verlobt gewesen wäre, so wäre ihm vielleicht aufgefallen, daß Anfang und Nachschrift in Rechtschreibung und Inhalt sich merkwürdig von dem Mittelteil der Karte unterschieden, der keinerlei Schreibfehler aufwies in seiner gehobenen und schon mehr leidenschaftlich-schwungvollen Ausdrucksweise. Und noch mehr hätte es ihn befremden müssen, daß Pauline von »seiner« Abreise redete, da es doch ganz offensichtlich war, daß *Pauline* abgereist war, sogar nach Heringsdorf, während er doch nachweislich an Ort und Stelle geblieben war. Gewiß, das hätte ja Emil Kubinke auffallen können. Aber, wie schon bemerkt, Emil Kubinke war eben verlobt und verliebt, und das ist ziemlich gleichbedeutend mit verminderter Zurechnungsfähigkeit.

»Zeijen Se doch mal her, Kollege, was Ihre Liebste da jeschrieben hat«, rief Herr Tesch.

Und wenn Emil Kubinke auch sonst sehr scheu und verletzlich in seinen Gefühlen war, so reichte er doch *diese* Karte seinem Kollegen, Herrn Tesch, nicht ungern hin, denn warum sollte die Welt nicht wissen, wie hingebend er geliebt wurde.

»Ach Jott – det kenn ick!« sagte Herr Tesch lachend, »jenau dasselbe haben sie mir ooch schon jeschrieben. Des ist aus'n vollständijen Liebesbriefsteller. Det kann ick Ihnen jedruckt, schwarz auf weiß kann ick Ihnen det zeijen. Aber da hat sie sich noch versehen, da hat sie den falschen Brief jenommen, den *nach* der Abreise des *Jeliebten*. Ick sage Ihnen, det is jar nicht so einfach, da immer das Richtije rauszufinden.«

Emil Kubinke war sehr niedergeschlagen.

»Meinen Sie wirklich?« stotterte er.

»Aber was soll denn das Mädchen sonst tun?« sagte Herr Tesch belehrend. »Nich wahr, vormachen will se Ihnen doch was. Jebildt soll's für Sie auch sein, jelernt hat se nischt, da schreibt se's eben ab!«

»Ick kann es aber doch nicht glauben«, sagte Emil Kubinke bestimmt und entschlossen.

»Denn jlauben Se's eben nich«, meinte Herr Tesch und band einem kleinen Knaben den Frisiermantel so fest um den Hals, daß er den Jungen beinahe erwürgte.

Als aber die nächste Karte die gleichen Anomalien zwischen Kopf, Schwanz und Mittelstück zeigte und sogar darin stand: »aber ich schwieg so lange, weil mir die Ruhe Ihrer Seele heilig war« – *Ihrer* Seele! –, da schien es Emil Kubinke doch nunmehr ziemlich wahrscheinlich, daß seine Pauline den »vollständigen Liebesbriefsteller« zum Dolmetscher ihrer Gefühle gemacht hatte.

Was aber Pauline nicht schrieb, war, daß sie jeden Abend, wenn Goldhänschen eingeschlafen war und Frau Betty Löwenberg noch mit Rosenauers zu Lindemanns gegangen war, jeden Abend gut eine Stunde lang mit dem Kutscher von drüben vor der Tür stand und natürlich in allen Ehren mit dem jungen Mann mit den gelben Stulpenstiefeln plauderte, schäkerte, lachte, sich puffte und knuffte, sich hetzte und herumbalgte – und dabei als drittes Wort »mein Bräutigam in Berlin« im Munde führte.

Und Pauline hätte den sehen mögen, der dabei etwas gefunden hätte. Und auch wir wollen hier nicht päpstlicher als der Papst sein und irgendwie der schönen rotblonden Pauline etwa einen Vorwurf machen. Sie handelte darin eben nicht anders, als es alle Mädchen tun, nämlich gerade so wie die Skatspieler: Wenn sie auch ein bombensicheres Blatt haben, so halten sie doch für alle Fälle solch einen kleinen Cœur- oder Carobuben bis zuletzt in der Hinterhand ... denn man kann nie wissen, wie das Spiel sich noch dreht.

Ja, Löwenbergs also hatten mit Reisen den Anfang gemacht, und einer nach dem andern von den hochherrschaftlichen Mietern flog ihnen nach, und bald waren fast im ganzen Haus die Jalousien herunter. Markowskis kamen beinahe zuletzt, die fuhren nach Saßnitz. Und die runde Hedwig schleppte mit Herrn Piesecke zusammen, schwitzend und japsend, Koffer und Körbe. Herr Markowski aber kam noch einmal in den Laden, um schnell ein paar letzte Aufträge für Rennwetten zu geben, während Hedwig schon lief, um eine Droschke zu holen. Und als sie mit ihr ankam und ausstieg, da sprang sofort Männe, der auf dem Damm schon mit schiefem Kopf gewartet hatte, mit einem Satz in den Wagen, setzte sich ganz breit mit seinen krummen Dackelbeinen mitten in den Vordersitz und sah frech aus der Droschke heraus zu Emil Kubinke herüber. »Wir verreisen!« sagte Männe mit den Augen, und in seinem Blick lag eine abgrundtiefe Verachtung für alles, was nicht mit zur Familie gehörte, besonders aber für diesen jungen Mann, der da immer des Morgens rasieren kam.

Frau Markowski kam auch, eine dicke, gute Frau, in einem lehmfarbigen Kostüm, das ganz prall saß und all das einschnürte, was sich eben einschnüren ließ. Aber, da sich eben nicht alles einschnüren ließ, so sah Frau Markowski aus, als ob sie solch einen richtigen, ausgewachsenen Fußball verschluckt hätte. Und der Kutscher lud auf; Frau Markowski stieg in den Wagen; Herr Markowski stieg in den Wagen und sagte: »Na, Kutscherken, iberlegen Sie's sich – wird das Pferd des ooch alles ziehen können?!«

Und Hedwig wischte sich mit dem Arm den Schweiß von der Stirn, und dann kletterte sie hinein, ohne Emil Kubinke zu beachten und nahm Männe auf den Schoß.

Als jedoch der Wagen schon ganz weit fort war, da sah Männe immer noch zum offenen Fenster hinaus, und sein Blick sagte deutlich, mit jener abgrundtiefen Verachtung für alles, was nicht zur Familie gehörte: »Wir verreisen.«

Hans Fallada

DIE BRAUSENDE HALLE

Wir nähern uns nun dem Stettiner Bahnhof. Wir sind nicht mehr nur eine einzelne Gepäckdroschke, wir sind ein ganzer Heerestroß geworden. Aus jeder Querstraße biegen sie in die Invalidenstraße ein.

Fiete und ich liegen halb aus den Fenstern, wir halten Ausschau nach einer noch höher geladenen Droschke, als unsere ist, aber wir entdecken keine, uns gebührt die Palme!

Mutter hat endlich gefunden, was sie vergessen hat: »Im Büfett steht noch ein halber Napfkuchen, ich wollte ihn doch auf die Reise mitnehmen! Ich werde sofort Tatie eine Karte schreiben, daß sie ihn sich holt. Schade –!«

Und Vater gibt etwas nervös seine Instruktionen. »Ihr Kinder bleibt alle bei Mutter! Sie auch, Christa! Louise, du bleibst mit den Kindern in der Halle am Fuß der Treppe. Die Gepäckaufgabe besorge ich allein. Hoffentlich hat sich niemand in unser bestelltes Abteil gesetzt!«

Und wir halten vor dem Stettiner.

»Gepäckträger!« ruft der Vater.

Aber der Stettiner Bahnhof ist ein wallender, wogender Strudel. Vor uns Gepäckdroschken, die halb ausgeladen sind, hinter uns Gepäckdroschken, die abladen wollen und schon zu drängeln beginnen. Und kein Gepäckträger, der auf Vaters Ruf hört!

»Ihr da, macht en bißken dalli, wat?!« ruft der Kutscher hinter uns. »Oder habt ihr Stehplatz bezahlt –?!!«

Vater wirft alle seine Dispositionen um.

»Kutscher, geben Sie die Koffer herunter. Christa, wir beide wollen sehen, daß wir sie ihm abnehmen. Louise, halte die Kinder bei dir und nimm das Handgepäck an dich. Zähle die Stücke!« Wir sind nur Teilchen einer wirbelnden, laufenden, scheltenden, lachenden Menge. Plötzlich stecke ich mit der Nase im Bauch eines Herrn. Der Bauch ist weich. Der Herr hebt mich in die Luft, ruft: »Junge, träume nicht!« und setzt mich auf einen Koffer, von dem ich sofort wieder weggejagt werde, denn es ist nicht unserer.

Papa müht sich im Verein mit Christa an dem Riesenkoffer. Seine Zähne sind zusammengebissen, seine spitzen Schnurrbartenden zittern.

»Achtung, Christa! Setzen Sie den Koffer doch nicht auf den Hund ab!«

Ein »Blauer« drängt sich gemächlich durch das Gewühl, nimmt grade bei uns Posto und sagt, meinem Vater auf die Schulter tippend: »He, Sie! Hier dürfen Sie Ihre Koffer aber nicht abstellen! Der Eingang muß freigehalten werden!«

Ich bin entsetzt, daß mein Vater von einem gewöhnlichen Schutzmann mit »He, Sie!« angesprochen und einfach auf die Schulter getippt wird. Wäre ich der Vater, würde ich mich mit einer großen Gebärde zu erkennen geben: »He, Sie! Ich bin Kammergerichtsrat!«

Aber Vater sagt nur ein wenig verzweifelt: »Es sind gar keine Gepäckträger zu kriegen!«

»Hätten Sie früher aufstehen müssen!« sagt der Schutzmann, ganz unberechtigt, denn wir sind sehr früh aufgestanden. »Jedenfalls müssen die Koffer hier weg! Und das dalli!«

Damit entschwindet der Blaue, ehe ihm Vater noch antworten kann.

Unterdes ist ein kleiner Streit zwischen Mutter und Ede ausgebrochen. Ede soll ein Handköfferchen und ein Schirmpaket tragen, weigert sich aber. Er trägt einen Arm, als sei er frisch geimpft, im Ausschnitt seines Sommermantels und behauptet, ihn sich oben auf der Droschke gestoßen zu haben. Er könnte mit ihm nichts tragen. Mutter will die gestoßene Stelle sehen, aber Ede weigert sich, öffentlich seinen Arm zu entblößen. Er hält sich fern von Mutter. Er kommt mir komisch vor, wie er da seinen Arm im Mantel hält ...

Vater ist verschwunden, und wir müssen ohne männlichen Schutz die Beschimpfungen und Flüche der Kutscher und Mitreisenden ertragen. Ich zittere davor, daß der Blaue zurückkommt und uns noch immer bei diesem Kofferberg findet. Vorsichtshalber schiebe ich mich zwischen andere Leute, ich will lieber nicht zu einer so beschimpften Familie gehören. Aber Mutters scharfes Auge, das ununterbrochen die Kücklein zählt, merkt sofort mein Verschwinden. Sie ruft mich, und ich muß nun direkt neben ihr stehen, im Brennpunkt aller Beschimpfungen. Ich entdecke, daß ich Vater beschuldige, alles verkehrt zu machen. Bei uns geht immer alles schief, was bei andern glatt geht. Die hinter uns haben längst Gepäckträger ...

Jetzt fängt auch der Kutscher an zu rebellieren. Er will und muß fort fahren, er verlangt von Mutter das Fahrgeld. Mutter wagt es ihm nicht ohne Vaters Einverständnis zu geben, vielleicht braucht Vater den Mann noch. Der Kutscher wird immer gröber, statt mich über ihn zu ärgern, schäme ich mich nun auch meiner Mutter ...

Gottlob, da kommt Vater! Er ist begleitet von zwei Gepäckträgern, die einen großen Karren schieben. Vater wirkt etwas bleich und aufgelöst, aber seine Schnurrbartspitzen zittern nicht mehr. Im Umdrehen ist das Gepäck aufgeladen und rollt durch den Eingang. Unterdes hat Vater den Kutscher gelöhnt, der sich sofort aus einem groben in einen höflichen Mann verwandelt hat. Er tippt sogar zum Abschied an seinen Lackzylinder und wünscht uns glückliche Reise und gute Erholung.

Wir drängen uns unter Mutters Kommando an die Treppe, die zu den Bahnsteigen hinaufführt. Jedes von uns — außer Ede, der seinen Kopf durchgesetzt hat — trägt mindestens zwei Handgepäckstücke, Christa und Mutter sogar drei oder vier. Am Fuß der Treppe angekommen, wird alles abgesetzt, eine Bastion gebildet — und sofort wieder eingerissen, denn schon wieder werden wir als Verkehrshindernis beschimpft.

Ich klettere zwei oder drei Stufen hoch und halte mich an dem Geländer fest. So erhöht sehe ich auf die brausende Halle hinab, auf dieses endlose, immerfort wechselnde Gewühl von Köpfen. Ich versuche, an der langen Schranke der Gepäckabfertigung Vater zu erkennen unter den Hunderten, die dort in drei, vier Gliedern stehen. Aber das ist ein vergebliches Bemühen. Ungeheure Kofferberge versperren jede Aussicht. Dann blicke ich nach den Schaltern hin. Vor allen Schaltern drängen sich die Leute. Gottlob, dorthin braucht Vater wenigstens nicht. Wir haben schon unsere Fahrkarten, wir haben sogar ein bestelltes Abteil!

Aber wie, wenn sich andere hineingesetzt haben wie im vorigen Jahr? Es gab Schamlose, die rissen einfach den »Bestellt«-Zettel vom Fenster und behaupteten, es hätte nichts daran gestanden. Das führte dann immer zu endlosen, immer erregter werdenden Verhandlungen, denen Vater, wie ich fand, nie gewachsen war. Vater blieb immer leise und höflich, die andern konnten noch so sehr schimpfen. Ich hätte an Vaters Stelle noch doller geschimpft! Ach, es war nicht zu leugnen: sooft wir die manchmal lästig empfundene Ordnung des eigenen Heims verließen, war alles bedroht. Wir galten nichts mehr. Vor unserm uns solchen Respekt einflößenden Vater schien niemand Respekt zu empfinden, alles Sichere war unsicher geworden.

»Hans!« rief die Mutter und – siehe da! – Vater war wieder bei uns! Das Gepäck war aufgegeben. Noch erregt vom eben überstandenen Kampf erzählte Vater, daß es bestimmt noch mit diesem Zug mitkommen würde, die Gepäckträger hätten es ihm fest versprochen. »Und ich gehe, sobald ihr eure Plätze habt, sofort an den Packwagen und passe auf, daß es auch wirklich mitkommt!«

»Hoffentlich!« sagte Mutter mit einem tiefen Seufzer. »Wie sollen wir sonst nächste Nacht schlafen?«

Der Marsch zum Bahnsteig, zum Zuge beginnt. »Bahnsteig sieben!« ruft Vater noch der Mutter zu. Sie macht mit Fiete die Führerin, während Vater mit mir die Nachhut bildet. Es ist aber unmöglich, in geschlossener Formation zu marschieren. Immerzu drängen sich Leute dazwischen. Wir sammeln uns erst wieder am Häuschen des Billettknipsers. Vater zeigt das Fahrscheinheft und läßt uns vorangehen, während er die Häupter seiner Lieben zählt. Plötzlich stößt er einen Schrei aus. »Louise!« ruft er über die Sperre fort. »Wir müssen doch sieben sein und sind nur sechs! Wo ist Eduard?«

»Ede?!« ruft die Mutter. »Ede!! Er war doch vorhin noch da! Hast du ihn denn nicht auf der Treppe gesehen?«

«Ich weiß nicht!« ruft Vater und sieht sich verzweifelt um.

»Los! Los!« ruft der Billettknipser. »Machen Sie hier keine Verstopfungen! Sie müssen die Sperre freimachen!«

»Wann hast du Ede zum letztenmal gesehen?« ruft Vater.

»Ich weiß doch nicht! Als wir zur Treppe gingen, war er noch da – glaube ich!«

»Also jetzt raus oder rein!« wird dem Vater energisch gesagt. »Ihretwegen können wir nicht den ganzen Betrieb stillegen!«

»Ich suche den Jungen!« ruft der Vater wie ein letztes Vermächtnis. »Nehmt immer eure Plätze ein!«

Und er stürzt sich wie ein Schwimmer in die Fluten.

Sehr bedrückt gehen wir den endlosen Zug entlang. Mutter versucht durch Befragen festzustellen, wann wir Ede zum letztenmal gesehen haben, als ob das jetzt noch irgendeine Bedeutung hätte! »Ist denn sein Handkoffer da? Nein? Auch nicht! Ach Gott, der Junge, der Junge! Was er nur immer anstellt! Er wird doch nicht schlechten Leuten in die Hände gefallen sein! Und der arme Vater! Er hat es so gerne, wenn alles still und glatt zugeht! Und heute klappt rein gar nichts . . .«

»Mutter«, sage ich. »Hier fangen die Bestellt-Abteile an. Wir wollen mal sehen, ob wir unsern Namen finden.«

Wirklich, wir brauchen gar nicht lange zu suchen, da steht schon unser Name an einer Scheibe.

»Gottlob!« sagt Mutter. »Ist wenigstens das in Ordnung! Und das Abteil scheint auch noch leer zu sein!«

Aber als wir die Tür öffnen, sitzt doch schon jemand drin, und wer kann das anders sein als unser lieber Bruder Ede –?!!

»Ede!« ruft die Mutter ganz verblüfft. »Wie kommst du denn hierher?«

»Och!« sagt Ede. »Auf der Treppe haben sie mich egalweg gestoßen. Da hab' ich gedacht, ich geh lieber voraus und halt uns das Abteil frei. Und das war gut, Mutter, dreimal haben hier andere einsteigen wollen!«

»Aber wie bist du denn ohne Karte durch die Sperre gekommen, Ede –?!«

»Och, Mutter«, sagt Ede wieder. »Das war ganz einfach! Ich hab' dem Knipser gesagt, Vater kommt hinterher – und das war nicht gelogen. Vater ist doch hinterhergekommen!«

»Dein Vater ist nicht hinterhergekommen«, sagt die Mutter streng. Dein Vater sucht dich auf dem ganzen Bahnhof. – Hans, laufe los, und sage Vater . . . Nein, du bist noch zu klein. Fiete – nein, besser Itzenplitz – nein, du kannst auch nicht über die Leute wegsehen! Christa, gehen Sie und sagen Herrn Rat . . .«

»Ach, Frau Rat, bitte, bitte lassen Sie mich nicht gehen! Ich verlauf mich sicher und ich find den Herrn Rat bestimmt nicht! Und dann fährt der Zug ab, und ich hab' keine Bekannten in Berlin, und nach der Luitpoldstraße finde ich auch nicht zurück . . .«

Sie weint schon.

»Also gehe ich!« sagt Mutter gottergeben. »Aber daß sich keines von euch aus dem Abteil rührt! Und wenn jemand einsteigen will, sagt, daß alle Plätze bezahlt und besetzt sind. Und wenn der Schaffner kommt und die Karten verlangt, sagt ihr, Vater kommt gleich. Und den Vordersitz in der Fensterecke kannst du nicht haben, Ede, den bekommt Vater . . .«

Ehe noch der Streit zwischen uns Geschwistern um die Fensterplätze recht in Gang ist, verschwindet Mutter im Gewühl des Bahnsteigs. Wir fühlen uns recht verloren und verlassen. Wenn der Zug nun abfährt, ehe die Eltern kommen? Kein Geld, keine Fahrkarten – was sollen wir denn nur machen?

»Hans!« tuschelt Ede mir geheimnisvoll zu. »Gib mir deinen Fensterplatz, ja –?«

»Ich denke ja gar nicht daran!«

»Doch!« sagt er bittend. »Ich muß ihn einfach haben! – Kuck mal hier runter!«

Und er zeigt unter den Fensterplatz, von dem ihn Mutter vertrieben hat.

Ich sehe darunter, und sofort tönt mir ein bekanntes, aber schwaches Fauchen entgegen. »Hast du wirklich deinen Hamster mitgenommen?« frage ich erstaunt.

»Aber klar doch, Mensch! Ich werde ihn doch dem Markuleit nicht lassen, wo er so dämlich geredet hat! Die ganze Fahrt habe ich ihn vorne im Mantel gehabt, die Schnauze natürlich mit einem Lappen zugebunden. Beißen kann er nicht, aber er kriegt genug Luft!«

»Wenn das Vater merkt –!«

»Och –! Wenn wir erst fahren, schmeißt ihn Vater bestimmt nicht mehr raus! Und wenn ich ihn erst in Graal habe, stört er überhaupt nicht mehr. Ich fang mir 'n Weibchen dazu, und wenn ich Junge kriege, verklopp ich sie an die Tierhandlung. Für junge Hamster gibt's 'ne Masse Geld!«

»Na, denn steck ihn unter meinen Platz!« sage ich entschlossen. »Aber paß auf, daß die Gänse nichts merken, die schnattern sonst gleich los!«

Die Gänse oder die Schwestern waren gottlob völlig damit beschäftigt, aus dem Fenster zu schauen, einerseits nach den Eltern, andererseits nach der Uhr.

»Nur noch acht Minuten!« sagt Itzenplitz. »Wenn sie nicht kommen, habe ich das Kommando. Ich bin die Älteste!«

»Bist du nicht!« sage ich. »Christa ist es!«

»Christa, willst du kommandieren?« fragt Itzenplitz unsere siebzehnjährige Seniorin. »Siehst du, Hans! Sie will gar nicht und sie kann auch nicht. Sie hat ja von nichts eine Ahnung!«

»Und was willst du kommandieren?«

»Daß wir alle noch schnell aussteigen, ehe der Zug abfährt!«

»So! Du bist ja mächtig helle heut!« sage ich mit aller brüderlichen Höflichkeit. »Wo Mutter uns extra verboten hat, aus dem Abteil zu gehen!«

»Aber wir können doch nicht ohne die Eltern fahren!«

»Und warum können wir es nicht? Lassen das Abteil leer fahren, wo Vater es bezahlt hat, und er muß für alle sieben noch einmal nachbezahlen, wo er ganz gut mit Mutter allein uns nachfahren kann. Vielleicht holt er uns vor Gelbensande sogar noch ein, wenn er D-Zug fährt. Ich finde es direkt schick, wenn wir mal allein fahren! Wir würden einen Deebs machen, was Ede —?«

»Natürlich!« echote Ede, der an seinen nun unter meinem Sitz verwahrten Hamster denkt. »Du kannst es mir zehnmal sagen, Itzenplitz, ich steig doch nicht aus, wo Mutter es uns extra verboten hat.«

»Und wir können doch nicht fahren!« springt Fiete jetzt ihrer Schwester bei. »Wir haben ja gar keine Fahrkarten!«

»Nur noch vier Minuten! Sieh mal, die Schaffner fangen schon an, die Türen zuzumachen! Christa, sollen wir fahren oder sollen wir aussteigen?«

»Ich weiß doch nicht!« jammert Christa los. »Aber wenn ich allein mit euch zu fremden Leuten gehen soll, das tue ich nicht! Und allein fahre ich auch nicht mit euch, ihr laßt euch ja doch nie was von mir sagen!«

»Siehst du, Hans«, sagt Itzenplitz triumphierend. »Christa sagt auch, wir müssen aussteigen!«

»Nein, nein, ich steig nicht aus mit euch!« jammert die Heulliese. »Ich geh nicht mit euch unter die vielen Leute! Ihr lauft mir gleich alle weg, und ich steh da und weiß nicht wohin!«

»Ich stelle fest«, verkünde ich, stolz auf meine Geistesschärfe, »daß Christa nicht mitfahren und nicht aussteigen will. Was willst du nun eigentlich, Christa?«

»Ich weiß doch nicht! Warum fragt ihr mich denn immerzu? Aber das sage ich euch, wenn der Herr Rat nicht gleich kommt, dann fahre ich nach Haus! Ich hab's nicht nötig, so in der Welt herumzufahren wie 'ne Waise, ich hab' richtige Eltern, bei denen ich bleiben kann!«

Gott sei Dank kam der Herr Rat mit seiner Rätin nun wirklich gleich. Er war so froh, den Zug doch noch erreicht zu haben, daß Ede nicht mehr als ein paar scherzende Scheltworte abbekam, nebst einem Zupfen am Ohrläppchen. Während Mutter dem Vater seinen Eckplatz gemütlich mit Kissen herrichtete – wir fuhren selbstverständlich Dritter –, während Vater das schwere Tuchjackett mit einem leichten aus Lüster vertauschte und auf den Kopf statt des Filzhutes ein leichtes Käppi setzte, das den schon blaß zwischen licht werdenden Haarsträhnen durchschimmernden Schädel vor Erkältungen schützte, während Itzenplitz schon mit Marlitts Goldelse anfing und Fiete von Christa ihre große Puppe verlangte, die doch auch etwas von der Reise sehen sollte, während Ede ungewohnt steif auf »meinem« Eckplatz saß, die Beine gewissermaßen als Gitter vor dem Versteck des Hamsters, den er mit einem Bindfaden ans Heizrohr gebunden hatte, während ich zum offenen Türfenster hinausschaute – während alledem hatte es auf dem Bahnsteig einen letzten Tumult, ein letztes hastiges Rennen und Schleppen gegeben. Die letzten Türen waren

71

zugeschlagen, die Pfeife des Zugführers hatte geschrillt, und mit lautem Puffen und Dampfausstoßen hatte die Lokomotive unsern Zug in Gang gebracht.

Nun rollte er schon etwas freier, klapperte aber immer noch über Dutzende von Weichen, und ich sah neugierig in all die engen, rauchgeschwärzten Hinterhöfe, die mir bei dieser Ferienfahrt ins Freie besonders abscheulich vorkamen. All die Leute, die in ihnen hausen mußten, schienen mir beklagenswert. Ich begriff fast nicht, daß wir beinahe ein ganzes Jahr im dritten Stock eines solchen Hauses an der Luitpoldstraße gewohnt hatten!

Nun wurde der Blick etwas freier, ich sah in den Friedhof der Französischen und Hedwigs-Gemeinde und – plötzlich ganz traurig – wendete ich mich ins Abteil zurück und sagte zu Vater: »Wenn wir den Kirchhof wiedersehen, sind die großen Ferien schon vorbei!«

»Und die nächsten sind dir sechs Wochen näher!« lachte Vater und streckte sich behaglich auf seinem Eckplatz aus. »Werde bloß nicht elegisch, mein Sohn, sondern freue dich dessen, was du hast!

Victor Klemperer

Das ferne ausländische Bornholm

Unsere erste Fahrt, die eigentliche Entdeckungsreise, begann mit einem literarischen Ereignis. Im Wartesaal des Stettiner Bahnhofs lasen wir das Preisausschreiben des »Lokalanzeigers« für einen Vierzeiler (»höchstens acht Zeilen«) auf den neuen Eisenbahntarif, der eben, zu Beginn der Reisezeit, mit gehörigem Verteuern in Kraft trat. Inspiriert schrieb ich auf eine Postkarte: »Liebespaar und Junggeselle/ Zahlten lächelnd: ›Bagatelle!‹/Doch am Schalter, wortberaubt,/Lehnte ein Familienhaupt.« Und meine Frau fixierte die Bleistiftschrift mit einem Tropfen Selterswasser. Danach vergaß ich meine Dichtung über dem Andrang der Erlebnisse.

Wir hatten gar nicht die Absicht, ins ferne ausländische Bornholm zu fahren, das damals in Berlin noch wenig bekannt war. Wir hatten nur früher einmal in Bohemekreisen einige Maler schwärmerisch davon sprechen hören. Unser bescheidenes Ziel war das uns als billig empfohlene Dievenow. Als wir aber von Stettin aus auf einem kleinen Haffdampfer dorthin kamen, fanden wir es nichtssagend, auch lagen alle Hotels und Villen weitab vom Meer am Bodden, und vor allem: Im Augenblick war überhaupt keine Unterkunft zu haben. Wir mußten im Schulhaus auf Bänken übernachten, und das war längst nicht so erfreulich wie auf der Bühne in Prenden. So wollten wir am nächsten Nachmittag nach Swinemünde und von da aus weitersehen. Der »Prinz Heinrich« kam und blieb im Abstand von der unwirtlichen Küste liegen, die keinen Landungssteg für größere Dampfer besaß. Am Strand wartete ein beträchtliches Häufchen Passagiere, und es war nur ein Boot da. Der Bootsmann sagte, er werde zwei Fahrten machen. Er hatte, als er abstieß, unsern Koffer und die beiden halbwüchsigen Töchter eines dicken Ehepaars im Kahn. Wir sahen ihn zum »Prinz Heinrich« hinüberrudern und zurückkommen, wir sahen aber auch, wie sich der Dampfer in Bewegung setzte und rasch entfernte. Der dicke Herr schrie: »Meine Kinder!«, die Frau: »Sie sind noch nie allein gereist, sie haben kein Geld bei sich!« und ich: »Unser Koffer!« Der Bootsmann beschwor noch vor dem Landen seine Unschuld: Der Kapitän lasse sagen, er habe keine Lust, sich jedesmal in Dievenow Verspätung zu holen und dafür den Rüffel seiner Reederei einzustecken, die Kurverwaltung möge endlich für rascheres An- und Ausbooten sorgen. Jetzt sprach meine Frau das erste Wort: »Wir bleiben nicht hier.« Ich fragte den Mann, ob er uns nach Swinemünde segeln wolle; er sagte: Ja, für zwanzig Mark, aber es würde eine etwas bewegte Fahrt werden, da der Wind zunehme, und vor ein Uhr nachts könnten wir nicht dort sein. Ich fragte noch, ob Gefahr dabei sei. – Keineswegs, er gebe uns seine beiden Söhne mit. Darauf wandte ich mich an das dicke Ehepaar, ob es mitkommen wolle. Der Herr preßte mit theatralischer Geste die Hand auf den Magen und rief: »Ich bin Familienvater!« Nun bedeuteten mir zwanzig Mark für die Bootsfahrt eine schwere Belastung unseres Reisebudgets, und Angst hatte ich auch, nicht um mein Leben, aber vor der Seekrankheit, doch andrerseits lockte das Abenteuer gar zu sehr, auch sah ich mich in die Heldenrolle gedrängt. Wir fuhren um acht vor großem Publikum ab, es war eine Sensation für Dievenow; einige alte Damen hatten uns mütterlich gewarnt, dann hatte man meiner Frau leihweise einen dicken Mantel angeboten, und schließlich rief man uns gute Wünsche nach und winkte noch lange. Es wurde eine wunderbare Fahrt, ganz voll von einer animalischen und absoluten Freude. Nichts Besonderes fesselte die Aufmerksamkeit, kein prunkvoller Sonnenuntergang und farbiger Abendhimmel, kein dunkles Sturmgewölk. Alles schleierte sich in gleichmäßiges Grau, nur ganz weit fort wetterleuchtete es ein Weilchen. Es gab auch keinen interessanten Sturm. Doch da war ein beständiges, gleichmäßiges Rauschen und Brausen, und in ihm jagte das Boot hin, unter voll herausgepreßten Segeln stark auf die Seite geneigt, dabei aber in so ruhig gleitender Fahrt, daß wir auf der tiefer liegenden Längsbank die Zigarette am nicht flackernden Streichholz anzünden konnten. Dies stille Fliegen durch die lauten

Wellen und die laute Luft hatte zugleich etwas Betäubendes und etwas Berauschendes. Kein Wort wurde gesprochen, die beiden Jungen waren mit Steuer und Segel beschäftigt, und uns selbst war nicht nach Unterhaltung zumute, auch kaum nach Denken und Sehen. Ich entsinne mich der wenigsten Einzelheiten, nur eben des großen Glückempfindens. Nach langer Zeit – aber eigentlich fehlte alles Zeitgefühl – tauchte eine schwache Lichterreihe zur Linken auf und verschwand allmählich wieder: Misdroy. Dann war der Strahl des Swinemünder Leuchtturms da. Er kam aus unendlicher Ferne, die immer gleich fern zu bleiben schien, er drohte kein Ende des seligen Fliegens an. Bis unter dem hohen Licht, dicht am Wasser selber, ein zuckender Schein zu flattern begann. Das war das Feuer am Molenkopf, und nun war es doch aus mit unserm friedlichen Jagen, und unter herumschwingenden und knallenden Segeln wurde bei heftigem Schaukeln gekreuzt, bis wir schließlich an den blendenden Mühlenflügeln vorüber die Einfahrt gewannen. Das beschwingte Gefühl aber hielt noch an, als wir lange nach eins in einer ganz stillen kleinen Hafenkneipe bei Schinkenbrot und Korn saßen. Wir erzählten dem Wirt unser Erlebnis, und er beschrieb uns den Liegeplatz des »Prinz Heinrich«: »Zwei Minuten von hier, gleich vor dem großen Raddampfer, der ›Freya‹, die um sechs Uhr nach Bornholm fährt.« In diesem Augenblick wußten wir, daß Bornholm unser Ziel war, und das bedeutete damals für uns einen geradeso kühnen Aufschwung wie zwanzig Jahre später der ebenfalls nächtliche und plötzliche Entschluß zur Reise nach Südamerika.

Der Wachhabende auf der »Freya« ließ uns im kümmerlichen Salon des bejahrten Schiffes ausruhen, um fünf schaffte ich unsern Koffer vom »Prinz Heinrich« herüber, und am Nachmittag standen wir in Sandvig in Groenbechs Hotel, das nicht sehr hotelmäßig aussah, aber durch Inschrift versicherte, es werde hier deutsch gesprochen. In Wahrheit konnten dort nur ein paar deutsche Gäste deutsch, und sie waren am Strand, die alte Frau Groenbech malte mit Kreide ein Bett und einen Teller auf den Tisch, schlug um beides einen Kreis und schrieb daneben: »3 Kronen«. Auch Robert, der ländliche Kellner, war auf Zeichensprache und Erraten angewiesen. Einmal führte er mitten in der Nacht eine sehr laute Unterhaltung vor unserm Fenster, die uns viel mehr störte als das regelmäßige Katzenkonzert in dem benachbarten Feldstück. Ich bat kräftig um Ruhe, da brachte mir Robert ein Glas Wasser. Die Eisenbetten in unserm Zimmer waren so schief geneigt, daß man immer Gefahr lief, im Schlaf herauszurollen, und das Waschwasser mußten wir durchs Fenster schütten; doch dafür standen Tag und Nacht zur freien Benutzung ein riesiger rotkrustiger runder Käse und eine Flasche Aquavit auf dem allgemeinen Eßtisch. Sie gehörten mit in den Kreis der drei Kronen. Die Primitivität des Hotelbetriebes belustigte uns nur, und die geringen Kosten verführten uns, länger zu bleiben, als mit dem Geldgeschenk meines Vaters zu bestreiten war. So kamen wir abgebrannt nach Hause und überlegten eben, wie wir uns in den nächsten Wochen einschränken könnten, als die Post einen Einschreibebrief von Scherl brachte: Er freue sich, mir mitteilen zu können, daß ich unter etlichen tausend Bewerbern den ersten Preis für meinen Spruch über den Eisenbahntarif erhalten hätte; er wünsche mir zu diesem schönen Erfolg Glück und übersende anbei einhundert Mark. Das blieb das einzige Mal in meinem Leben, daß ich mit vier Reimzeilen so viel Geld verdiente. Übrigens haben mir Scherls Preisausschreiben wiederholt Glück gebracht: Ich stehe in seiner ›Jugendwoche‹ und in seinem ›Balladenschatz‹. Ein etwas beschämender Ruhm; aber damals hatte ich doch großes Vergnügen daran. –

Als wir 1909 wieder nach Bornholm und zu Groenbech kamen, ging es dort schon ein wenig zivilisierter zu: Der Aquavit und der Käse standen nicht mehr zur freien Benutzung da. Die Betten freilich standen noch so schief wie vor zwei Jahren, und das Waschwasser schwappte man immer noch durchs Fenster. Deutsche Gäste besuchten jetzt in größerer Anzahl die Insel, und nach ihren Berichten lebte man in den kostspieligeren Hotels schon beinahe komfortabel. Trotzdem erinnerte noch manches an den Naturzustand. Das wurde uns höchst eindringlich ad oculos, genauer: ad dentes demonstriert und trug uns das Haupterlebnis dieser Ferien ein. Meine Frau bekam eine Wurzelhautentzündung, und es gab weder in Sandvig noch in dem größeren Allinge einen Zahnarzt, es gab überhaupt nur einen einzigen Arzt für diese beiden Orte, ja, diese ganze Küste, den alten Doktor Borch, den wir oft auf seinem Fahrrad gesehen hatten. Wir gingen zu ihm nach Allinge; im Sprechzimmer lagen Schraubenschlüssel, Laterne und Luftpumpe für das Rad zwischen ärztlichen Instrumenten auf dem gleichen Tisch. Er sagte nach kurzer Untersuchung in gebrochenem Deutsch, es müsse mancherlei »ausgerottet« werden und möglichst bald; er selber möchte lieber nicht eingreifen und schlage Rønne (die in vielstündiger Wagenfahrt zu erreichende Hauptstadt Bornholms), besser noch Kopenhagen vor. Die täglichen Postdampfer dorthin liefen von Rønne aus, aber zufällig fuhr an diesem Abend gleichzeitig die kleine »Bornholm« von Allinge hinüber und nahm außer Vieh und sonstiger Fracht auch Passagiere mit. Wir benutzten also die »Bornholm«. Auf dieser Fahrt habe ich den schwersten Seesturm und die schwerste Seekrankheit meines Lebens kennengelernt, es ist auch das einzige Mal, daß ich Leute der Besatzung auf den Knien gesehen und laut beten gehört habe – die Passagiere waren nicht mehr imstande zu beten. Gleich nach dem Verlassen des

Hafens fing das wilde Schaukeln an. Wir saßen an Deck, wurden von einer überschlagenden Welle durchnäßt, wollten in die Kajüte und hatten plötzlich keinen Boden mehr unter den Füßen. Wir fanden uns im Heck wieder, atemlos an eine Taurolle geklammert. Erst nach langen Minuten, in denen ich alle Sprotten meines Abendbrots wiedersah, wagten wir es, auf allen vieren zur Kajütentür zu kriechen und in den Speiseraum hinunterzurutschen. Dort lagen Menschen, wo sie gerade hingefallen waren, überall zeigten sich Spuren der Seekrankheit. Wir kauerten mit dem Rükken gegen die Wand. Neben mir lag ausgestreckt eine Dame, mit dem Kopf auf ihren gelben Stiefeln ein Herr. Vor mir stand ein schöner schweinslederner Koffer; ich wollte ihn so gern schonen und konnte es nicht. Die Türen zu den wenigen Kabinen waren aufgerissen und schwankten hin und her, innen rollten die Leute vor den Betten am Boden in ihrem Erbrochenen. Der Lärm war ebenso erschütternd wie das Stoßen und Schwanken: Zum Brausen und Heulen der Wellen und des Sturms kam das Würgen und Jammern der Kranken, das Gebrüll des Viehs und, vor allem, das Kreischen der aus dem Wasser gehobenen Schiffsschraube. Auf dem gleichen notwendigen Kriechgang, der mich an den offenen Kabinen vorbeiführte, sah ich die betenden Matrosen; da fiel mir ein, daß wir uns dicht an der schwedischen Küste und in ernster Gefahr des Strandens befinden müßten. Furcht empfand ich gar keine, aber die Furchtlosigkeit war nicht auf den Heroismus der Seele gegründet, sondern auf die Qualen des Magens. Seekrankheit ist immer eine widerwärtige Sache, doch zur Tortur wird sie erst, wenn man nichts mehr von sich zu geben hat und die Magenkrämpfe kommen. Meine Frau behauptet, ich hätte wiederholt geäußert: »Wenn der Kasten nur endlich sinken wollte, daß man zur Ruhe käme!« Ihr selber ging es besser; ihr nasser Schal wirkte wie eine schmerzstillende Kompresse, und von der Seekrankheit blieb sie verschont. Gegen Morgen ließ der Sturm nach, und als wir dicht vorm Ziel ruhigeres Wasser erreichten, schlich alles an Deck und sonnte sich. Vor der Landung gab es noch einen tragikomischen Augenblick. Ich sah, wie weit entfernt von mir ein Kind an die Reling lief und sich zum Speien hinüberbeugte. Sofort folgte die neben ihm sitzende Mutter dem Beispiel, darauf erhob sich der Vater, dann das angrenzende junge Mädchen, und so zog die Bewegung die lange Reihe durch auf mich zu. Erst lachte ich, dann wurde mir peinlich zumut, und dann zwang es mich genauso an die Reling wie all die andern vor mir. An Land waren die ersten Stunden unerfreulich; es mußte wirklich manches »ausgerottet« werden, und danach schlief meine Frau ihren Ätherrausch im Hotel aus. Aber am späten Nachmittag und den zwei folgenden Tagen machten wir ausgiebige Bekanntschaft mit Kopenhagen. Ich glaube nicht, daß hier verklärendes Erinnern im Spiel ist: Es schwebte Heiterkeit über dem ganzen Stadtbild, und sie rührte zu gleichen Teilen von der zierlichen Anmut der Bauten und der leichtfüßigen Eleganz der Passanten her, unter denen uns ganze Schwärme jugendlicher Radler und Radlerinnen auffielen. Die nächtliche Rückfahrt auf dem großen schwarzen »Thor« nach Rønne verlief dann so sanft, wie die Hinfahrt stürmisch gewesen war.

Ob es 1911 schon einen Zahnarzt im Bornholmer Bäderbezirk gab, vermag ich nicht zu sagen; aber ein winziges Kaffeehaus mit Gitarrenmusik hatte sich in Sandvig aufgetan. Und 1913 war die Angleichung an den Kontinent im wesentlichen vollzogen.

Aber habe ich mit alledem nun wirklich meine hauptsächlichen Reiseerinnerungen festgehalten? Ich meine jetzt nicht das, was mir bei absichtlichem Rückbesinnen einfällt, oder das, was ich aus den Tagebüchern auffrische, sondern jene Bilder, die von selber und ungerufen vor dem Einschlafen auftauchen oder beim Erwachen oder in einem müden Augenblick auf der Straßenbahn. Das sind ja gar nicht die bedeutenden balladischen Landschaften und die gewichtigen Szenen, es sind belanglose Dinge, von denen ich nicht weiß, warum gerade sie sich eingeprägt haben und an denen dennoch das eigentliche Nachleben dieser Ferientage haftet. Ich sehe uns in der miniaturkleinen Kapitänskabine des Frachters, der im Hammerhafen Steine für Danzig lädt; der Kapitän hat bei Groenbech einen Aquavit getrunken und Freundschaft mit uns geschlossen, er hat uns sein Schiff gezeigt, er bietet uns jetzt schwedischen Punsch an und sagt zu meiner Frau, ich weiß nicht, ob als Kompliment: »Für ein litauisches Bauernweib möchte man Sie halten mit Ihrem Kopftuch.« Ich sehe uns rauchend auf der Hafenmauer in Hasle sitzen, todmüde und so satt, daß wir eben ganz still sitzen und rauchen und rauchen müssen. Wir sind den langen Tag gewandert und dann ausgehungert zum Abendessen gekommen, jedem von uns ist ein ganzer Aal vorgesetzt worden, gebraten und einen Haufen Bratkartoffeln umkränzend, und beide haben wir die mörderische Portion bewältigt. Ich sehe die graue Riesendogge im Gasthof zu Kerkegard, sie schnuppert an unsern Kaffeetassen und niest so gewaltig, daß das Geschirr klirrt. Ich sehe das altjüngferliche, gouvernantenhaft strenge Gesicht der Dame, mit der wir in Allinge am gleichen Tisch speisen; wenn sich jetzt meine Frau nach dem Essen eine Zigarette anzündet, wird es sicher einen tadelnden Blick geben. Aber nein: Die strenge Dame zieht selber aus der Tasche ihres eng anliegenden grauen Jacketts ein großes Etui und steckt die dickste und schwärzeste Brasilzigarre in den Mund. Ich sehe ... Doch alles das wird so nichtig und kindisch, wenn ich es hier ausbreite. Und dennoch ist es wohl die wirklich lebendige Erinnerung.

Peter Altenberg

LAND

Jeden Morgen um sechs saß ich auf der ziemlich rampo-
nierten Hotelbank in der Dorfstraße und fühlte:

Wie kommst Du zu dem Glücke, in dieser frischen
schneidenden Bergmorgenluft auf dieser noch einsamen
Hotelbank zu sitzen und die gemächliche Geschäftigkeit
des erwachenden Dorfes abzuwarten?! Bist Du ein Bevor-
zugter des Daseins und weshalb?! Es kommen spärlich Leute vorüber, die in ein Tagewerk gehen. Später kommen
Hotelgäste, sie besprechen Vormittags-Ausflüge, Tages-
Ausflüge, tuen sich zusammen zu Geselligkeiten, das An-
nerl bleibt mit der Bonne zu Hause, der Karl war gestern
schlimm, bleibt auch zu Hause, nein, Onkel bittet für ihn,
er geht mit. Ich sitze gemächlich auf der Hotelbank. Man
fragt mich: »Keinen Ausflug?!« Ja, ich fliege aus in das Land
des Schicksals, in das Reich der Gnade, das mich diesen
Sommerfrieden erleben läßt!

Franz Hessel

STADTSOMMER

»Nun geht schon, reist in euren Ozon, von dem die Bei-
blätter der Zeitungen voll sind«, sagt die große Stadt zu den
Herren Bewohnern. »Schüttelt meinen Staub von euren
Schuhen, speichert Gebirgsluft, spart und lungert an der
See, laßt eure Bräute bräunen, nehmt unterwegs Sehens-

würdigkeiten mit, die gerade auf der Reiseroute liegen, geht und bleibt recht lange weg. Ich will mich inzwischen ein bißchen von euch erholen.

Ich werde meinen stillen und surrenden Sommer haben. Ich werde dünsten im Licht. Meine Steine, sonst von Feuchte oder Kälte gerandet, werden abgeben und abbekommen von Wärme, werden ein wenig über ihre Grenzen quellen und leben.

Sonntagvormittage wird es geben in meinen Straßen: da habe ich selbst die daheimgebliebenen kleinen Leute in die Umgegend abgegeben, in das Grüne. Da hat mein Pflaster Ferien von allen Trampelschuhen und Stolperspitzen. Ganz unbelaufen strecken sie sich im Lichte, die langen Pflasterreihen. Da bekomme selbst ich ebenste der Ebenen leise Schwellung wie zu Knie und Hüfte und atme talauf und hügelab.

Hinter vielen heruntergelassenen Läden von Wohnungen und geschlossenen Etablissements, in leeren Nixengrotten der alten und Barwinkeln der neuen Vergnügungsviertel werde ich, besonders am hellen Tage, meinen Dornröschenschlaf haben.

Aus meinen Hinterhäusern werden – nur für mich selbst und das märchenblasse Portierkind, das den Sand zwischen den Hofsteinen aufkratzen darf – düstere Burgen und heitere Paläste werden. Und die drei Stufen zum Hinterhauseingang werden heilige Schwelle. Baustellen werden Ruine oder Bergwerk, das im Streik dämmert.

Von meinen verlachten Fassaden aus der Zeit des schlechten Geschmacks rinnt bröckelnder Steinsand leise und bedeutsam wie Sand im Stundenglas. Die plastischen Puppen auf meinen Brücken, an Ecken und Plätzen dürfen nun auch ungestörter streuen (wie alte Schaukelpferde) und werden ein wenig Torso, bis ihr wiederkommt und repariert.

Wenn's nur recht heiß wird. Dann schimmern meine Runzeln wie Spinnweben im Licht, meine steinernen Runzeln, und ich werde würdig wie eine alte Frau. Aus all den Bakterien, die ihr jetzt meidet, und aus Steinkrankheiten dunstet eine Schicht zusammen, die legt sich wie Grünspan auf meine Flanken, und ich, Berlin, ich kriege Charakter.

Ich große Stadt freue mich auf den Sommer, in dem ich ein wenig leerer werde von den Menschen und voller von mir selbst. Viele Sommer machen vielleicht doch noch aus mir eine alte Großstadt.«

Alfred Polgar

NATUR

Ringsherum ist lauter Landschaft. Es grünt und blüht wie im Liede, der See haucht seinen angenehmen, aus kühl, tief und naß komponierten Atem in die Poren der Haut und der Seele, die sie umspannt, dunkle und lichte Berge schwingen ihre starren Wellen in die Luft, von weither tönt Geräusch des Orts, von naheher Vogelstimmen und die dünne Musik der kleinen animalischen Geschäftigkeit in Baum und Gras.

Das nennen wir Natur. Der granitne Fels gehört auch dazu. Aber wenn er, in Würfel geschnitten, den Boden der Stadt pflastert, zählt er nicht mehr als Natur. Das Rind, großäugig sein Futter wählend, ist geradezu unentbehrlich in der Statisterie des Naturschauspiels. Noch wenn es zur Bahn getrieben wird, den vielverschlungenen Weg hinab, ist es Natur. Im Viehwagen dann schwindet so ziemlich das Naturhafte. Und über die Brücke zum Schlachthaus trabt das Rind bereits völlig denaturiert, als Ding des städtischen Kreislaufs, und niemand bemerkt, daß es großäugig ist.

Pflanzen behaupten auch in sechsstockhohen Zinshäusern relativ lange ihre Naturigkeit, besonders jene, die nicht gegessen, sondern nur angeschaut und gerochen werden. Das Mysterium holder Zwecklosigkeit schwebt um sie, wie es um verfaulenzte Stunden, um den stummen Gesang der Sterne, um die Funkelspiele des Lichts im Wasser schwebt, die wir auch im Blute spüren, wenn wir »Natur« sagen. Von Menschen gelten uns die naturverbunden, die auch dem Fremden gleich Du sagen, O-Beine haben und Hände wie Tatzen und auch im Hochsommer unter drei rotkarierten Federbetten schlafen bis vier Uhr früh, und das Wetter, das kommen wird, vorauswissen, wenn auch nicht gerade jenes, das dann wirklich kommt.

Nach städtischem Sprach- und Gefühlsbrauch heißen Natur jene Partien der Erdoberfläche, die keine dichte menschliche Siedlung tragen. Also Berg, Acker, Wald und Wasser sind vorneweg Natur. Und dann das offene Tal, wo nur verstreut Häuser stehen und keine hohen, wo viel Luft ist zwischen denen, die sie atmen, und Baum, Feld, Wiese bequemen Platz haben, wo der Mensch sich in der Minderheit fühlt, wo er nur zwischendurch erscheint, nicht über allem dicht hingebreitet wie Pilz oder Flechte, wo er von anderem als menschlichem Leben, von Tier und Pflanze, in den Hintergrund gelebt wird, wo er nicht als Sinn, Zweck und Pointe des Ganzen gesetzt ist und sein übler Atem nicht Atmosphäre bildet. Deshalb sind zum Beispiel die sogenannten Sommerfrischen nur im Winter richtige Natur, im Sommer hingegen Sommerfrischen, also etwas ganz Zuwideres.

Natur blickt über den Menschen hinweg. Das ist ihre Würde, Größe und Majestät. Sie bemerkt dich nicht und hilft dir, dich selbst nicht zu bemerken. In deiner Stube magst du mit dir allein sein. Natur ist, wo du ohne dich allein bist.

84

Franz Grillparzer

EINE UNANGENEHME EMPFINDUNG

Ich habe mir zum Spazierengehen auf dem Lande einen dunkeln Rohrstock gekauft, etwas plump, aber höchst bequem. Er gefiel mir beim Kaufmann sehr wohl, und ich bin mit seinem Dienste sehr zufrieden, und doch überfällt mich eine unangenehme Empfindung, ein widerliches Gefühl in der Magengegend, wenn ich ihn in die Hand nehmen will. Ist es seine Derbheit, oder daß er dunkel ist, während mein voriger Spazierstock licht war? Was ist das für ein Unsinn?

Karl Kraus

PFLEGET DEN FREMDENVERKEHR

Die wir heute unter dem Fluch, im Zeichen des Fremdenverkehrs zu stehen, vorzeitig altern, können uns manchmal noch vor der Wichtigkeit des Hotelportiers in ein Logis der Erinnerung retten. Dann dringt, nicht greifbarer als ein Sonnenstrahl im Staub, ein Tanz von Stimmen, Farben und Gerüchen ein, ein toter Tag schlägt seine Augen auf, und wir ertappen uns beim Einsagen, beim Zuspätkommen, beim Nachsitzen. Wir memorieren Lesestücke, sie waren von Pfeffel, Hölty, Kopisch und vor allem von Hey, und ferne klingt es wie: Bei einem Wirte wundermild, und: Hinaus in die Ferne ... Und dennoch, es galt nicht dem Fremdenverkehr.

Was wird euch Kindern der Zeit nach dreißig Jahren durch den Traum ziehen? Das Bäumchen, das andere Blätter hat gewollt, wird längst zu Zeitungspapier verdorrt sein, aber eine Welle des Lebensfrühlings trägt euch die Mahnung zu: »Pfleget den Fremdenverkehr!« ... Und wisset ihr auch, wer der wackere Fremdling war? fragte der Lehrer. Wir wissen es, antworteten die Schüler. Es war Pierpont Morgan. Und nicht mehr hieß es: »Gebet den Armen!« sondern: »Nehmet vom Reichen!« Und die Klasse sang:

> *A a a,* der Fremde der ist da.
> Die stieren Zeiten sind vergangen,
> Der Fremdenverkehr hat angefangen,
> *A a a,* der Fremde der ist da.

> *E e e,* Euer Gnaden wissen eh.
> Fesch das Zeugl, fesch die Madeln,
> Gstellt vom Kopf bis zu die Wadeln,
> *E e e,* Euer Gnaden wissen eh.

> *I i i,* wir wurzen wie noch nie.
> Seids net fad, ruckts aus mit die Maxen,
> Reiß'n ma aus der Welt a Haxen,
> *I i i,* wir wurzen wie noch nie.

> *O o o,* wie sind die Wiener froh.
> Mir werns euch schon einigeigen,
> Laßts euch das Wiener Blut nur zeigen,
> *O o o,* wie sind die Wiener froh.

> *U u u,* nun hat die Seel' a Ruh.
> Wien ist und bleibt die Stadt der Lieder,
> Bitte beehren uns bald wieder,
> *U u u,* nun hat die Seel' a Ruh.

So merkten sie sich die Vokale. Und nur so ergab sich: Austria erit in orbe ultima. Denn nur ein Volk, das es versteht, in seine Idylle hineinzutölpeln, erträgt einen staat-

lichen Reformeifer, der die Kinder des Landes zu Lohn-
dienern erziehen möchte. Und nur ein Volk, das den Unterschied der Geschlechter durch die Merkmale des Blitzens
und des Wurzens ein für allemal festgelegt hat, erträgt den
schamlosen Witz, der Kinderseelen für die Zwecke einer
tollgewordenen Volkswirtschaft präpariert und in den Kin-
dermund Mitteilungen des Landesverbandes für Fremdenverkehr in Wien und Nieder-Österreich stopft. Und nur
eine Tradition, die es für ihre letzte Lebensbedingung hält,
ihre Basalte den Fremden zu apportieren, versinkt nicht in
Grund und Boden bei der Vorstellung, daß der Staat aus der
Schnorrerei einen Unterrichtsgegenstand macht. Eine
Staats- und Volksfaulheit, die nicht das geringste dazutut,
um den Einheimischen das Leben erträglich zu gestalten,
fiebert seit Jahren in Sehnsucht, Fremde zu entzücken. Das
von Feuilletonisten vielberufene »österreichische Antlitz« ist
die Visage eines schwitzenden Hoteliers, der überall selbst
Hand anlegt, sich unaufhörlich vor leeren Tischen verbeugt
und Leben in die Bude bringt, indem er die Kaisersemmeln
untereinander auswechselt. Die Kellner warten mit Hangerl
und Bangerl der Entwicklung, und ihrer zwölf kommen auf
einen Fremden. Darum bleibt er vom Mahle fern, nach
dessen Beendigung es ihm doch geschehen könnte, daß ihm
die zwölf auf die Gasse nachstürzen und ihn an eine nicht
angesagte Semmel erinnern. Nachdem dies geschehen ist,
ruft ihm noch der Hotelier nach, daß er den Lift im Hause
und beileibe nicht daneben habe. Mit solcher Erlebnisfülle
vermag das Bewußtsein, daß die Volksschüler des Landes gut
präpariert sind, kaum zu versöhnen. Die Kinder sollen dazu
abgerichtet werden, die Verdrießlichkeiten wegen schlechter Gasthofsitten, zu spät kommender und verschweinter
Züge, teurer Automobile und elender Telephone auch ih-
rerseits durch Zudringlichkeit wettzumachen. Denn mir
ham halt die Alpen. Die Schweizer haben schließlich auch

eine Gegend und sind ein einig Volk von Hoteliers geworden, aber Wilhelm Tell hätte die Zumutung Geßlers, auf
den Kopf seines Kindes Lesestücke über den Fremdenverkehr loszulassen, glatt abgelehnt. Kein Staat Europas läßt sich
wegen des Fremdenverkehrs so graue Haare wachsen wie
Österreich, jeder erwartet geduldig und ohne Aufregung,
was der Sommer bringt. Man ist in England, Frankreich und
Deutschland noch immer der Ansicht, daß es wichtiger ist,
für die Einheimischen als für die Fremden zu sorgen, weil
nämlich die Fremden von selbst kommen, wenn für die
Einheimischen gesorgt ist. Nur am Kraterrand stehen Ban-
diten, die einige Lire dafür verlangen, daß sie sie in Lava
eintunken, und nur Völker, die auf einem Vulkan tanzen
können, haben noch die Geistesgegenwart, dafür Entree
einzuheben. Mögen die Europäer, die für Österreich Fremde sind, eine Generalversammlung einberufen und den Be-
schluß fassen, daß so lange Zuzug fernzuhalten sei, bis
Österreich für den Einheimischenverkehr gesorgt habe.

Hugo von Hofmannsthal

Das Dorf im Gebirge

I

Im Juni sind die Leute aus der Stadt gekommen und wohnen in allen großen Stuben. Die Bauern und ihre Weiber
schlafen in den Dachkammern, die voll alten Pferdege-
schirrs hängen, voll verstaubten Schlittengeschirrs mit ra-
schelnden gelben Glöckchen daran, alter Winterjoppen,
alter Steinschloßgewehre und unförmlicher, rostblinder Sä-

gen. Sie haben aus den unteren Stuben alle ihre Sachen weggetragen und alle Truhen für die Stadtleute freigemacht, und nichts ist in den Stuben zurückgeblieben als der Geruch von Keller mit großen Rahmeimern und altem Holz, der sich aus dem Innern des Hauses durch die kleinen Fenster zieht und in unsichtbaren Säulen säuerlich und kühl über den Köpfen der blaßroten Malven bis gegen die großen Apfelbäume hin steht.

Nur den Schmuck der Wände hat man zurückgelassen: die Geweihe und die vielen kleinen Bilder der Jungfrau Maria und der Heiligen in geschnitzten und papierenen Rahmen, zwischen denen Rosenkränze aus unechten Korallen oder winzigen Holzkugeln hängen. Die Frauen aus der Stadt hängen ihre großen Gartenhüte und ihre bunten Sonnenschirme an die Geweihe; in der Schlinge eines Rosenkranzes befestigen sie das Bild einer Schauspielerin, deren königliche Schultern und hochgezogene Augenbrauen unvergleichlich schön einen großen Schmerz ausdrücken; die Bilder von jungen Männern, von berühmten alten Menschen und von unnatürlich lächelnden Frauen lehnen sie an den Rücken eines kleinen wächsernen Lammes, das die Kreuzfahne trägt, oder sie klemmen sie zwischen die Wand und ein vergoldetes Herz, in dessen purpurnen Wundmalen sieben kleine Schwerter stecken.

Sie selber aber, die Frauen und Mädchen aus der Stadt, sieht man überall sitzen, wo sonst kein Mensch sitzt: auf den beiden Enden der hölzernen Brunnentröge, wo das zurücksprühende Wasser vom Wind in ihr Haar getragen wird, bis sie ganz voll Tau hängen, wie feine, dichte Spinnweben am Morgen. Oder sie sitzen auf dem Zauntritt, wo sie jeden stören, dessen Weg da hinüberführt. Aber sie wissen nichts davon, daß einer gerade dahin muß, gerade auf dieses bestimmte Feld zwischen den zwei Zäunen und dem tiefeingeschnittenen, lärmenden Bach. Für sie ist es gleichgültig, wo man geht. Es liegt etwas so Zufälliges, Müheloses in ihrem Dasein. Sie brauchen keinen Feiertag und können aus jeder Stunde machen, was sie wollen. So ist auch ihr Singen. Sie singen nicht in der Kirche und nicht zum Tanz. Auf einmal, abends, wenn es dunkelt und zwischen die düsternden Bäume und über die Wege aus vielen kleinen Fenstern Lichtstreifen fallen, fangen sie zu singen an, hier eine, dort eine. Ihre Lieder scheinen aus vielerlei Tönen zusammengemischt, manchmal sind sie einem Tanzlied ganz nahe, manchmal einem Kirchenlied: es liegt Leichtigkeit darin und Herrschaft über das Leben. Wenn sie verstummen, nimmt das dunkelnde Tal sein schwerblütiges Leben wieder auf: man hört das Rauschen des großen Baches, anschwellend und wieder abfallend, anschwellend und abfallend, und hie und da das abgesonderte Rauschen eines kleinen hölzernen Laufbrunnens. Oder die Obstbäume schütteln sich und lassen einen Schauer raschelnder Tropfen von oben durch alle ihre Zweige fallen, so plötzlich wie das unerwartete Aufseufzen eines Schlafenden, und der Igel erschrickt und läuft ein Stück seines Weges schneller.

Manche von den Lichtstrahlen aber erlöschen lange nicht und sind noch da, wenn der Große Wagen bis an den Rand des Himmels herabgeglitten ist und seine tiefsten Sterne auf dem Kamm des Berges ruhen und durch die Wipfel der ungeheuren Lärchen unruhig durchflimmern. Das sind die Zimmer, in denen ein junges Mädchen aus einem Buch die Möglichkeiten des Lebens herausliest und verworren atmet wie unter der Berührung einer berauschenden und zugleich demütigenden Musik, oder in denen eine alternde Frau mit beängstigtem und staunendem Denken nicht darüber hinauskommt, daß dies traumhafte Jetzt und Hier für sie das Unentrinnbare, das Wirkliche bedeutet. Aus diesen Fenstern fällt immerfort das Kerzenlicht, greift durch die Zweige der Apfelbäume, legt einen Streifen über die Wiese, und über den Steindamm, bis hinunter an den schwarzen See-spiegel, der es zurückzustoßen und zu tragen scheint, wie einen ausgegossenen blaßgelben Schimmer. Aber es taucht auch hinunter und wirft in das feuchte Dunkel einen leuch-tenden Schacht, in dem die schwarzgrauen Barsche stumpf-sinnig stehen und die ruhelosen kleinen Weißfische unauf-hörlich beben wie Zitternadeln.

II

Auf den Wiesen stecken sie ihre viereckigen Tennisplätze aus und umstellen sie mit hohen, grauen Netzen. Von weitem sind sie anzusehen wie ungeheuere Spinnennetze.

Wer innen steht, sieht die Landschaft wie auf japanischen Krügen, wo das Email von regelmäßigen, feinen Sprüngen durchzogen ist: der blaugrüne See, der weiße Uferstreif, der Fichtenwald, die Felsen drüber und zuoberst der Him-mel von der zarten Farbe wie die blassen Blüten von Heide-kraut, alles das trägt die grauen feinen Vierecke des Netzes auf sich.

Auf den welligen Hügeln, die jenseits der Straße liegen, wird gepflügt. Sooft die Spieler ihre Plätze tauschen, um Sonne und Wind gerecht zu verteilen, sooft wenden die Pflüger das schwere Gespann und werfen mit einem starken Hub die Pflugschar in den Anfang einer neuen Furche. Gleichmäßig pflügen die Pflüger, wie ein schweres Schiff furcht der Pflug durch den fetten Boden hin, und die großen, von Luft und Arbeit gebeizten Hände liegen stetig mit schwerem Druck auf dem Sterz. Wechselnd ist das Spiel der vier Spieler. Zuweilen ist einer sehr stark. Von seinen Schlägen, die ruhig und voll sind wie die Prankenschläge eines jungen Löwen, wird das ganze Spiel gehalten. Die fliegenden Bälle und die andern Spieler, ja der Rasengrund und die Netze, in denen sich das Bild der Wälder und Wolken fängt, alles folgt seinem Handgelenk, geheimnisvoll gebunden wie von einem starken Magnet.

Ein anderer ist schwach, ganz schwach. Zwischen ihm und jedem seiner Schläge kommt das Denken. Er muß sich selber zusehen. Seine Bewegungen sind von einer tiefen Unwahrheit: zuweilen sind es die Bewegungen des Degenfechters und zuweilen die Bewegungen dessen, der Steine von sich abwehren will.

Ein dritter ist gleichgültig gegen das Spiel. Er fühlt den Blick einer Frau auf sich, auf seinen Händen, auf seinen Wangen, auf seinen Schläfen. Er schließt bisweilen die Augen, um ihn auch auf den Lidern zu fühlen. Er lebt im vergangenen Abend: denn die Frau, deren Blick er auf sich fühlt, ist nicht hier. Manchmal läuft er ein paar Schritte ganz zerstreut dorthin, wo kein Ball aufgefallen ist. Trotzdem spielt er nicht ganz schlecht. Zuweilen schlägt er mit einer großen gelassenen Bewegung, wie einer aus dem Schlaf heraus nach geträumten Früchten in die Luft greifen könnte. Und der Ball, den er so berührt, fliegt mit vollerer Wucht zurück als selbst unter den Schlägen des Starken. Er bohrt sich in den Rasen ein und fliegt nicht mehr auf.

Das Spiel der vier Spieler ist wechselnd: morgen, kann es sein, wird der Gleichgültige den Starken ablösen. Vielleicht auch werden eitle und kühne Erinnerungen und der eingeatmete Morgenwind den zum Stärksten machen, der heute ganz schwach war.

Aber gleichmäßig pflügen die Pflüger und die schönen dunklen Furchen laufen gerade durch den schweren Boden.

Nikolaus Lenau

An den Ischler Himmel im Sommer 1838

Ein Scherz

Himmel! Seit vierzehn Tagen unablässig
Bist du so gehässig und regennässig,
Bald ein Schütten in Strömen, bald Geträufel;
Himmel, o Himmel, es hole dich der Teufel!

Gurgelst wieder herab die schmutzigen Lieder,
Hängen vom Leibe dir die Fetzen nieder,
Taumelst gleich einem versoffnen zitternden Lumpen,
Hin von Berge zu Berge mit vollem Humpen!

Warfst den Bergen die Kinder aus ihren Betten,
Alle Bäche heraus, und plump zertreten
Hast du die reifende Saat den armen Bauern;
Unband! wie lange noch soll dein Unfug dauern?

Wenn doch endlich tüchtige Winde brausten
Und dich rasch von dannen peitschten und zausten!
Aber du wirst von Stunde zu Stunde noch frecher,
Lümmelst schon dich herein bis auf unsre Dächer.

Hast an harten Felsen den Kopf zerschlagen,
Und doch bist du nicht hin! seit vierzehn Tagen!
Blinder Unhold! es ist das Auge der Sonnen
Und das Auge des Mondes dir ausgeronnen.

Ungastfreundlicher Strolch! Die schönsten Frauen
Kamen, zu baden und das Gebirg zu schauen;
Baden können sie genug, doch den Hals nie strecken
Aus dem Tale, dem riesigen Badebecken.

Hätte Ischl nur dich und seine Solen,
Hätt ich mit einem Fluche mich längst empfohlen;
Doch nebst dir und deinem Wolkengewimmel
Hat es zum Glück noch einen andern Himmel!

Pablo Neruda

FERIENMONAT DER ARMEN

So wie die Kälte, der Regen und der Schlamm der Straßen, das heißt wie der tückische, lähmende Winter aus dem Süden von Amerika wich, so erreichte auch der Sommer diese Gegenden, gelb und sengend. Wir waren umgeben von jungfräulichen Bergen, deshalb wollte ich das Meer kennenlernen. Zum Glück trieb mein zielstrebiger Vater ein Haus auf, das ihm einer seiner zahlreichen Eisenbahner-Kollegen lieh. Mein Vater, der Zugführer, weckte im Stockfinsteren, um vier Uhr nachts (ich habe nie begriffen, warum man vier Uhr morgens sagt) das ganze Haus mit seiner Zugführerpfeife. Von diesem Augenblick an gab es weder Ruhe noch Licht, und zwischen Kerzen, deren Flammen sich im überall hereinwehenden Wind bogen, rannten meine Mutter, meine Geschwister Laura, Rodolfo und die Köchin hin und her, rollten große Matratzen auf, die sich in riesige, von den Frauen in Juteplanen genähte Knäuel verwandelten. Man mußte die Betten in den Zug verladen. Die Matratzen waren noch warm, als sie zur nahen Bahnstation gelangten. Schwächlich und kraftlos von Natur, mitten im Traum aufgeschreckt, befiel mich Brechreiz und Schüttelfrost. Mittlerweile nahm das endlose Gewühl im Hause seinen Fortgang. Es gab nichts, was für diesen Ferienmonat der Armen nicht mitgeschleppt wurde. Sogar die Weidengestelle, die man zum Trocknen der vom Klima ewig feuchten Bettlaken und Wäsche auf die brennenden Kohlenbecken stellte, wurden mit Schildern versehen und auf den wartenden Karren verladen.

Der Zug fuhr durch einen Teil jener kalten Provinz von Temuco bis nach Carahue. Er durchquerte riesige unbewohnte und unbebaute Strecken, durchquerte Urwald, dröhnte wie ein Erdbeben durch Tunnels und über Brükken. Die Bahnstationen lagen mutterseelenallein mitten auf freiem Feld zwischen blühenden Duftakazien und Apfelbäumen. Die araukanischen Indios in ihrer rituellen Kleidung und ihrer uralten Hoheit warteten auf den Stationen, um den Fahrgästen Lämmer zu verkaufen, Hühner, Eier und Stoffe. Mein Vater kaufte stets etwas nach endlosem Feilschen. Man mußte seinen kleinen blonden Bart sehen, wenn er ein Huhn vor einer undurchdringlichen Araukanerin aufhob, die den Preis ihrer Ware nicht um einen halben Centavo senkte.

Jede Station hatte einen schöneren Namen, fast alle waren ererbt von den alten araukanischen Besitzungen. Es war das Gebiet der erbittertsten Kämpfe zwischen den spanischen Eindringlingen und den ersten Chilenen, tiefverwurzelten Söhnen jener Erde.

Labranza war die erste Station, dann kamen Boroa und Ranquilco. Namen mit dem Geruch wilder Pflanzen, mich betörte ihr Silbenklang. Stets bedeuteten diese araukanischen Namen etwas Köstliches: Versteckter Honig, Lagunen oder ein Fluß in Waldesnähe, ein Berg mit einem Vogelnamen. Wir kamen durch das Dörfchen Imperial, wo der spanische Gouverneur den Dichter Don Alonso de Ercilla beinahe hinrichten ließ. Hier lag im 15. und 16. Jahrhundert die Hauptstadt der Konquistadoren. Die Araukaner erfanden in ihrem vaterländischen Krieg die Taktik der *verbrannten Erde.* Sie ließen in der durch Ercilla als schön und stolz geschilderten Stadt keinen Stein auf dem anderen.

Und dann die Ankunft in der Flußstadt. Der Zug stieß seine fröhlichsten Pfiffe aus, verdunkelte das Feld und die Eisenbahnstation mit gewaltigen Federbüschen aus Kohlenrauch, die Glocken klingelten, und schon roch man den breiten, himmelblauen, stillen Flußlauf des Imperial, der sich dem Ozean näherte. Die ungezählten Gepäckstücke ausladen, die kleine Familie zusammentrommeln und im Ochsenkarren zum Dampfer befördern, der den Imperial hinunterfahren würde, war Vaters Aufgabe, die er mit seinen blauen Augen und seinem Eisenbahnerpfiff erfüllte. Wir verstauten die Gepäckstücke und uns selbst auf dem Schiffchen, das uns zum Meer bringen sollte. Kabinen gab es nicht. Ich setzte mich in die Nähe des Bugs. Die Schaufelräder durchpflügten die Flußströmung, die Maschinen des kleinen Fahrzeugs schnaubten und keuchten, die wortkargen Leute des Südens hockten an Deck, unbeweglich wie verstreute Möbelstücke.

Ein Akkordeon entsandte seine romantische Klage, seine Aufforderung zur Liebe. Es gibt für ein fünfzehnjähriges Herz nichts Eindrucksvolleres als eine Fahrt auf einem breiten unbekannten Fluß zwischen bergigen Ufern, auf dem Weg zum geheimnisvollen Meer.

Nieder-Imperial war nur eine Häuser-Zeile mit bunten Dächern. Es lag an der Stirnseite des Flusses. Von dem Haus aus, das uns erwartete, und schon vorher, von der wakkeligen Mole, wo der kleine Dampfer anlegte, hörte ich in der Ferne das Meeresdonnern, fernen Aufruhr. Die Brandung trat in mein Dasein.

Das Haus gehörte Don Horacio Pacheco, einem riesenhaften Landwirt, der während des Monats, in dem wir sein Haus bewohnten, über die Hügel und unbefahrbaren Wege seine Lokomobile und Dreschmaschine steuerte. Mit seiner Maschine erntete er den Weizen der von der Küstenbevölkerung abgeschnittenen Indios und Bauern. Er war ein Mannsbild, das plötzlich in unsere Eisenbahnerfamilie einbrach, mit Stentorstimme redend, staub- und strohbedeckt. Dann kehrte er ebenso lärmend zu seiner Arbeit in die Berge zurück. Er war für mich ein Beispiel mehr für das harte Leben meines Australgebiets.

Alles war für mich geheimnisvoll in diesem Haus, in den vernachlässigten Gassen, in den unbekannten Existenzen, die mich umgaben, in dem tiefen Ton der Meeresferne. Zu dem Haus gehörte ein Garten, der mir riesig und ungepflegt vorkam, mit einer vom Regen beschädigten Mittellaube, einer von Winden überrankten Laube aus weißem Holz. Außer meiner unbedeutenden Person betrat nie jemand diese schattige Einsamkeit, wo Efeu gedieh, Geißblatt und meine Dichtung. Natürlich gab es in jenem seltsamen Garten noch einen anderen faszinierenden Gegenstand: das war ein großes Boot, Waise eines großen Schiffbruchs, das da im Garten ruhte ohne Wogen und Sturm, gestrandet im Mohn.

Das Seltsame an jenem verwilderten Garten war nämlich, daß dort beabsichtigt oder unbeabsichtigt nur Mohn wuchs. Die anderen Pflanzen hatten sich aus der schattigen Umfriedung zurückgezogen. Große Blüten, weiß wie Tauben, gab es dort, scharlachrote wie Blutstropfen, maulbeerfarbene und schwarze wie vergessene Witwen. Ich hatte nie solche Unmengen von Mohn gesehen und sah dergleichen auch nie wieder. Wenn ich sie auch respektvoll anblickte, mit einer gewissen abergläubischen Scheu, die unter allen Blumen nur sie einflößen, so riß ich doch dann und wann eine ab, deren gebrochener Stengel eine säuerliche Milch in meinen Händen zurückließ und einen Hauch von unmenschlichem Duft. Dann streichelte ich die prächtigen seidigen Blütenblätter und verwahrte sie in einem Buch. Sie waren für mich Flügel großer Falter, die nicht fliegen konnten. Als ich zum ersten Mal vor dem Ozean stand, war ich überwältigt. Dort tobte zwischen hohen Bergen – dem Huilque und dem Maule – die Wut des großen Meeres. Da waren nicht nur die riesigen schneeigen Wolken, die sich viele Meter über unseren Köpfen erhoben, sondern das Donnergetöse eines kolossalen Herzens, das Beben des Universums.

Hier breitete die Familie Tischdecken aus, stellte Teekannen auf. Die Bissen erreichten sandig meinen Mund, was mich wenig störte. Was mich schreckte, war der apokalyptische Augenblick, in dem mein Vater uns das tägliche Meerbad befahl. Weit entfernt von den riesenhaften Wellen, besprühte das Wasser meine Schwester Laura und mich mit seinen kalten Peitschenhieben. Wir zitterten, daß der Finger einer Woge uns hinauszerren würde, in die Berge des Meers. Wenn meine Schwester und ich mit klappernden Zähnen und blauen Rippen Hand in Hand schon bereit waren zu sterben, ertönte der Eisenbahnerpfiff, und mein Vater befahl uns, das Martyrium zu verlassen.

Ich will andere Geheimnisse von jener Gegend erzählen. Eines waren die Percherons, ein anderes das Haus der drei verwunschenen Frauen.

Am Ende des ärmlichen Orts standen einige große Häuser, vermutlich Gerbereien. Sie gehörten französischen Basken. Fast immer hatten die Basken im Süden Chiles die Lederindustrien in der Hand. Ich wußte eigentlich nicht, worum es ging. Ich wollte nur gerne sehen, wie zu einer bestimmten Stunde des Abends ein paar große Pferde die Tore verließen und das Dorf durchquerten. Es waren Percherons, Fohlen und Stuten von riesiger Statur. Ihre langen Mähnen fielen wie Perücken über ihre haushohen Rücken. Sie hatten mächtige, gleichfalls mit Fellbüschen bedeckte

Hufe, die beim Galopp wie Federsträuße schwankten. Sie waren rot, weiß, falb, gewaltig. So wären die Vulkane gewandert, wären sie fähig gewesen zu traben und zu galoppieren wie jene gigantischen Pferde. Gleich eines Erdbebens Aufruhr schritten sie durch die staubigen steinernen Gassen. Sie wieherten heiser und machten ein unterirdisches Geräusch, das die stille Atmosphäre erzittern ließ. Sie waren hochmütig, unvergleichlich und standbildhaft – nie mehr habe ich solche Pferde gesehen, es sei denn jene in China, in Stein gehauen, die Grabdenkmäler der Ming-Dynastie. Doch der verehrungswürdigste Stein vermag nicht das Schauspiel jener ungeheuren Tierleben wiederzugeben, die meinen Kinderaugen dem Dunkel der Träume zu enttauchen schienen, um überzugehen in eine andere Welt von Giganten.

In Wirklichkeit war jene wilde Waldwelt voll von Pferden. In allen Gassen sah man Reiter, chilenische, deutsche, araukanische, alle in Ponchos aus schwarzer Langhaarwolle, die auf- und absaßen. Die Tiere, mager oder gutgenährt, schmutzig oder glänzend, blieben stehen, wo ihre Reiter sie ließen, das Gras der Gehsteige kauend oder Dampf durch die Nüstern stoßend. Sie waren an ihre Herren gewöhnt und an das einsame Leben im Dorf. Später kehrten sie, beladen mit Säcken voller Nahrungsmittel oder Werkzeuge, in das unwegsame Bergland zurück, erklommen jämmerliche Saumpfade oder galoppierten stundenlang am Meeresstrand dahin. Manchmal trat aus einer Pfandleihe oder einer düsteren Taverne ein araukanischer Reiter und bestieg unter Schwierigkeiten sein standhaftes Pferd, machte sich auf den Heimweg zu seinem Haus in den Bergen, von einer Seite zur anderen torkelnd, bis zur Bewußtlosigkeit betrunken. Wenn ich sah, wie er losritt und weiterritt, schien mir, der alkoholisierte Zentaur müsse jedesmal, wenn er gefährlich kippte, zu Boden stürzen, doch ich irrte:

immer richtete er sich wieder auf, um sofort zur anderen Seite zu schwanken und, an sein Tier geklammert, stets wieder Halt zu finden. So mußte er reitend Kilometer um Kilometer zurücklegen, bis er mit der wilden Natur verschmolz wie ein taumelndes, auf dunkle Weise unverwundbares Tier.

Viele Sommer kehrten wir nach den gleichen häuslichen Zeremonien in diese faszinierende Gegend zurück. Ich wuchs heran, las, verliebte mich und schrieb schritthaltend mit der Zeit, zwischen den bitteren Wintern von Temuco und den geheimnisvollen Sommern der Küste.

Ich gewöhnte mich ans Reiten. Mein Leben gewann Höhe und Raum auf der steilen Tonerde, auf Wegen voller unerwarteter Biegungen. Die verschlungenen Pflanzen begegneten mir, das Schweigen und Tönen der Waldvögel, das plötzliche Erblühen eines Baums, der wie ein gewaltiger Erzbischof der Berge bedeckt war mit einem Scharlachgewand oder schneeweiß als Korso unbekannter Blüten. Oder auch dann und wann, unerwartet, die Blüte der Copihue-Schlingpflanze, wild, unbezähmbar, unbeugsam, dem Gestrüpp einen frischen Blutstropfen schenkend. Ich gewöhnte mich an das Pferd, an das Reittier, an das harte komplizierte Pferdegeschirr, an die grausamen Sporen, die an meinen Absätzen klirrten. So begann auf endlosen Stränden oder in verschlungenen Bergen eine Verbindung zwischen meiner Seele, das heißt, zwischen meiner Dichtung und der einsamsten Erde der Welt. Das ist Jahre her, doch diese Verbindung, diese Offenbarung, dieser Pakt mit dem Raum hat mein Leben lang gehalten.

Anton Tschechow

Der Gast

Eine kleine Episode

Dem Rechtsanwalt Zelterskij drohten die Augen zuzufallen. Die Natur versank im Dunkel. Der leichte Wind hatte sich gelegt, die Vöglein waren verstummt, und die Viehherden legten sich zur Ruhe. Zelterskijs Gattin war schon längst schlafen gegangen, das Gesinde schlief auch, alles Lebendige war entschlummert, allein Zelterskij durfte nicht in sein Schlafzimmer gehen, obwohl an seinen Augenlidern eine zentnerschwere Last hing. Die Sache war die, bei ihm saß ein Gast, der Nachbar der Sommerwohnung, Oberst a. D. Peregarin. Seit er nach dem Mittagessen gekommen war und sich auf das Sofa gesetzt hatte, war er kein einziges Mal aufgestanden, als wäre er angeleimt. Er saß und erzählte mit heiserer, näselnder Stimme, wie ihn im Jahre 1842 in der Stadt Kremenčug ein tollwütiger Hund gebissen hatte. Er erzählte und fing dabei immer wieder von vorne an. Zelterskij war verzweifelt. Was hatte er nicht alles getan, um den Gast loszuwerden! Immer wieder schaute er auf die Uhr und sagte, er habe Kopfschmerzen, immer wieder verließ er das Zimmer, in dem der Gast saß, aber es half nichts. Der Gast begriff nicht und fuhr fort, von dem tollwütigen Hund zu erzählen.

Dieser alte Zausel wird noch bis morgen früh dasitzen! Zelterskij ärgerte sich. So ein Klotz! Nun, wenn er schon die gewöhnlichen Andeutungen nicht versteht, bleibt nichts weiter übrig, als ein gröberes Geschütz aufzufahren. – »Hören Sie mal«, sagte er laut, »wissen Sie, warum mir das Leben auf dem Lande gefällt?«

»Warum?«

»Weil man hier das Leben regulieren kann. In der Stadt fällt es schwer, sich an irgendeine bestimmte Lebensweise zu halten, hier ist aber das Gegenteil der Fall. Um neun Uhr stehen wir auf, um drei essen wir zu Mittag, um zwölf gehen wir schlafen. Um zwölf bin ich immer im Bett. Gott bewahre mich davor, später ins Bett zu gehen, am nächsten Tag werde ich meine Migräne nicht los!«

»Was Sie nicht sagen ... Wie man es eben gewohnt ist, so ist es tatsächlich. Wissen Sie, ich hatte einen Bekannten, einen gewissen Stabskapitän Kljuškin. Ich lernte ihn in Serpuchov kennen. Nun, dieser selbe Kljuškin ...«

Und stotternd, schmatzend und mit seinen fetten Fingern gestikulierend, erzählte er von Kljuškin. Es schlug zwölf, der Uhrzeiger wanderte allmählich auf halb eins, aber er erzählte noch immer. Zelterskij geriet in Schweiß.

Er begreift es einfach nicht! Er ist dumm! dachte er ärgerlich. Meint er denn wirklich, daß er mir mit seinem Besuch ein Vergnügen bereitet? Nun, aber wie soll man ihn hinausekeln? – »Hören Sie mal«, unterbrach er den Oberst, »was soll ich tun? Ich habe furchtbare Halsschmerzen. Der Teufel hat mich verleitet, heute früh einen Bekannten zu besuchen, dessen Kind an Diphtherie erkrankt ist. Wahrscheinlich habe ich mich angesteckt. Ja, ich spüre, ich habe mich angesteckt. Ich habe Diphtherie!«

»Das kommt vor!« näselte Peregarin gelassen.

»Diese Krankheit ist gefährlich! Nicht genug, daß ich selbst krank bin, ich kann auch noch andere anstecken. Die Krankheit ist sehr leicht übertragbar. Daß ich Sie nur nicht anstecke, Parfenij Savvič!«

»Mich? Hehe! Ich habe in Typhuslazaretten gelegen und mich nicht angesteckt, und auf einmal soll ich mich bei Ihnen anstecken? Hehe ... Mich alten Kohlstrunk überwältigt so schnell keine Krankheit, mein Lieber. Wir Alten sind zähe. Bei uns in der Brigade war ein ganz alter Oberstleutnant, Trèsbien ... er war französischer Abstammung. Nun, dieser Trèsbien ...«

Und Peregarin erzählte von der Zähigkeit dieses Trèsbien. Die Uhr schlug halb eins.

»Entschuldigen Sie, daß ich Sie unterbreche, Parfenij Savvič.« Zelterskij stöhnte. »Um wieviel Uhr legen Sie sich eigentlich immer schlafen?«

»Mal um zwei, mal um drei, aber es kommt auch vor, daß ich mich überhaupt nicht hinlege, besonders wenn ich mich in guter Gesellschaft befinde oder der Rheumatismus den Schlaf verscheucht. Heute zum Beispiel werde ich mich so um vier Uhr hinlegen, weil ich mich vor dem Mittagessen ausgeschlafen habe. Ich bin imstande, überhaupt nicht zu schlafen. Im Krieg haben wir uns wochenlang nicht hingelegt. Da war so ein Fall. Wir standen vor Achalcych ...«

»Entschuldigen Sie. Aber ich gehe immer um zwölf ins Bett. Ich stehe um neun auf, da muß ich mich notgedrungen früher hinlegen.«

»Natürlich. Früh aufstehen ist gut für die Gesundheit. Nun, es war so ... wir stehen vor Achalcych ...«

»Weiß der Teufel, was mit mir los ist. Mal fröstelt mich, mal überläuft es mich ganz heiß. So ist es immer bei mir vor einem Anfall. Ich muß Ihnen sagen, daß ich manchmal seltsame nervöse Anfälle bekomme. Des Nachts, so gegen ein Uhr – am Tag habe ich keine Anfälle –, summt es mir plötzlich in den Ohren ... Ich verliere das Bewußtsein, springe auf und bewerfe meine Angehörigen mit allen Gegenständen, die mir gerade in die Hände fallen. Wenn mir ein Messer in die Hände fällt, werfe ich mit dem Messer, wenn es ein Stuhl ist – dann mit dem Stuhl. Jetzt fröstelt's mich, wahrscheinlich steht ein Anfall bevor. Er beginnt immer mit Schüttelfrost.«

»Sieh mal an ... Sie müssen sich ärztlich behandeln lassen!«

»Ich war in Behandlung, es hat nichts geholfen. Ich beschränke mich darauf, daß ich kurz vor dem Anfall meinen Bekannten und Angehörigen mitteile, sie möchten weggehen, aber eine Behandlung habe ich schon seit langem aufgegeben ...«

»Tsss ... Was es nicht alles für Krankheiten auf der Welt gibt! Pest, Cholera und allerlei Anfälle ...«

Der Oberst schüttelte den Kopf und wurde nachdenklich. Es trat Schweigen ein.

Ich werde ihm mal mein Werk vorlesen, dachte Zelterskij. Dort irgendwo treibt sich doch der Roman herum, den ich auf dem Gymnasium geschrieben habe ... Vielleicht erweist er mir einen Dienst ... – »Ach, da fällt mir ein«, unterbrach Zelterskij die Überlegungen Peregarins. »Möchten Sie nicht, daß ich Ihnen ein Werk von mir vorlese? Ich habe es einst in meinen Mußestunden zustande gebracht ... Es ist ein Roman in fünf Teilen mit einem Prolog und einem Epilog ...«

Und ohne eine Antwort abzuwarten, sprang Zelterskij auf und zog aus einer Schublade ein altes, vergilbtes Manuskript, auf dem mit großen Buchstaben geschrieben stand: »Meereswogen. Roman in fünf Teilen.«

Jetzt geht er bestimmt, hoffte Zelterskij, während er in seiner Jugendsünde blätterte. Ich werde ihm so lange vorlesen, bis er heult ... – »Nun, hören Sie zu, Parfenij Savvič ...«

»Mit Vergnügen ... Ich liebe so etwas ...«

Zelterskij begann. Der Oberst schlug die Beine übereinander, setzte sich bequemer und machte ein ernstes Gesicht; augenscheinlich bereitete er sich darauf vor, lange und aufmerksam zuzuhören ... Es fing mit einer Naturbeschreibung an. Als die Uhr eins schlug, wurde die Naturschilderung von der Beschreibung des Schlosses abgelöst, in dem der Held des Romans, Graf Valentin Blenskij, wohnte.

»In so einem Schloß müßte man wohnen!« Peregarin seufzte. »Und wie gut es geschrieben ist! Eine Ewigkeit könnte ich sitzen und zuhören!«

Na warte! dachte Zelterskij. Du wirst noch heulen!

Um halb zwei wurde die Beschreibung des Schlosses von der schönen Erscheinung des Helden abgelöst ... Punkt zwei las Zelterskij mit leiser, gedämpfter Stimme:

»Sie fragen, was ich will? Oh, ich will, daß dort, in der Ferne unter dem Gewölbe des südlichen Himmels, Ihr kleines Händchen in meiner Hand schmachtend beben möge ... Nur dort, nur dort wird mein Herz unter dem Gewölbe meines Seelengebäudes lebhafter schlagen ... Ich brauche Liebe ... Liebe ...!‹ – Nein, Parfenij Savvič ... ich habe keine Kraft mehr ... Ich bin erschöpft!«

»Hören Sie doch auf! Lesen Sie morgen zu Ende, und jetzt wollen wir plaudern ... Ach ja, ich habe Ihnen noch nicht erzählt, was bei Achalcych war ...«

Der erschöpfte Zelterskij warf sich gegen die Rückenlehne des Sofas, schloß die Augen und hörte zu ...

Ich habe alles versucht, dachte er. Keine einzige Kugel hat diesen Elefanten durchbohrt. Jetzt wird er bis vier Uhr dasitzen ... Gott, hundert Rubel würde ich geben, wenn ich jetzt gleich schlafen könnte ... Bah! Ich werde ihn mal bitten, mir Geld zu borgen! Ein wunderbares Mittel ... – »Parfenij Savvič!« unterbrach er den Oberst. »Ich unterbreche Sie schon wieder. Ich möchte Sie um eine kleine Gefälligkeit bitten ... Die Sache ist die, daß ich mich in der letzten Zeit, seit ich in der Sommerwohnung lebe, schrecklich verausgabt habe. Ich habe keine Kopeke mehr, und dabei habe ich mein Gehalt erst Ende August zu erwarten.«

»Ich habe mich aber ... bei Ihnen sehr lange aufgehalten ...« Peregarin schnaufte und suchte mit den Augen seine Mütze. »Es geht schon auf drei ... Wovon sprachen Sie gerade?«

»Ich möchte mir gern bei jemandem so zwei-, dreihundert Rubel borgen ... Kennen Sie nicht einen solchen Menschen?«

»Woher soll ich einen kennen? Indessen, für Sie ist es Zeit, ins Heiabett zu gehen ... Leben Sie wohl, Empfehlung an die Frau Gemahlin ...«

Der Oberst nahm die Mütze und machte einen Schritt zur Tür.

»Wohin gehen Sie denn?« Zelterskij triumphierte. »Und ich wollte Sie bitten ... Weil ich Ihre Güte kenne, habe ich gehofft ...«

»Morgen, aber jetzt marsch zum Frauchen! Sie hat sicher ihren Herzensfreund schon mit Ungeduld erwartet ... Hehehe ...! Leben Sie wohl, mein Teurer. Gehen Sie schlafen!«

Peregarin drückte Zelterskij eilig die Hand, setzte sich die Mütze auf und ging hinaus. Der Hausherr triumphierte.

Hugo von Hofmannsthal

Ein unmenschlicher Brief

Salzburg, 12. 8. 1919

Lieber Herr Burckhardt,

Entschuldigen Sie im vornhinein: dies wird ein ganz unmenschlicher Brief. Zuerst will ich aber doch etwas Menschliches sagen. Ich habe sehr gute Wochen hinter mir. War ganz allein in einem einsamen 1200 m hoch gelegenen

Bergtal, wirklich absolut allein, mit dem alten Wirt und zwei Bauernmägden, ich habe durch 25 Tage keine Zeitung gesehen. So bin ich wieder zu mir selber gekommen. Was Sie von mir gesehen haben in diesem Winter, war nur ein trauriger Schatten meiner selbst.

Ich sehe, ich muß ganz anders existieren, muß dieses gestrandete Wrack öfter verlassen – wenn auch immer, um wiederzukehren – sonst vergeude ich gräßlich die stärksten Jahre meines Lebens. – Ich habe das Märchen zu Ende geschrieben, zu vielen alten Plänen neuen Mut gefaßt. Helfen Sie mir, lieber Herr Burckhardt, da Sie meine Arbeiten gerne haben, wie Sie sagen – helfen Sie mir, wie Sie es schon zu tun angefangen haben, ich bin stark und schwach, zäh und spröde zugleich, ein Sonnenstrahl kann einen andern Menschen aus mir machen, ein Strohhalm mich an der Oberfläche halten.

Ihr Hofmannsthal

Peter Altenberg
ANGENEHME REISE-EINDRÜCKE

[...]
Zell am See.

Zell am See ist eine Wurzen. Man kommt nur hin, um dann schönere Orte aufzusuchen. Der Ort scheint das zu fühlen. Niemanden drückt er an sein Herz, ist verschlossen, traurig. »Ihr kommt zu mir, um zum Kesselfall zu reisen, nach Ferleiten. Gehet, gehet!«

Im Lese-Saale des See-Hotels bemerkte ich eine blonde Dame. Es war wirklich »die blonde Dame« ohneweiters. Sie trug ein steingrünes, glattes seidenes Kleid und hatte um den Hals ein breites, schwarzes seidenes Band geschlungen. Und ganz blond war sie.

Mehrere vornehme Engländerinnen trieben direkt einen Kultus mit ihr, setzten sich ganz zu ihr, ohne sie persönlich zu kennen, gaben ihr bewundernde und erstaunte Blicke, sprachen leise von ihr, entfernten sich zögernd, traurig, sehnsüchtig. Es liegt eine ungeheure Schönheit und Menschlichkeit und innere Aristokratie in einem solchen Benehmen. Wie wenn die Seele ihren eigenen Knechtschaften und Bedrückungen sich entzöge und ihre wahren Gefilde beträte! Alle diese englischen Damen ließen gleichsam ihr schönheitsbedürftiges Herz aufleben, ließen es sich enthusiasmieren, Grenzen überschreiten, nahten der »blonden Dame«, entfernten sich zögernd, traurig, sehnsüchtig.

Gmunden.

In Gmunden sah ich abends auf der Esplanade ein wunderbares Mäderl, welches erwachsenen Mädchen Sechsschritt vortanzte. Dann setzte sie sich und teilte ein selbstverfaßtes Blumenmärchen mit. Dann kam ein Herr vorüber und schenkte dem herrlichen Kinde ein silbernes Kuhglöckchen, weil er abreiste. Das Mäderl nahm es nicht an, und die erwachsenen Mädchen wurden verlegen. Der junge Mann aber ging still fort mit seinem Kuhglöckchen.

Abends sah ich im Café einen Gmundener mit seinem Hunde. Der Hund blickte den Herrn mit ungeheurer Zärtlichkeit an. Es war schon eine krankhafte übertriebene Zärtlichkeit, eine hysterische. Dennoch war es dem Hunde schrecklich, es nur so wenig ausdrücken zu können. Er legte daher die Pfote auf das Knie des Herrn. Aber noch immer sagte sein Blick, daß er noch viel, viel mehr zu vergeben hätte an Liebe, es einfach nicht anbringen könne!

Dieser Gmundener Bürger muß schrecklich lächeln, wenn er im Winter die Wiener Theater-Berichte liest und so, die Attraktionen der Metropole, Ronacher, Nachmittags-Konzerte, Sarasate kommt, die Landi kommt, Kainz, Kainz, Kainz. Und andere Sachen. Der Hund liegt jetzt da, hingedrückt an den Boden, schielt hin, hinauf; der Herr sitzt friedevoll, raucht. Wunderbares Tier, edelster Geber, Geber! Nichts nimmst du dem weg, den du liebst, übst ihm, lässest ihn sich selber, seinem Frieden!

Auf eine Ansichtskarte »Blumencorso in Gmunden« schrieb ich geärgert: »Aber den Menschen genügt nicht die stille Natur. Sie müssen lärmende Feste feiern!!« Dieses schickte ich an ein ganz junges Mädchen, um sie zu warnen. Aber die Mama sagte: »Dieser Altenberg ist ein komischer Mensch. Was möchte er denn eigentlich!?« Eine Dame, welche immer mit dem Rücken gegen den See saß, als wenn sie auf ihn böse wäre, sagte: »Er ist nur für reifere Menschen. Denen kann er wenigstens nicht schaden!«

»Nein«, sagte ein Mädchen, »er befreit uns − −.«

»Bitte, bitte, Stephanie, rede nicht in alles mit, bitte, ja, bitte − − −!«

Die reifen Menschen, welchen man nicht mehr schaden konnte, besprachen dann verschiedene unaufschiebbare Dinge, besonders das »Einem über den Kopf wachsen« der Kinder, während die Töchter schwimmen gingen und sich schreckliche Anekdoten mitteilten.

Ich kam nach Hallstatt.

Dieser Ort zwingt die Kurgäste, sich auf ihn zu stimmen. Sie organisieren sich, werden Hallstätter, See-Anwohner, Primitive! Gar nichts Gekünsteltes ist dabei wie an anderen Orten. In Hallstatt könnte man keine Gespräche führen über Ibsen, die Tetralogie, könnte keine seidenen Unterröcke tragen oder englisch rudern. Stehend rudern die Jünglinge und die alten Herren und führen auf Plätten langsam die Mädchen, welche auf Bänkchen hocken. Ruhig, langsam, bedächtig rudert man die lieblichen Bauerndirnen aus Wien am Hotel vorüber, gleichsam den fremden Gästen mitteilend: »Siehe! So leben wir hier − − −!« Hinter dem kleinen Garten entschwinden die alten Boote lautlos.

Hier organisieren sich die Kultivierten zum Primitiven, während sie sonst es sich aufpfropfen, sich blamieren. In Hallstatt regnete, regnete, regnete es. Die Wolken flossen zu einem Nebelmeere auseinander. Auf dem See lagen Duck-Enten und beim Hotel Papiere und grüner Schlamm und mehrere Bretter. Es war Feiertag. Auf einer Plätte fuhr eine nasse Bauernfamilie ganz bedächtig dahin. Eine Dame sagte: »Die reden niemals miteinander − − −!«

Gott, reden, reden!?

Lenau sprach nie über die Pußta. Endlich aber sprach er sich darüber aus, in einem Liede!

Aber wir sagen: »Die Pußta! Kennen Sie die Pußta?! Oh, die Pußta!« Und dann stockt es in uns vor lauter Herausbringenwollen. Der Bauer aber ist konzentriert, gibt sich nicht aus, macht keine faden Versuche, kann sich nicht selbst auspumpen. Er hat latente Konzentrationen. Hie und da explodiert es, gegen seinen Willen, in einem Juchzer, einem Mordsrausche. Sehr viel Ähnlichkeit hat er mit dem Genie. Er glotzt, glotzt, glotzt, läßt sich brachliegen. Plötzlich blitzt es, schlägt ein vor überschüssigen aufgehäuften Spannkräften.

Aber ihr, Verzetteler!?!

Goisern

Abends promenierte ich auf der Landstraße. Rechts und links weite umzäunte Wiesen und Villen mit Holz-Veranden. Auf den Veranden waren Menschen mit der Sommer-

Patina auf dem Antlitz, in lichten Gewändern, um Tische herum, auf welchen weiße Petroleumlampen brannten. Ein junges Mädchen saß abseits, dehnte und streckte sich vor Langeweile. Riesige Holzbirnbäume standen schwarz und feucht da. Einmal hörte ich sagen: »Hat jeder drei Karten?! Bitte, Hilda, einzahlen. Spiele mit oder spiele nicht mit! Ja?« Die Mutter sagte: »Lasset die Träumerin!« Aus den Küchen der Landhäuser kam Souper-Duft in die blattmoderige feuchte Abendluft hinein. Heute sind Schnitzel! »Adieu; ich empfehle mich; gib acht auf der steilen Treppe; no, Carl, was ist denn das?! – – –«

Ich promenierte auf der Landstraße. Es wurde dunkel. Feuchte kalte Düfte kamen. Irgendwo mußte sogar Schnee gefallen sein. Die Veranden wurden finster, die Zimmer hell. Ich promenierte auf der Landstraße, zwischen weiten umzäunten Wiesen – – –.

Guy de Maupassant

Eine Frau trat ein

Mariolle wartete in ihrem Haus auf sie, denn sie war noch nicht zurück, obwohl sie ihn am Morgen durch Rohrpostbrief bestellt hatte.

In dem Salon, wo er sich so gern aufhielt und alles ihm gefiel, fühlte er sich doch jedesmal, wenn er allein war, bedrückt, ein wenig beengt, nervös, was ihn verhinderte, sitzen zu bleiben, solange sie nicht erschienen war. Er ging in glücklicher Erwartung auf und ab, und auch besorgt, es könnte etwas dazwischengekommen sein, und sie müsse die Begegnung auf morgen verschieben.

Als er einen Wagen vor dem Hause halten hörte, hoffte er wieder, und als die Wohnungsklingel ertönte, zweifelte er nicht mehr. Sie kam herein, den Hut auf dem Kopf, was sie sonst nie tat, geschäftig und zufrieden.

»Ich habe eine Nachricht für Sie«, sagte sie.

»Was denn, Madame?«

Sie mußte lachen, als sie ihn ansah:

»Nun, ich will eine Zeitlang aufs Land.«

Er wurde plötzlich ganz traurig, und sein Gesicht verriet es:

»Oh, und Sie berichten mir das mit so zufriedener Miene!«

»Ja. Nehmen Sie Platz, ich will Ihnen alles erzählen. Sie wissen oder wissen nicht, daß Herr Valsaci, der Bruder meiner verstorbenen Mutter, Chefinspektor für Wegebau, ein Gut in Avranches besitzt, wo er einen Teil des Jahres mit Frau und Kindern lebt, denn dort ist er berufstätig. Wir besuchen sie jeden Sommer. Dieses Jahr wollte ich nicht, aber er nahm es übel und machte Papa eine Szene. Nebenbei will ich Ihnen gestehen, daß Papa auf Sie eifersüchtig ist und mir ebenfalls Szenen macht. Er behauptet, ich kompromittiere mich. Sie dürfen nicht mehr so oft kommen. Aber beunruhigen Sie sich nicht, ich werde die Sache schon einrenken. Also Papa tadelte mich und nahm mir das Versprechen ab, zehn oder vielleicht zwölf Tage in Avranches zu verbringen. Wir fahren Dienstag früh. Was sagen Sie dazu?«

»Ich sage, daß Sie mich schmerzlich bestürzen.«

»Ist das alles?«

»Was wollen Sie? Ich kann Sie nicht hindern!«

»Sehen Sie keinen Ausweg?«

»Aber . . . aber nein . . . ich weiß wirklich keinen. Und Sie?«

»Ich habe eine Idee. Nämlich: Avranches ist ganz nahe

beim Mont Saint-Michel. Kennen Sie den Mont Saint-Michel?«

»Nein, Madame.«

»Schön. Sie werden sich nächsten Freitag einfallen lassen, dieses Wunder zu besichtigen. Sie werden in Avranches Aufenthalt nehmen. Sie werden bei Sonnenuntergang, zum Beispiel am Samstag, in den Anlagen spazieren, von wo aus man die Aussicht auf die Bucht hat. Wir werden uns zufällig begegnen. Papa wird einen Kopf machen, aber das stört mich nicht. Ich werde eine Partie veranstalten, und wir gehen am nächsten Tag alle zusammen mit der Familie zur Abtei. Zeigen Sie sich begeistert und seien Sie so charmant, wie Sie können, wenn Sie wollen. Erobern Sie meine Tante und laden Sie uns alle zum Diner im Gasthof ein, wo wir absteigen werden. Wir werden dort übernachten und uns erst am folgenden Tage trennen. Sie reisen über Saint-Malo zurück, und acht Tage darauf bin ich wieder in Paris. Ist das gut ausgedacht? Bin ich nett?«

Er murmelte in überschwenglicher Dankbarkeit:

»Sie sind mir das Liebste auf der Welt.«

»Psst!« machte sie.

Eine Weile schauten sie einander an. Sie lächelte. In dieses Lächeln legte sie ihre ganze Anerkennung, den Dank ihres Herzens und auch ihre sehr aufrichtige, sehr lebhafte, ja zärtliche Sympathie. Er verzehrte sie mit den Augen. Er hätte vor ihr niedersinken, sich zu ihren Füßen winden, die Zähne in ihr Kleid schlagen, etwas rufen und vor allem sie sehen lassen mögen, was er nicht sagen konnte, was ihn ganz und gar erfüllte, unaussprechlich schmerzlich, weil er es nicht zeigen konnte, seine Liebe, seine schreckliche und zauberhafte Liebe.

Aber sie verstand, ohne daß er es sagte, wie ein Schütze errät, daß seine Kugel ins Schwarze getroffen. In diesem

Menschen hatte nichts mehr Platz außer ihr. Er gehörte ihr mehr, als sie sich selbst. Sie war dessen froh und fand ihn reizend.

»Also ist es abgemacht«, sagte sie gut gelaunt, »wir machen diesen Ausflug.«

Die Rührung verschlug ihm die Stimme:

»Oh, ja, Madame, es ist abgemacht.«

Nach einem neuen Schweigen fuhr sie ohne weitere Entschuldigung fort:

»Ich kann Sie heute nicht länger dabehalten. Ich bin nur nach Hause gekommen, um Ihnen das zu sagen, ich fahre ja übermorgen. Der ganze morgige Tag ist besetzt, und vor dem Diner habe ich noch vier bis fünf Besorgungen zu erledigen.«

Er stand sofort auf, betrübt, da er doch keinen anderen Wunsch hatte, als sie nicht mehr zu verlassen. Er küßte ihr die Hände und ging, schweren Herzens und doch voll Hoffnung.

Die vier Tage wurden ihm lang. Er brachte sie in Paris hin, ohne jemand zu sehen; er zog das Schweigen dem Gespräch und die Einsamkeit den Freunden vor.

Am Freitagmorgen nahm er den Achtuhr-Expreß. Er hatte im Reisefieber kaum geschlafen. Sein dunkles stilles Zimmer, wohin nur das Rollen verspäteter Droschken drang, das ihn an die Abfahrt denken ließ, bedrückte ihn wie ein Gefängnis.

Als ein Schimmer zwischen den geschlossenen Vorhängen erschien, der traurig graue Schimmer der Morgendämmerung, sprang er aus dem Bett, öffnete das Fenster und blickte prüfend zum Himmel. Er befürchtete schlechtes Wetter. Es war schön. Ein schwebend leichter Dunst versprach einen warmen Tag. Er kleidete sich rascher an als nötig, war zwei Stunden zu früh fertig, voller Ungeduld, das Haus zu verlassen, und kaum war er bereit, so mußte sein Diener nach einer Droschke gehen, um auch ja eine zu finden.

Das erste Rumpeln des Wagens beglückte ihn; aber als er zum Bahnhof Montparnasse kam, merkte er enttäuscht, daß der Zug erst in fünfzig Minuten fuhr.

Ein Abteil war frei; er mietete es, um allein zu sein und nach Lust träumen zu können. Als er die Bewegung spürte, die ihn im sanften, schnellen Rollen des Expreß ihr entgegentrug, stieg sein Fieber, statt sich zu legen, und er hatte eine kindische Lust, die Polsterwände mit beiden Händen zu stoßen, um die Geschwindigkeit zu beschleunigen. Lange, bis gegen Mittag, verschloß er sich, reglos vor Hoffnung, in seiner Erwartung. Dann allmählich, nach Argentan, zog die üppig grünende Normandie seinen Blick zum Fenster.

Die Eisenbahn fuhr durch ein weites, welliges, von Tälern durchschnittenes Land, wo die Bauerngüter, Weiden und von Apfelbäumen bestandene Wiesen, von hohen Bäumen umgeben waren, deren Kronen in der Sonne glänzten. Es war Ende Juli, die strotzende Zeit, da die Erde, die mächtige Nährmutter, ihre Säfte und ihr Leben entfaltete. In allen, durch die hohen Mauern von Laub getrennten und verbundenen Gehegen folgten durch das frische Land, dessen Boden von Cider und Fleisch zu schwitzen schien, an den Einfriedungen stehend oder mit geblähtem Bauch auf den Grasplätzen liegend, endlos die schweren blonden Ochsen, die Kühe mit den bizarr gefleckten Seiten, die Stiere mit rotbehaarter Brust in ihrer stolz herausfordernden Haltung.

Überall zu Füßen der Pappeln glitten dünne Bächlein unter dem zarten Schleier der Weiden dahin, Bäche glänzten im Grase auf, verschwanden, erschienen wieder und tauchten die ganze Landschaft in fruchtbare Kühle. Entzückt ließ Mariolle seine Liebe mitwandern in dem stetig schnellen Vorbeimarsch dieses von Herden bevölkerten Parks von Apfelbäumen.

Aber als er auf der Station Folligny den Zug gewechselt hatte, erfaßte ihn die Ungeduld von neuem, und während der letzten vierzig Minuten zog er seine Uhr zwanzigmal aus der Tasche. Alle Augenblicke lehnte er am Fenster, und endlich erblickte er auf einem ziemlich hohen Hügel die Stadt, wo sie ihn erwartete. Der Zug hatte Verspätung, und nur eine Stunde trennte ihn von dem Moment, da er sie zufällig auf der Promenade wiederfinden sollte.

Ein Hotel-Omnibus, der ihn als einzigen Gast aufgenommen, stieg im langsamen Schritt der Pferde die steile Straße von Avranches hinauf, das mit seinen die Höhe krönenden Häusern von weitem wie ein befestigter Platz aussah. Aus der Nähe war es ein hübscher, alter normannischer Ort mit regelmäßigen, fast gleichen, aneinandergedrängten Häuschen, und bot den Eindruck ehemaligen Stolzes und bescheidenen Wohlstands, ein mittelalterlich bäuerliches Bild.

Mariolle ließ seinen Handkoffer auf dem Zimmer, erkundigte sich nach der Straße zum Botanischen Garten und begab sich rasch dorthin, obwohl er zu früh war, doch in der Hoffnung, sie komme vielleicht ebenfalls vor der Zeit.

Am Gittertor angelangt, sah er sofort, daß der Garten leer oder fast leer war. Nur drei alte Männer spazierten, einheimische Bürger, die hier ihre tägliche Muße verbringen mochten. Eine Gruppe junger Engländer, Mädchen und Knaben mit dünnen Beinen, spielte in der Nähe einer blonden Lehrerin, die abwesend, wie traumverloren vor sich hinblickte.

Mariolle schritt klopfenden Herzens aus und durchspähte die Wege. Er geriet in eine große, mächtig grünende Ulmenallee, die den Garten durchquerte, ein langes, dichtes Laubgewölbe. Dann gelangte er darüber hinaus, und indem er sich einer Terrasse mit weitem Ausblick näherte, wurde er jäh abgelenkt von der, die ihn hierherkommen ließ.

Zu Füßen des Hügels, auf dem er stand, breitete sich unermeßlich eine Sandebene aus, die in der Ferne sich mit Meer und Horizont vermischte. Ein Fluß verfolgte seinen Lauf, und unter dem in der Sonne flammenden Azur fleckten ihn leuchtende Wasserlachen wie offene Stellen in einem verkehrten Himmel.

Mitten in der gelben, von der ebbenden Flut noch nassen Wüste ragte, zwölf bis fünfzehn Kilometer vom Ufer, die monumentale Silhouette eines spitz zulaufenden Felsens, eine phantastische, von einer Kathedrale gekrönte Pyramide. Als Nachbar in den endlosen Dünen hatte sie nur eine trockene Klippe mit rundem Rücken, die auf dem losen Schlamm kauerte: Tombelaine.

Weiter weg, über der bläulichen Wasserlinie, zeigten andere Felsen ihre braunen Kämme, und das Auge, das am Horizont nach rechts wanderte, entdeckte neben dieser Sandeinsamkeit die grüne Weite des normannischen Landes, derart mit Bäumen bedeckt, daß es aussah wie ein unendlicher Wald. Die ganze Natur in ihrer Größe, Macht, Frische und Anmut bot sich auf einmal dar, an einem einzigen Ort. Und der Blick schweifte von der Wälderpracht zu der Erscheinung des Granitberges im Sandmeer, der über dem weiten Gestade seine seltsame gotische Figur erhob.

Die wunderliche Lust, die Mariolle einst auf Reisen bei den Überraschungen unbekannter Gegenden durchfuhr, packte ihn so unversehens, daß er in zärtlicher Rührung verharrte und sein geknechtetes Herz vergaß. Aber auf einen Glockenschlag hin drehte er sich um, plötzlich wieder glühend auf die Begegnung mit ihr hoffend. Der Garten war immer noch fast leer. Die englischen Kinder waren verschwunden. Nur die drei Greise waren immer noch auf ihrem eintönigen Spaziergang. Er setzte sich in Bewegung wie jene.

Gleich, in einem Augenblick würde sie kommen. Er würde sie am anderen Ende der Wege sehen, die auf diese herrliche Terrasse zuliefen. Er würde ihre Gestalt erkennen, ihre Haltung, dann ihr Gesicht und ihr Lächeln, und er würde ihre Stimme hören. Welches Glück, welches Glück! Er fühlte sie nahe, irgendwo, noch nicht zu finden, noch unsichtbar, aber in Gedanken an ihn und ebenfalls im Bewußtsein des Wiedersehens.

Beinahe stieß er einen leisen Schrei aus. Ein blauer Schirm, nur das Dach eines Schirms, glitt dort über dem Gebüsch dahin. Ohne jeden Zweifel war sie es. Ein kleiner Junge erschien, der einen Reifen vor sich her trieb; dann zwei Damen – er erkannte die eine; dann zwei Männer: ihr Vater und noch ein Herr. Sie war ganz in Blau wie ein Frühlingshimmel. O ja, er erkannte sie, bevor er ihre Züge unterschied; aber er wagte nicht, ihr entgegenzugehen, er spürte, daß er stammeln und erröten würde, und daß er unter den mißtrauischen Augen Herrn de Pradons diesen Zufall nicht zu erklären vermöchte.

Doch schritt er ihnen entgegen, das Opernglas erhoben, anscheinend ganz in die Betrachtung des Horizonts vertieft. Da rief sie ihn an, wobei sie sich nicht einmal überrascht stellte.

»Guten Tag, Monsieur Mariolle«, sagte sie. »Das ist großartig, nicht wahr?«

Bestürzt über diesen Empfang wußte er nicht, in welchem Ton er antworten solle, und stammelte:

»Ach Sie, Madame! Wie schön, Sie zu treffen! Ich wollte diese wundervolle Gegend kennenlernen.«

»Und Sie haben den Moment gewählt, da ich hier bin«, fuhr sie lächelnd fort. »Das ist überaus liebenswürdig von Ihnen.«

Dann stellte sie vor:

»Einer meiner besten Freunde, Herr Mariolle – meine Tante, Frau Valsaci; mein Onkel, der Brückenbauer.«

Nach gegenseitigen Verbeugungen reichten Herr de Pradon und der junge Mann einander kühl die Hand, und man setzte den Spaziergang fort.

Sie hatte ihn zwischen sich und ihre Tante genommen und ihm einen kurzen Blick zugeworfen, einen Blick wie in einem Anfall weiblicher Schwäche.

»Was halten Sie von der Gegend?« fuhr sie fort.

»Ich glaube«, sagte er, »ich habe nie etwas Schöneres gesehen.«

»Oh, wenn Sie wie ich einige Tage hier gewesen wären, so würden Sie spüren, wie sie einen durchdringt. Es ist ein unsagbarer Eindruck. Das Hin und Her des Meeres auf dem Sand, die große Bewegung, die nie aussetzt, die das alles täglich zweimal überspült, und so schnell, daß ein galoppierendes Pferd nicht davor fliehen könnte, das großartige Schauspiel, das uns der Himmel umsonst liefert, ich sage Ihnen, das macht mich fassungslos. Ich kenne mich nicht mehr. Nicht wahr, Tante?«

Frau Valsaci, eine schon alte, grauhaarige, vornehme Provinzdame, die geachtete Gattin des Chefingenieurs, eines hochmütigen Beamten, der den Dünkel der École polytechnique nicht abstreifen konnte, gab zu, sie habe ihre Nichte noch nie so begeistert gesehen. Nach einiger Überlegung fügte sie hinzu:

»Übrigens ist das nicht erstaunlich, wenn man wie sie kaum etwas anderes angeschaut und bewundert hat als Theaterkulissen.«

»Aber ich gehe fast alljährlich nach Dieppe und nach Trouville.«

Die alte Dame lachte:

»Nach Dieppe und nach Trouville geht man nur, um

119

Freunde zu treffen. Dort ist das Meer nur ein Begleitumstand für Rendezvous.«

Das wurde ganz einfach, vielleicht ohne Bosheit, gesagt.

Man wandte sich wieder zur Terrasse, die die Füße unwiderstehlich anzog. Unabsichtlich kamen sie dorthin, von allen Punkten des Gartens, wie Kugeln, die einen Hang hinabrollen. Die untergehende Sonne spannte ein feines goldenes Tuch leicht und durchsichtig hinter der hohen Silhouette der Abtei, die mehr und mehr eindunkelte wie ein riesiger Reliquienschrein vor einem leuchtenden Schleier. Aber Mariolle sah nur noch das angebetete blonde Gesicht, das er in einer blauen Wolke neben sich hatte. Nie hatte er sie so entzückend gefunden. Sie schien verändert, er wußte nicht inwiefern, frisch, von einer überraschenden Frische der Haut, der Augen, der Haare, und auch innerlich erfrischt von diesem Lande, diesem Himmel, dieser Klarheit und diesem Grün. Nie war sie ihm so erschienen, nie hatte er sie so geliebt.

Er schritt neben ihr her und fand keine Worte. Daß ihr Kleid ihn streifte, und er zuweilen ihren Arm spürte, daß ihre Blicke sich sprechend begegneten, ließ ihn völlig zu nichts werden, als wäre seine Persönlichkeit ausgelöscht. Er fühlte sich plötzlich ausgetilgt durch die Berührung dieser Frau, von ihr verzehrt, so daß er nur noch Sehnsucht, Ruf und Anbetung war. Wie man einen Brief verbrennt, so hatte sie sein früheres Ich aufgehoben.

Sie sah durchaus, sie erfaßte ihren absoluten Sieg, und beschwingt, gerührt, lebendiger auch in der strahlenden, würzigen Land-Seeluft, sagte sie, ohne ihn anzuschauen:

»Ich bin so froh, Sie zu sehen.«

Sie fügte gleich hinzu:

»Wie lange bleiben Sie?«

»Zwei Tage«, erwiderte er, »wenn der heutige als ganzer Tag zählen kann.«

Dann wandte er sich an die Tante:

»Würde Frau Valsaci mir die Ehre erweisen, den morgigen Tag mit ihrem Gatten auf dem Mont Saint-Michel zu verbringen?«

Frau de Burne antwortete an ihrer Stelle:

»Ich werde ihr nicht erlauben abzulehnen, nachdem uns ein glücklicher Zufall zusammengeführt hat.«

Die Frau des Ingenieurs ergänzte:

»Ja, Monsieur, sehr gern, unter der Bedingung, daß Sie heute abend bei mir speisen.«

Er nahm mit einer Verbeugung an.

Plötzlich freute er sich rasend wie nach einer sehnlich erhofften Nachricht. Was hatte er erreicht? Was war denn Neues in sein Leben getreten? Nichts – und doch fühlte er sich von einer vage berauschenden Ahnung gehoben.

Sie spazierten lange auf der Terrasse und warteten, bis die Sonne verschwand, um bis zuletzt den schwarzen gezackten Schatten des Berges sich am feurigen Horizont abzeichnen zu sehen.

Sie plauderten jetzt über gewöhnliche Dinge, über alles, was man vor einer Fremden sagen kann, und blickten sich zuweilen in die Augen.

Dann kehrte man in die Villa zurück, die in einem schönen Garten mit Sicht auf die Bucht stand.

Der Diskretion wegen und auch ein bißchen befangen durch die kalte, beinahe feindselige Haltung Herrn de Pradons, verabschiedete sich Mariolle früh. Als er Frau de Burnes Finger zum Handkuß an die Lippen führte, sagte sie in seltsamem Tone:

»Auf morgen, auf morgen.«

Sobald er fort war, wollten Herr und Frau Valsaci, nach alter provinzieller Gewohnheit, sich zurückziehen.

»Geht«, sagte Frau de Burne, »ich mache noch ein paar Schritte im Garten.«

»Und ich auch«, fügte ihr Vater hinzu.

In einen Schal gehüllt, verließ sie das Haus, und sie schritten nebeneinander über den weißen Sand der Alleen, die wie kleine gewundene Bäche zwischen Rasen und Gebüschen im Vollmond erglänzten.

Nach ziemlich langem Schweigen sagte Herr de Pradon fast flüsternd:

»Mein liebes Kind, du wirst mir zugestehen, daß ich dir nie Ratschläge erteilt habe?«

Sie fühlte es kommen und erwiderte, auf den Angriff gefaßt:

»Entschuldigen Sie, Papa. Sie haben mir zumindest einen gegeben.«

»Ich?«

»Ja, ja.«

»Einen Rat in bezug auf . . . dein Leben?«

»Ja, sogar einen sehr schlechten. Auch bin ich entschlossen, weitere Ratschläge, die Sie mir etwa geben, nicht zu befolgen.«

»Welchen Rat gab ich dir?«

»Herrn de Burne zu heiraten. Was beweist, daß Ihnen Urteilsvermögen, Scharfblick, Menschenkenntnis im allgemeinen und die Kenntnis Ihrer Tochter im besondern fehlen.«

Er schwieg eine Weile, etwas überrascht und verlegen, und fuhr dann langsam fort:

»Ja, an jenem Tage habe ich mich getäuscht. Aber ich bin sicher, daß ich mich nicht täusche in der sehr väterlichen Meinung, die ich dir heute schulde.«

»Reden Sie nur. Ich werde berücksichtigen, was nötig ist.«

»Du bist dabei, dich zu kompromittieren.«

Sie lachte etwas zu laut und ergänzte seinen Gedanken:

»Gewiß mit Herrn Mariolle.«

»Mit Herrn Mariolle.«

»Sie vergessen«, entgegnete sie, »daß ich mich bereits mit Herrn Georges de Maltry kompromittiert habe, mit Herrn Massival, mit Herrn Gaston de Lamarthe und mit zehn anderen, auf die Sie eifersüchtig waren, denn ich kann keinen Mann nett und zuverlässig finden, ohne daß meine ganze Truppe wütend wird, Sie zuerst, den die Natur mir zum Heldenvater und Oberregisseur gegeben hat.«

»Nein, nein«, antwortete er lebhaft, »du hast dich nie mit jemand kompromittiert. Du legst im Gegenteil viel Takt in die Beziehungen zu deinen Freunden.«

»Mein lieber Papa«, erwiderte sie keck, »ich bin kein kleines Mädchen mehr, und ich verspreche Ihnen, mich mit Herrn Mariolle nicht mehr als mit den anderen zu kompromittieren – fürchten Sie nichts. Immerhin gestehe ich, daß ich ihn hergebeten habe. Ich finde ihn reizend, ebenso intelligent und weniger egoistisch als die alten. Das war auch Ihre Meinung bis zu dem Tage, da Sie zu entdekken meinten, daß ich ihn ein wenig bevorzuge. Oh, so bösartig sind Sie nicht! Ich kenne Sie ebenfalls, und ich könnte Ihnen viel erzählen, wenn ich wollte. Also, da Herr Mariolle mir gefällt, so habe ich mir gesagt, es wäre ganz angenehm, zufallsweise einen schönen Ausflug mit ihm zu machen, und daß es – wenn man keine Gefahr läuft – dumm ist, auf alles zu verzichten, was einen erfreuen kann. Und ich laufe keine Gefahr, mich zu kompromittieren, da Sie dabei sind.«

Sie lachte jetzt frei heraus, denn sie wußte gut, daß jedes Wort wirkte, daß er ihr in der Falle saß mit seinem Verdacht, den eine etwas fragwürdige Eifersucht eingegeben hatte; sie spürte diese schon lange und amüsierte sich in heimlich verwegener Koketterie über die Entdeckung.

Er schwieg, verlegen, unzufrieden, erbost; auch er spürte, daß sie am Grunde seiner väterlichen Fürsorge einen rätselhaften Groll erriet, dessen Ursache er sich nicht eingestehen wollte.

»Fürchten Sie nichts«, fuhr sie fort. »Es ist ganz natürlich, wenn ich in dieser Jahreszeit mit Onkel, Tante, meinem Vater und einem Freund einen Ausflug nach dem Mont Saint-Michel mache. Übrigens wird man es nicht erfahren. Und wenn man es erfahren sollte, so könnte niemand etwas Anstößiges daran finden. Wenn wir in Paris zurück sind, so werde ich diesen Freund wieder unter die anderen einreihen.«

»Gut«, erwiderte er, »nehmen wir an, ich habe nichts gesagt.«

Nach ein paar Schritten fragte Herr de Pradon:

»Kehren wir ins Haus zurück? Ich bin müde und will mich schlafen legen.«

»Nein, ich spaziere noch ein bißchen. Die Nacht ist so schön.«

Er murmelte anzüglich:

»Entferne dich nicht. Man weiß nie, was für Leuten man begegnet.«

»Oh, ich bleibe unter den Fenstern.«

»Dann adieu, liebes Kind.«

Er küßte sie flüchtig auf die Stirn und ging hinein.

Sie setzte sich auf eine kleine, in die Erde gerammte Bauernbank unter einer Eiche. Die Nacht war warm, durchströmt vom Geruch der Felder und des Meeres, und von nebliger Helle, denn unter dem hoch am Himmel stehenden Vollmond hatte die Bucht sich im Dunst verschleiert. Er kroch wie weißer Rauch und verbarg die Düne, über die jetzt die steigende Flut streichen mußte.

Die Hände auf den Knien verschränkt, die Augen in die Ferne gerichtet, forschte Michèle de Burne in ihrem Innern, durch einen undurchdringlich bleichen Nebel wie jener über dem Sandstrand. Wie oft schon, in ihrem Ankleideraum in Paris, hatte sie sich gefragt: Was liebe, was wünsche, was erhoffe ich, was will ich, was bin ich? Außer der Freude an sich selbst und der eingewurzelten Gefallsucht, die sie wirklich sehr genoß, hatte sie nie etwas anderes empfunden als rasch erlöschende Neugier. Sie kannte sich übrigens; sie war zu sehr gewöhnt, ihr Gesicht und ihre ganze Person zu betrachten, um nicht auch ihr Innenleben zu studieren. Bisher begnügte sie sich mit einem vagen Interesse für das, was andere bewegte, und was sie nicht leidenschaftlich erregen, höchstens zerstreuen konnte.

Und doch, jedesmal wenn sie innerlich beteiligt zu werden begann, jedesmal wenn eine Rivalin ihr einen Mann, der ihr nicht gleichgültig war, streitig machte und ihren weiblichen Instinkt reizte, erhitzte eine fiebrige Zuneigung ihre Adern, und empfand sie solche Scheinliebe viel stärker als die bloße Befriedigung über den Erfolg. Aber das war nie von Dauer. Warum? Es fing sie an zu langweilen, es verleidete ihr, sie sah vielleicht zu klar. Alles, was ihr an einem Mann zuerst gefallen, sie belebt, erregt, gerührt, betört hatte, schien ihr bald bekannt, abgestanden, banal. Alle glichen sich zu sehr, ohne je einander zu ähneln, und noch keiner hatte das Wesen und die Vorzüge bewiesen, die nötig wären, um sie lange zu fesseln und zu wahrer Liebe hinzureißen.

Warum war das so? Waren die anderen schuld oder etwa sie selbst? Fehlte ihnen, was sie erwartet hatte, oder fehlte ihr die Liebesfähigkeit? Liebt man, weil man einmal einem Menschen begegnet, den man für sich geschaffen glaubt, oder liebt man einfach, weil einem die Liebesfähigkeit angeboren ist? Zuweilen meinte sie, das Herz müsse Arme haben wie der Körper, zärtlich ausgestreckte Arme, die locken, umfangen und umschlingen, und ihr eigenes sei einarmig. Ihr Herz hatte bloß Augen.

Oft sah man, wie Männer, hervorragende Männer, sich sinnlos in Frauen verliebten, die ihrer nicht würdig, die geistlos, wertlos und zuweilen nicht einmal schön waren. Warum, wieso? Wie rätselhaft! Dieser krisenhafte Zustand war also nicht nur einer schicksalhaften Begegnung zuzuschreiben, sondern einer Art Keim, den man in sich trägt, und der plötzlich aufgeht. Sie hatte Bekenntnisse entgegengenommen, hatte Geheimnisse aufgespürt, hatte sogar mit eigenen Augen die jähe Verwandlung durch diesen seelischen Rausch gesehen, und sie hatte viel darüber nachgedacht.

In der Gesellschaft, im Hin und Her der Besuche und des Geplauders, all der kleinen vergnüglichen Dummheiten, die reiche Müßiggänger beschäftigen, hatte sie zuweilen mit neidvoller Überraschung, eifersüchtig und beinahe ungläubig Menschen, Frauen und Männer, entdeckt, in denen sich ohne jeden Zweifel etwas Außerordentliches abgespielt hatte. Es war nicht direkt sichtbar, nicht auffällig, aber mit ihrem unruhigen Instinkt spürte, erriet sie es. Auf den Gesichtern, im Lächeln und besonders in den Augen erschien etwas schwer zu Fassendes, ein Entzücken, eine Seligkeit, eine innere Freude, die sich dem ganzen Körper mitteilte, die durch die Haut und den Blick leuchtete.

Ohne zu wissen warum, nahm sie es übel. Verliebte hatten sie immer geärgert, und sie verachtete sie im stillen, grollte den Leuten, deren Herz in Leidenschaft schlug. Sie erkannte sie, wie sie meinte, sofort mit der Sicherheit ungewöhnlichen Scharfblicks. In der Tat hatte sie oft, bevor noch in der Gesellschaft ein Verdacht aufgekommen, Liaisons gespürt und ans Licht gebracht.

Wenn sie an die zärtliche Tollheit dachte, in die einen die Nähe eines anderen versetzen kann, sein Anblick, sein Wort, seine Gedanken, das gewisse Etwas seines innersten Wesens, das einem das Herz unsinnig verwirrt, so hielt sie sich dessen für unfähig. Und doch, wie manches Mal, wenn sie, des Treibens müde, Unsagbares erträumte, in der quälenden Sucht nach Neuem und Unbekanntem, die vielleicht nur ein dunkler Drang nach Liebe war, hatte sie in der geheimen Scham verletzten Stolzes gewünscht, einem Mann zu begegnen, der sie – und wäre es bloß für einige Zeit, für ein paar Monate – in jene betörende Spannung des Leibes und der Seele versetzen würde. In solchen Phasen der Besessenheit mußte das Leben einen seltsamen Reiz von Ekstase und Rausch bekommen.

Nicht nur hatte sie eine derartige Begegnung gewünscht, sie hatte sie sogar ein wenig gesucht, bloß ein wenig, in dem lässigen Bemühen, das nie lange vorhielt. Stets, wenn sie sich zu Männern hingezogen fühlte, die für hervorragend galten und sie für ein paar Wochen blendeten, erstarb die kurze Aufwallung des Herzens in unheilbarer Enttäuschung. Sie erwartete zu viel von ihrem Wert, ihrer Natur, ihrem Charakter, ihrem Feingefühl, ihren Vorzügen. Bei jedem mußte sie schließlich feststellen, daß die Fehler bedeutender Männer oft auffallender sind als ihre Vorzüge, daß das Talent eine besondere Gabe ist, wie gute Augen oder ein guter Magen, eine Gabe für das Arbeitszimmer, eine isolierte Gabe, ohne Zusammenhang mit der Gesamtheit jener persönlichen Eigenschaften, die die Beziehungen herzlich oder angenehm gestalten.

Aber seit sie Mariolle begegnet war, band sie anderes an ihn. Liebte sie ihn jedoch, liebte sie ihn wirklich? Ohne Ansehen, ohne Einfluß, hatte er sie durch seine Zuneigung erobert, sein Zartgefühl, seine Klugheit, überhaupt durch sein anziehend echtes, schlichtes Wesen. Er hatte sie erobert, denn sie dachte unablässig an ihn, unablässig wünschte sie seine Nähe. Kein anderer Mensch war ihr angenehmer, sympathischer, unentbehrlicher. War das Liebe?

Sie spürte nicht die Flamme in sich, von der so viel gesprochen wird, aber sie empfand zum ersten Male ein aufrichtiges Bedürfnis, diesem Manne mehr zu bedeuten als nur eine reizvolle Freundin. Liebte sie ihn? Muß ein Mensch, damit man ihn liebt, im Besitz ungewöhnlicher Anziehungskraft, verschieden von den anderen und erhaben über alle in der Aureole erscheinen, mit der das Herz seine Günstlinge umgibt, oder genügt es, daß er einem sehr gefällt, daß man ihn kaum mehr missen kann? In diesem Falle liebte sie ihn oder war doch nahe daran, ihn zu lieben. Nachdem sie intensiv darüber nachgedacht, antwortete sie sich: »Ja, ich liebe ihn, aber mir fehlt das Feuer; das liegt an meiner Natur.«

Vom Feuer hatte sie immerhin ein wenig verspürt, als sie ihn auf der Gartenterrasse von Avranches ihr entgegenkommen sah. Zum erstenmal hatte sie das Unsagbare empfunden, das eines dem andern entgegenträgt, entgegentreibt, entgegenwirft. Es hatte ihr sehr gefallen, neben ihm zu gehen, ihn liebesentbrannt bei sich zu haben, als die Sonne hinter dem Schatten des Mont Saint-Michel wie eine legendäre Vision versank. War die Liebe selbst nicht eine Art Legende der Seele, an die die einen glauben, und an die die anderen, indem sie daran denken, zuweilen schließlich auch glauben? Würde sie schließlich daran glauben? Sie hatte in wunderlich sanfter Sehnsucht gewünscht, den Kopf an die Schulter dieses Mannes zu lehnen, ihm näher zu sein, das »ganz nahe« zu suchen, das man nie findet, und ihm zu geben, was man vergeblich anbietet und stets behält, das innerste Geheimnis.

Ja, es hatte sie zu ihm gezogen, und im Grunde des Herzens zog es sie noch jetzt. Vielleicht müßte sie diesem Zuge nur nachgeben, und es würde Liebe daraus. Sie widerstand zu sehr, sie überlegte zu viel, sie wehrte sich zu sehr gegen die Verzauberung. Wäre es nicht süß, an einem

Abend wie diesem längs der Weiden am Fluß zu spazieren und ihm, in Erwiderung seiner Leidenschaft, von Zeit zu Zeit die Lippen zu bieten?

Ein Fenster der Villa wurde geöffnet. Sie wandte den Kopf. Es war der Vater, der gewiß nach ihr ausschaute. Sie rief hinauf:

»Schlafen Sie denn nicht?«

»Wenn du nicht hineingehst, wirst du dich erkälten«, erwiderte er.

Da stand sie auf und kehrte ins Haus zurück. Als sie auf ihrem Zimmer war, hob sie nochmals die Vorhänge, um hinauszusehen auf die verschleierte Bucht, wo der Dunst im Schein des Mondes immer weißer wurde, und es kam ihr vor, daß sich in der aufsteigenden Zärtlichkeit auch ihr umdüstertes Herz erhelle.

Sie schlief gut, und die Zofe weckte sie, denn man mußte früh aufbrechen, wenn man auf dem Berg zu Mittag essen wollte.

Ein großes Break holte sie ab. Als sie das Räderrollen auf dem Sand vor der Freitreppe hörte, lehnte sie sich ans Fenster und begegnete gleich den Augen André Mariolles, die sie suchten. Ihr Herz klopfte. Verwundert und bedrückt stellte sie fest, wie neu und seltsam es war, diesen Muskel zu spüren, der zuckt und den Puls beschleunigt, weil man jemanden erblickt. Wie gestern vor dem Einschlafen wiederholte sie für sich: »Werde ich ihn denn lieben?«

Als sie ihm gegenüberstand, wurde ihr der Grad seiner Verliebtheit und Liebeskrankheit bewußt, so daß sie die Arme hätte ausbreiten und ihm den Mund bieten mögen. Sie wechselten nur einen Blick, und Mariolle erbleichte vor Glück.

Der Wagen setzte sich in Bewegung. Es war ein klarer Sommermorgen voll Vogelgezwitscher und Jugendfrische. Man fuhr den Hang hinab, über den Fluß und durch

Dörfer, auf einem steinigen Sträßchen, das die Passagiere des Breaks auf den Bänken zum Wippen brachte. Nach einem langen Schweigen fing Frau de Burne an, ihren Onkel wegen des Zustands des Weges zu frotzeln. Damit war das Eis gebrochen, und die Heiterkeit, die in der Luft schwebte, übertrug sich auf die Menschen.

Plötzlich, am Ausgang eines Weilers, erschien die Bucht wieder, nicht mehr gelb wie am Abend zuvor, sondern leuchtend vom klaren Wasser, das alles bedeckte, den Sand, die salzigen Wiesen und, wie der Kutscher sagte, weiter vorn sogar die Straße. Eine Stunde lang ging es nun im Schritt, bis die Flut verebbte.

Der Gürtel der Ulmen und Eichen um die Bauernhöfe, zwischen denen man durchfuhr, verdeckte immer wieder die größer werdende Silhouette der Abtei, die nun auf ihrem Felsen im offenen Meer stand. Jedesmal, wenn sie wieder auftauchte, schien sie näher und jedesmal überraschender. Die Sonne übergoß die gezähnte Granitkirche auf dem Felsen mit rötlichem Licht.

Michèle de Burne und André Mariolle betrachteten sie und sahen dann einander an; seine tiefe, ihre erwachende Herzenswirrnis verschmolz mit der Poesie dieser Erscheinung im rosigen Julimorgen.

Man plauderte freundschaftlich ungezwungen. Frau Valsaci erzählte Gruselgeschichten von nächtlichem Versinken im weichen Sand, der die Menschen verschlingt. Herr Valsaci verteidigte den Deich, den die Künstler beanstandeten, und rühmte dessen Vorteile im Hinblick auf die ununterbrochene Verbindung zum Berg und auf den Gewinn an Dünen, die zunächst als Weiden und später für den Anbau verwendet werden konnten.

Plötzlich hielt das Break. Das Meer überschwemmte die Straße. Es war fast nichts, eine fließende Haut auf dem steinigen Weg; aber man ahnte, daß stellenweise Tiefen vorhanden waren, Löcher, aus denen man nicht herauskommen würde. Man mußte warten.

»Oh, es sinkt schnell!« versicherte Herr Valsaci und deutete mit dem Finger auf den Weg, wo die dünne Wasserfläche schwand, anscheinend in die Erde versickernd oder von einer geheimnisvoll mächtigen Kraft aus der Ferne angesogen.

Sie stiegen aus, um diesen seltsamen, raschen und stummen Abgang aus der Nähe zu beobachten, und folgten ihm schrittweise. Schon erschienen grüne Flecken versunkenen Graslandes, das da und dort emportauchte; die Flecken vergrößerten, rundeten sich und wurden zu Inseln. Diese nahmen bald das Aussehen von Erdteilen an, die durch winzige Ozeane getrennt waren, und daraus wurde schließlich über die ganze Breite des Golfs eine regellose Flucht der Flut, die in die Ferne zurückströmte. Es war wie ein langer Silberschleier, der von der Erde weggezogen wurde, ein gewaltiger, durchlöcherter, zerfetzter Schleier voller Risse, der entschwand und große Wiesen kurzen Grases zurückließ, wobei der blonde Sand weiter vorn noch unsichtbar war.

Man hatte wieder den Wagen bestiegen, und alles stand, um besser zu sehen. Da der Weg vor ihnen trocknete, zogen die Pferde wieder, doch immer noch im Schritt. Infolge der Erschütterungen verlor man zuweilen das Gleichgewicht, und plötzlich spürte André Mariolle Frau de Burnes Schulter an der seinigen. Zuerst glaubte er, die Berührung sei durch einen zufälligen Stoß zustandegekommen; aber sie blieb dort, und bei jedem Holpern der Räder erbebte die Stelle, an der sie ruhte, so daß es ihm durch und durch ging. Selig in der unverhofften Nähe, wagte er die junge Frau nicht mehr anzusehen und dachte wirr wie im Rausch: »Ist es möglich? Wäre es möglich? Verlieren wir beide den Kopf?«

Die Pferde fielen wieder in Trab, und man mußte sich setzen. Da empfand Mariolle plötzlich ein unerklärlich gebieterisches Bedürfnis, zu Herrn de Pradon liebenswürdig zu sein, und bedachte ihn mit schmeichelhaften Aufmerksamkeiten. Für Komplimente fast ebenso empfänglich wie seine Tochter, ließ sich der Vater gewinnen und nahm bald wieder sein freundlich lächelndes Gesicht an.

Man erreichte endlich den Deich und sprengte zum Berg, der sich am Ende der geraden, mitten im Sand errichteten Straße erhob. An der linken Böschung floß der Pontorson; rechts traten an Stelle der Weiden mit dem kurzen Rasen die noch dampfenden, von Meerwasser gesättigten Dünen auf.

Und der hohe Bau wurde größer. Am blauen Himmel zeichnete sich die Krönung einer Abtei ab, starrend von fratzenhaften Speirohren und mähnigen Ungeheuern, mit denen unsere gottesfürchtigen Vorfahren die gotischen Kirchen ausstatteten.

Man kam gegen elf Uhr im Gasthof an, wo das Mittagessen bestellt war. Die Wirtin war vorsichtigerweise nicht bereit, und man mußte noch warten. Man setzte sich recht spät und sehr hungrig zu Tisch. Der Champagner heiterte die Gemüter alsbald auf. Jeder fühlte sich wohl, und zweien schien das Glück ganz nahe. Gegen das Dessert, als der Weingenuß und die Annehmlichkeit des Gesprächs jene Lebenslust bewirkt hatten, die einen etwa nach guten Mahlzeiten überkommt und zu allem Ja sagen läßt, fragte Mariolle:

»Wollen wir nicht bis morgen bleiben? Es wäre so schön, das im Mondschein zu sehen, und so angenehm, heute abend nochmals gemeinsam zu dinieren!«

Frau de Burne nahm sofort an, und die beiden Herren stimmten zu. Nur Frau Valsaci zögerte, wegen ihres kleinen Jungen, der zu Hause geblieben war. Aber ihr Gatte beruhigte sie und erinnerte daran, daß sie schon oft verreist gewesen sei. Er fand André Mariolle charmant, denn dieser hatte, aus Höflichkeit, den Deich gebilligt und der Wirkung des Berges weniger abträglich gefunden, als gemeinhin behauptet wurde.

Nach Tisch besuchten sie das Baudenkmal. Man nahm die Wallpromenade. Die Stadt, ein Haufen mittelalterlich übereinandergestaffelter Häuser auf dem gewaltigen Granitblock, der auf der Spitze die Abtei trägt, ist durch eine hohe krenelierte Mauer vom Sandmeer getrennt. Sie steigt im Ring um die Altstadt, mit stumpfen und scharfen Winkeln, mit Plattformen und Wachttürmen, und bei jeder Biegung entdeckt das überraschte Auge eine neue Weite des riesigen Horizonts. Man schwieg, keuchte ein bißchen nach dem langen Mahl und staunte immer wieder im Anblick des sonderbaren Baus. Über ihnen am Himmel mengten sich wunderbar Turmspitzen, Granitblumen und Bogen von einem Turm zum andern, eine unwahrscheinliche, mächtige und zarte Architektur-Stickerei auf dem Azur, aus der die phantastisch drohende Armee der Speirohre mit den Tiergesichtern vorsprang, als setze sie zum Fluge an. Zwischen dem Meer und der Abtei, an der Nordflanke des Berges, am Rand der Stadt, fiel ein wilder Hang fast senkrecht ab, den man den »Wald« nennt, weil er von alten Bäumen bestanden ist, ein dunkelgrüner Fleck auf dem unendlichen Gelb des Sandes. Frau de Burne und André Mariolle, die zuvorderst marschierten, blieben stehen. In einem nie gekannten Entzücken lehnte sie an seinem Arm. Bereit, immer weiter zu steigen, stieg sie leicht mit ihm zu dem traumhaften Bau und zu noch anderem empor. Sie wünschte, der steile Weg möchte nie enden, denn zum erstenmal in ihrem Leben fühlte sie sich fast völlig zufrieden.

»Gott, ist das schön!« murmelte sie.

Er sah sie an:

»Ich kann nur an Sie denken.«

»Ich bin doch nicht eben poetisch veranlagt«, fuhr sie lächelnd fort, »aber ich finde das so schön, daß ich wirklich sehr ergriffen bin.«

»Ich liebe Sie wie toll«, stammelte er.

Er spürte einen leisen Druck an seinem Arm, und sie machten sich wieder auf den Weg.

Ein Aufseher erwartete sie am Tor der Abtei; sie traten über die herrliche Treppe zwischen zwei mächtigen Türmen ein und gelangten in den Wachtraum. Dann gingen sie von Saal zu Saal, von Hof zu Hof, von Arrestzelle zu Arrestzelle, hörten zu, staunten, waren entzückt und bewunderten alles, die Krypta mit den massigen, so kräftig schönen Pfeilern, die auf mächtigen Säulen den ganzen Chor der Kirche trägt, und das Wunder, den gewaltigen Bau von drei Etagen übereinander errichteter gotischer Monumente, das ungewöhnlichste Meisterwerk von Kloster- und Festungsarchitektur des Mittelalters.

Dann kamen sie zum Kloster. Sie waren so überrascht, daß sie vor dem großen Hof stillstanden, den der leichteste, zierlichste, bezauberndste Säulengang aller Klöster der Welt umschließt. In zwei Reihen tragen die kleinen, von entzückenden Kapitellen gekrönten Schäfte längs der vier Galerien eine ununterbrochene Girlande gotischer Ornamente und Blumen, in unendlicher Mannigfaltigkeit und sprudelnder Erfindung, elegant einfache Phantasien naiver Künstler, die seelen- und gedankenvoll den Stein bearbeiteten.

Michèle de Burne und André Mariolle machten Arm in Arm ganz langsam die Runde, indes die anderen ein wenig ermüdet am Eingangstor standen und aus der Entfernung bewunderten.

»Gott, wie habe ich das gern!« sagte sie stehenbleibend.

»Ich weiß nicht mehr, wo ich bin«, antwortete er, »noch wo ich lebe, noch was ich sehe. Ich spüre nur, daß Sie bei mir sind.«

Sie schaute ihn fest an und murmelte lächelnd:

»André!«

Er verstand, daß sie sich gab. Sie sprachen nicht mehr und gingen weiter.

Man setzte die Besichtigung fort, aber sie blickten kaum hin. Freilich fesselte sie eine Minute lang die ausgezackte, anscheinend zu den Wolken strebende Treppe unter einem Bogen, der zwischen zwei Glockentürmchen hoch in den Himmel ragte. Und wieder staunten sie, als sie zum Narrenweg kamen, einem Granitpfad, der schwindelerregend, ohne Geländer um die Spitze des letzten Turms herumführt.

»Darf man da durch?« fragte sie.

»Es ist verboten«, erwiderte der Aufseher.

Sie zeigte zwanzig Francs. Der Mann zögerte. Die ganze Familie, der schon vor dem Abgrund und der unendlichen Weite schwindelte, war gegen diese Unvorsichtigkeit.

Sie fragte Mariolle:

»Würden Sie wohl gehen?«

Er lachte:

»Ich habe schon schwierigere Wege passiert.«

Und ohne sich mehr um die anderen zu kümmern, gingen sie. Er schritt auf dem schmalen Sims am Rande des Abgrunds voraus, und sie folgte, der Mauer entlanggleitend, mit gesenktem Blick, um die gähnende Tiefe nicht zu sehen, aufgeregt jetzt, vor Furcht fast umsinkend und sich an die Hand klammernd, die er ihr hinstreckte. Dennoch fühlte sie sich stark, ohne Schwäche, ihres Kopfes und ihrer Füße sicher, und sie dachte, entzückt trotz ihrer Angst: »Wahrhaftig, das ist ein Mann.« Sie waren allein im Raum, so hoch wie die über dem Meere schwebenden Vögel, mit der Sicht auf den gleichen Horizont, den die weißgeflügelten Tiere unablässig durchstreiften und mit gelben Äuglein absuchten. Mariolle spürte, daß sie zitterte.

»Sind Sie schwindlig?« fragte er.

»Ein bißchen«, flüsterte sie, »aber mit Ihnen habe ich keine Angst.«

Er ging nahe heran, umschlang sie mit einem Arm, um sie zu stützen, und sie fühlte sich durch die handfeste Hilfe so beruhigt, daß sie den Kopf hob und in die Ferne schaute.

Er trug sie beinahe, und sie überließ sich dem starken Schutz, in dem sie durch den Himmel schritt, und in weiblicher Romantik war sie ihm dankbar, daß er diesen möwenhaften Spaziergang nicht durch Küsse verdarb. Als sie wieder bei den anderen waren, die sie besorgt erwarteten, sagte Herr de Pradon erbost zu seiner Tochter:

»Gott, ist das einfältig, was du eben tatest!«

»Nein, denn es gelang«, antwortete sie überzeugt. »Nichts ist dumm, was gelingt, Papa.«

Er zuckte die Achseln, und man stieg hinab. Man verweilte noch beim Türhüter, um Photographien zu kaufen, und als man in den Gasthof zurückkam, war es beinahe Zeit fürs Diner. Die Wirtin empfahl einen kurzen Spaziergang seewärts im Sand, damit sie den Berg von der Meerseite her bewundern könnten: aus dieser Sicht, sagte sie, sei er am großartigsten.

Trotz Müdigkeit machte sich die ganze Gesellschaft auf, umging die Wälle und wagte sich ein wenig auf die beunruhigende Düne hinaus; sie schien weich und fest, aber wenn der Fuß auf die schöne gelbe, anscheinend harte Decke trat, so versank er plötzlich bis zum Knöchel im trügerischen goldenen Schlamm.

Von dort aus verlor die Abtei auf einmal das Aussehen einer Wasserkathedrale, womit sie den Betrachter auf dem Festland von weitem verblüffte, und nahm, gleichsam den

Ozean herausfordernd, den kriegerischen Aspekt einer Ritterburg an, mit der großen krenelierten, von Schießscharten durchbrochenen Mauer, deren riesige Streben wie Zyklopenwerk sich im Fuß des seltsamen Berges verschweißten. Aber Frau de Burne und André Mariolle kümmerten sich kaum mehr um all das. Sie dachten nur an sich selbst, gefangen in dem Netz, das sie einander gelegt, in einer Abgeschiedenheit, in der man nichts mehr von der Welt weiß und nur noch einen einzigen Menschen sieht.

Als sie dann im behaglichen Lampenlicht vor den vollen Schüsseln saßen, schienen sie zu erwachen und merkten immerhin, daß sie hungrig waren. Man blieb lange bei Tisch, und als das Diner vorüber war, vergaß man über dem gemütlichen Geplauder den Mondschein. Übrigens hatte niemand mehr Lust zum Ausgehen, und niemand sprach davon. Mochte der Mond die kleinen Wellen der nahenden Flut, die schon fast unmerklich und mit unheimlichem Glucksen über den Sand strichen, mit poetischen Lichtern flammen; mochte er die um den Berg sich windenden Wälle beleuchten und im einzigartigen Rahmen der unabsehbaren, in der über die Dünen zitternden Helligkeit sich spiegelnden Bucht den romantischen Schatten all der Glockentürmchen der Abtei illuminieren – man wollte nichts mehr sehen.

Es war noch nicht zehn Uhr, als Frau Valsaci schlaftrunken sich zurückziehen wollte. Der Vorschlag wurde ohne Gegenrede angenommen. Nach herzlichem Abschied ging jeder auf sein Zimmer.

André Mariolle wußte gut, daß er nicht schlafen würde. Er zündete die beiden Kerzen auf dem Kamin an, öffnete das Fenster und schaute in die Nacht hinaus.

Die nutzlose Hoffnung quälte ihn körperlich. Er wußte sie dort, ganz nahe, durch zwei Türen von ihm getrennt, und es war fast ebenso unmöglich, sich mit ihr zu treffen, wie die Flut aufzuhalten, die das Land überschwemmte. Er hätte schreien mögen, seine Nerven waren von unbändiger und vergeblicher Erwartung so gespannt, daß er sich fragte, was er tun solle, denn er konnte die Einsamkeit dieses Abends unerfüllten Glücks nicht mehr ertragen.

Alle Geräusche im Gasthof und auf der einzigen Straße, die sich durch die Stadt windet, waren allmählich erstorben. Mariolle lehnte noch am Fenster, starrte auf die silbrige Fläche der Flut und zögerte die Stunde des Schlafengehens immer weiter hinaus, wie im Vorgefühl eines vorbestimmten Glücks.

Plötzlich schien ihm, eine Hand berühre das Schloß. Er fuhr herum. Langsam öffnete sich die Türe. Eine Frau trat ein, den Kopf in weißen Spitzen verschleiert und den Körper in ein weites Hauskleid gehüllt, das aus Seide, Flaum und Schnee zu bestehen schien. Sie schloß sorgfältig die Türe hinter sich. Dann ging sie, als hätte sie ihn nicht gesehen, der starr vor Freude im hellen Rahmen des Fensters stand, zum Kamin und blies die beiden Kerzen aus.

Robert Musil

MUH-MUHSIL

Steinach, Tirol 17. VII. 21.

Lieber Herr Laurin

Ich versuche hier mit Kuhmilch und Almspaziergängen der Seele eine gewisse Kindlichkeit wiederzugewinnen und habe bereits einen geradezu dichterischen Grad von Imbezillität erreicht, der mir das kritische Verständnis meiner Zeitgenossen sehr erleichtern wird. Es grüßt Sie herzlich Ihr Muh – Muhsil.

Franz Kafka

DIE SCHRAUBE

[Ansichtskarte. Stempel: Prag – 14. VII. 13]

Auf der Terrasse der Sommerwohnung★. Schöner weiter
Ausblick in die Gegend. Ins Zimmer zurück ist er nicht
schön. Auch in mich nicht, dort arbeitet die Schraube
weiter. – Dienstag kommt ein Brief mit einem neuen Plan.

Viele Grüße. F

Ludwig Steub

BRIXLEGG

Brixlegg ist ein freundliches Dorf und liegt nicht weit
vom Eingange des Zillerthales, auch nicht weit von Jen-
bach, wo die Nordländer, die über den Achensee nach
den mittäglichen Gegenden trachten, ins Innthal hernie-
dersteigen. Als noch die vielen Güterwagen über den
Brenner gingen, war es wenig beachtet, da jene zumeist
im nahen Städtchen Rattenberg ihre Einkehr hielten, und
es kam nur hie und da ein Landschaftsmaler in das selten
genannte Dörflein. Nun aber, nachdem es eine Eisen-
bahn-Station geworden und seitdem die Leute von Brixlegg wie jene von Ammergau im letzten Jahre die Passion

★ Die Sommerwohnung der Familie Kafka war damals in Radešovice (Ansichtskarte zeigt »Landschaft und Villen von Radešovice«), einer kleinen
Ortschaft südöstlich von Prag.

gespielt und damit viele tausend Schaulustige von Nah und Fern herbeigezogen, nunmehr tritt es mit großem Glanze in die neuere Geschichte ein, wird schon viel besucht und macht nicht wenig von sich reden. Da aber alle die Honoratioren, welche heuer eingezogen, ihre Quartiere auch schon für den nächsten Sommer bestellt, so ist Mitgliedern der gebildeten Stände, die etwa aus anderen Städten und Ländern herbeikommen möchten, wenig Aussicht zu geben. »Es sind schon genug herinnen«, sagt der Bräutigam bei Theokrit, als er mit der Braut die Thüre abgeschlossen – und ungefähr dasselbe sagen auch wir Sommerfrischler von Brixlegg. »Sehe jeder, wo er bleibe«, und wer etwa in Reichenhall, in Tegernsee, in der Pertisau sein Glück gefunden, der suche es nicht anderwärts. Ein unvorsichtiger Schilderer, der voriges Jahr in einer Wiener Zeitung über die Reize dieses unseres Tiburs jubilirte, wurde deßhalb von dem Gremium der Sommergäste ziemlich hart angelassen. »Man soll nicht aus der Schule schwatzen«, hieß es, »denn je mehr Stadtleute in ein solches Derflein zusammengetrommelt werden, desto unländlicher und desto langweiliger wird es.« Dieses glaubten wir hier vorausschicken zu müssen, damit sich der Leser immer vor Augen halte, daß wir ihm unsere Schildereien nur zur Lectüre, nicht als Köder darreichen wollen. Es wäre wirklich jammerschade, wenn auch dieser stille Winkel durch übergroßen Zulauf, Vornehmheit, Equipagen, Lakaien, Toilettenpracht und andere Widerlichkeiten beliebter Sommerfrischörter wieder unzugänglich würde.

Daphne du Maurier

AUG IN AUG

Wenigstens hielten wir trotz des Krieges an der Gewohnheit fest, den Sommer auf dem Land zu verbringen. In diesem Jahr, 1915, fuhren wir nicht mehr nach Slyfield, sondern zogen in ein viel kleineres Haus, beinahe schon ein Häuschen in Chorley Wood; es hieß Soulsbridge Cottage, und wir genossen hier größere Freiheit als je zuvor. M und D kamen nicht mehr ganz so oft, und wir durften sogar unsere Mahlzeiten in der Küche einnehmen. Angela ging täglich zum Unterricht zu einer Familie, die auf der anderen Seite der Gemeindewiese wohnte, und mir erlaubte man zum erstenmal, den Garten zu verlassen und allein über die Felder zu streunen. Dabei begleitete mich ein West Highland Terrier namens Jock, der erste Hund, den wir Kinder je hatten. Er war mir von Anfang an besonders zugetan gewesen, genaugenommen seit dem Morgen, als ich in Cumberland Terrace ins Erdgeschoß geschlichen war, wo ich ihn, den Neuankömmling, an einen Stuhl gebunden stehen sah. Wir schauten uns an. Dann wedelte er, und ich wußte Bescheid.

Auf dem benachbarten Bauernhof in Soulsbridge gab es Hochlandrinder, wunderschöne Tiere mit zottigem Fell und großen Hörnern. Jock und ich benutzten sie für eine Art Mutprobe. Wir pirschten uns vorsichtig an sie heran und rannten dann, sobald sie die wuchtigen Schädel senkten, um auf uns zuzutrotten, in Windeseile über die Felder davon.

Victor Klemperer

Ein märkisches Gefühl des Behagens

Zuerst waren wir in Warnemünde. Die Fahrt auf dem Fluß
nach Rostock, der Ausflug nach Heiligendamm mit seinem
Steinstrand und seinem Laubwald waren hübsche Beigaben;
aber am Strand liegen und auf das Meer hinaussehen oder
hineinwaten war das schönste. Danach verblich Warnemünde vor der ungleich belebteren, wechselreicheren, typische-
ren Landschaft Heringsdorfs. Von Karlsbad oder Marienbad
kommend, waren die Eltern in mehreren aufeinanderfol-
genden Sommern mit den Schwestern und mir oder mit
mir allein dort. Und jedesmal war ich selig, und jedesmal
sehnte ich mich nach irgendeinem Rheinsberg. Zu Fuß den
Strand entlang über Ahlbeck nach Swinemünde, mit seiner
Mole und dem Leuchtturm, dem friedlichen Hafenverkehr
und den Kriegsschiffen. Oder viel weiter in den Wald hinein. Oder auf einen Dampfer – einige Leute fuhren bis nach
Kopenhagen (Bornholm war deutscherseits noch unent-
deckt). Manches ging in Erfüllung; einmal fuhren wir auf
der Heimreise zu Schiff durch das Haff nach Stettin – die
Tabaksrollen und die dicken Schiffstaue in den kleinen Läden der Lastadie, das Hammerdröhnen auf der Schichau-
werft! –, vieles blieb unerfüllt. Und mein Unbehagen zu
Haus und die sehnsüchtige Freude an Heringsdorf wuchsen
gemeinsam.

Dabei begegnete mir die Ostsee in Person eigentlich gar
nicht sehr liebreich. Sie schien mit mir eine ähnliche
Sprache zu führen wie neben ihr das Französische Gymnasium und nach ihr der Münchener Wachtmeister. »Du
glaubst, du könntest es bei mir gemütlich haben, weil ich
im Ruf der sanften Kinderbadewanne stehe?« Eines meiner

ersten Bäder nahm einen merkwürdigen Verlauf. Die See war ein bißchen bewegt, aber gar nicht besorgniserregend. In der Badeanstalt gab es in geringer Entfernung vom Strand ein Halteseil für Kinder. Vater führte mich an der Hand hin; dann planschten wir ein wenig miteinander. Ihm reichte das Wasser in ruhigen Momenten kaum an die Brust, mir an den Hals. Plötzlich schlug eine Welle über meinen Kopf, ich schluckte von dem bitter-salzigen Zeug, und ehe ich zu Atem kommen konnte, zog etwas meine Füße weg, und ich fiel. Gleich danach – ich rappelte mich gerade auf und wäre bestimmt hochgekommen – fühlte ich Vaters Hand um meine beiden Backen gegen Mund und Nase gepreßt. In seinem Schreck um mich hatte er blindlings nach unten zugepackt, und so schleifte er mich hinter sich her auf den Strand. Es ging alles sehr schnell, aber immerhin war ich doch halb erstickt, als ich endlich den Mund zum Husten und Spucken freibekam. Doch hatte das kleine Mißgeschick sehr günstige Folgen für mich. Denn gleich nach der Heimkehr brachte mich Vater zum Schwimmbad in der Lützowstraße und war selber dabei, als mich der Meister zum ersten Mal an den Angelgurt nahm, und vier Wochen später, als ich mich um das ausgedehnte Rechteck des Bassins herum freischwamm. Von da an machten mir die Ferien an der See doppeltes Vergnügen, und Vater sah meinen sehr bescheidenen Kühnheiten vom Strand aus mit ängstlichem Stolz und vielen Warnungen zu. In einem andern Punkt blieb mir die Ostsee dauernd ziemlich feindlich gesinnt. Meine erste Fahrt auf »offenem Meer«, das heißt die einstündige »Promenadenfahrt mit Musik« des alten, winzigen und gedrängt vollen Dampfers »Moltke« erregte mir heftige Übelkeit, wenn auch das Schlimmste vermieden wurde, und auf ein paar ähnlichen Fahrten erging es mir nicht besser. Trotzdem hatte ich eine ungemeine Freude daran, war tief betrübt, wenn der Dampfer nach wenigen tausend Metern die offene See schon wieder verließ und im Bogen der Landungsbrücke zusteuerte, und nahm mir mit allem Willensaufwand vor, das nächste Mal an meinen Magen überhaupt nicht zu denken und ganz seefest zu sein. Aber sei es nun die besondere Kurzatmigkeit der Ostseewellen oder der geringe Tiefgang ihrer Schiffe: Während ich auf Mittelmeer und Atlantik eine relative und sogar hochgradige Seefestigkeit wirklich errungen habe, wurde mir auf der Ostsee bis in die letzten Jahre hinein oft genug hundeübel. Es mag wohl das Zeichen einer großen Liebe sein, daß sie mir trotzdem, und obwohl ich soviel Grandioseres gesehen habe, in ihrer Schlichtheit immer besonders lieb geblieben ist.

Und ebenso ist mir vor allem die reiche Simplizität Heringsdorfs immer besonders vertraut geblieben, obschon doch die Königsberger Küste und Saßnitz und nun gar das phantastisch-heroische Bornholm sehr viel stolzere Schönheiten des Ostseeraums sind und obwohl mir gerade in den Jahren meiner wachsenden Opposition gegen das Leben zu Hause und meines wachsenden Ferneverlangens mancherlei diesen Ort hätte verleiden können.

Denn in den neunziger Jahren begann Heringsdorf einen etwas spöttischen Ruf unter den Berlinern zu bekommen oder hatte ihn bereits erworben. Einmal galt es für Berlin kaum noch als richtiges Reiseziel. Es war so nahegerückt, daß man es fast schon als Ausflugsort zu betrachten anfing. In Heringsdorf erholten sich wohlhabende Leute, nachdem sie ihre eigentliche Ferienreise in die Schweiz oder ihre Kur in Karlsbad hinter sich gebracht hatten. Das benachbarte kinderwimmelnde Ahlbeck war ausgesprochen kleinbürgerlich; in Heringsdorf mit seinen eleganten Villen und Hotels, seinem gepflegten Kurplatz, seiner gepflegten Kurmusik traf sich Berlin W. Und zwar eine ganz bestimmte

Schicht des Berliner Westens: die jüdische. Heringsdorf war damals – und blieb es bis zum Krieg – eine Art freigewählten und freien Ghettos. Auch nach dem Weltkrieg behielt es noch im wesentlichen diesen Charakter; aber da war doch, wenn nicht das Gefühl der Freiheit, so das der Unbekümmertheit schon angefochten: in gleicher Nähe wie das harmlose Ahlbeck im Osten blühte jetzt das betont deutschnationale und christliche Bansin im Westen, und wenige Stunden entfernt, noch an derselben Wolliner Küste, las man in Zinnowitz am Landungssteg in Riesenbuchstaben das Plakat: »Judenrein!«

Die Eltern ergingen sich in dem noch ganz unbedrohten Ghettoparadies voller Behagen. Wir wohnten in keinem der teuren Logierhäuser oder Hotels an der Strandpromenade, sondern bescheiden landeinwärts, und Mutter sorgte für Frühstück und Abendbrot. Aber zu Mittag wurde bei Peltesohn gegessen, dem lokalberühmt besten rituellen Speisehaus des Ortes. Unter dem Schutze der eben beendeten Karlsbader Kur und bei der heilsamen Gegenwirkung des ständigen Aufenthaltes in frischer Luft glaubten sie sich den verpönten alten Freuden maßvoll überlassen zu dürfen. Und natürlich waren es die Bekannten der Mittagstafel, mit denen man seine Spaziergänge unternahm und von Strandkorb zu Strandkorb plauderte. So befand ich mich hier also gewissermaßen mehr in Berlin als in Berlin selber, und viele Gedanken, die mich dort beunruhigten, mußten mich hier erst recht quälen. Aber das Meer spülte alles Unbehagen weg, lockte von allem fort.

Peter Altenberg

VÖSLAU

Vöslau, eigentümlicher Ort, einzige wirkliche Sentimenta-
lität, die ich habe. Deine grünbefranste Station ist geblieben
wie eh und je. Nur meine wunderschöne Mama, die mich
im Damenbade sorgsam auf ihren Armen wiegte, ist längst
nicht mehr. Die Lindenblüten rochen wunderbar, und das
sonnengedörrte Holz der Kabinen und die Wäsche der
triefenden Schwimmanzüge. Der Kies brannte die zarten
Kinder- und Frauensohlen. Vom Wald kam Tannenharz-
duft, und von den Hausgärten kamen Millefleursgerüche.
Meine Mama hielt mich zärtlichst mitten im Teiche, der für
mich ein Ozean war! Sie verschwendete ihre romantische
Zärtlichkeit an ein egoistisches, verständnisloses Kindchen,
das ihren Hals in Angst umklammerte. Wunderbar ist der
eingedämmte Bach, von der Station aus bis zum Bade.
Links ungeheure üppige Wiesen, die zu nichts zu dienen
scheinen und herrliches, dichtes Unkraut produzieren, für
nichts und wieder nichts. Der Wind rauscht eigentümlich
in den Tannen. Man hält es für einen mysteriösen Aufenthalt für Rekonvaleszenten, für kleine zarte Mäderln. Es ist
so ein Sanatorium für müde Menschen. Die graublaue Ur-
sprungsquelle von vierundzwanzig Grad Celsius ist wie le-
benspendend. Sie spricht nicht viel, sie murmelt und gewährt! Viele Hausgärten sind voll von Frieden und Pracht.
Im Cafégarten hart beim Bade ist es kühl vor Baumschatten
wie in einem Keller. Daneben ein unbekannter Park wie
ein Urwald. Niemand hat ihn wirklich je betreten, ihn
gestört in seinen überschüssigen Kräftespendungen! Wozu
braucht man Brasilien und Lianenverstrickungen und Blü-
tendunst und Geranke?!? Dieser Park ist Urwald. Vöslau,

immer noch, seit fünfundvierzig Jahren, ist deine Station grünbefranst, und in dem Bache plätschern lustig die Enten, die unmittelbar darauf abgestochen werden, denn der murmelnde Bach ist nur ein letztes Reinigungsbad, gleichsam eine Vorleichenwaschung. Beim Bade duftet es nach Lindenblüten. Nichts hat sich verändert. Nur meine Mama ist nicht mehr.

Robert Musil

SPAZIERENSCHWIMMEN

[Poststempel Velden am Wörter See
13. VI. 25]

Lieber Herr Fontana!

Ich sitze weniger – wie Sie vermuten – im Grünen, sondern liege im Blauen, und dieser herrliche See, in dem man spazieren schwimmt, hat für mich noch den großen Nachteil, daß man nicht das Manuskript ins Wasser mitnehmen kann. So daß ich schon allen Ernstes daran dachte, nach Ablauf dieses Monats wieder für ein paar Wochen nach Wien arbeiten zu kommen. Indes sucht meine Frau neue Sommerfrischen, welche nicht so schwere Anforderungen an meinen Charakter stellen sollen.

Tilla Durieux
ZEIT ZU LERNEN

Meine Mutter mietete im Sommer meistens ein kleines Haus mit Garten irgendwo im oberen Nieder-Österreich oder in Tirol. Dahin zogen wir mit Sack und Pack, mit Kücheneinrichtung und mit Betten, eine kleine Auswanderung, bei der die Nervosität der Hausfrau ihren höchsten Grad erreichte. Es wurde gefährlich, in die Nähe der Bettballen zu kommen, die, in feste Packleinwand genäht, wie schlafende Riesen an den Wänden lehnten. Ein altes böhmisches Dienstmädchen, das eine besondere Fertigkeit darin besaß, mit einer Schusterahle diese Ballen zuzunähen, scheuchte mich dann aus der verlockenden Nähe dieser Walfische mit den Worten: »Geh Sie, Tilla, sonst kommt Mammitschku und gibt Sie eine Watsche.«

Der Abschied war schwer. In dem Obstgarten des kleinen Landhäuschens liegend, arbeiteten meine Gedanken an neuen Plänen, an neuen Abenteuern in unserem Feenreich. Das Objekt zur Erlernung des standesgemäßen Berufes kam leider auch mit; denn der Sommer war nach dem Ausspruch meiner Mutter die rechte Zeit, um tüchtig zu lernen, und sie selbst übernahm den Unterricht sehr zu beiderseitigem Mißvergnügen.

Das Obst fiel im Garten von den Bäumen; ich hörte es fallen, klatschend zersprangen die gelben Birnen, während die müden schmutzigen Zwerge ihre Beine mühsam hoben und »bim bim« machen mußten. Die schwarzen Spuren meiner Finger auf den weißen Tasten mischten sich mit meinen heißen Tränen zu einem Brei. Aber man konnte nachher doch unter den schwerbeladenen Bäumen liegen und die Birnen, die Äpfel, die Pflaumen fielen von oben in den Mund. Köstliche Stunden im Grase zusammen mit rotbackigen Äpfeln, gefährliche Rutsche auf dem Dach des alten Schweinestalls, Dorfkinder, mit denen man stundenlang »Mariechen saß auf einem Stein« sang. Wenn es zur Strophe kam »Da zog der Karl's Messer 'raus«, erschauerte ich; ich mochte Karl sein, der stach, oder noch lieber Mariechen, die starb und gleich nachher ein Engelein wurde. – In solchen Stunden war ich glücklich und frei von der quälenden Unrast, frei von dem ekstatischen Grübeln über mich und meine vermeintlichen Sünden.

Edmond und Jules de Goncourt
DER SCHWITZENDE DENKER

Wie fade ist doch das Landleben und wie wenig kommt es tätigem Denken zustatten! Die Unbeweglichkeit, die Stille, das Schweigen, die großen Bäume mit ihren Blättern, die sich in der Hitze wie die Füße von Schwimmvögeln falten, das macht nur Weiber, Kinder und Notare fröhlich. Doch fühlt der Denker sich davor nicht voller Unbehagen? Wie vor dem Feind, wie vor einem Antagonisten, dem Werk Gottes, das ihn verzehren und Dung aus ihm und aus seinem arbeitenden, denkenden Gehirn eines Philosophen nur schönes Laub machen wird.

Peter Altenberg
LANDEINDRÜCKE

Ein Mensch, der es sich einredet, hohe Trinkgelder
durch besonders liebenswürdiges Benehmen und
»sich sogar einlassen« in Gespräche detaillierter Natur,
ersetzen zu können, ist nur – – – ein frecher geiziger
Narr!
 Sei arrogant, aber zahle menschenfreundlichst!

★

Es gibt Menschen, die nicht das Recht haben, von
Bergalmen zu schwärmen; »Gott, schön war es da
droben!« ist eine Beleidigung aller, für die es dort
oben schön war!

★

Architekt Pr. sagte zu mir: »Um Gottes willen,
schreiben Sie uns nur keine Hymne auf diesen Ort!
Die, die ihn erkannt haben, sind schon seit langen
Jahren da Sommergäste, und die, die durch Sie erst
aufmerksam gemacht werden, verschandeln ihn!«

★

Als mir jemand detailliert vorschwärmte von einer
1000 Meter gelegenen einsamen Alm, sagte ich: »Ich
war auf einer viel schöneren, dem Gärtchen gleich
hinterm Hotel!«

★

Wir sahen gestern nachmittag am Waldabhange im
Gebüsche einen Zaunkönig, der sich durch unser
Sprechen nicht stören ließ. Meine Freundin sagte:
»Ich glaube, es ist das einzige Lebewesen in dieser
Welt, dem niemand etwas zuleide tun möchte!«

Max Kretzer

NATÜRLICH BERLINER!

Ich fuhr nach Bureauschluß mit der Bahn regelmäßig nach dem stillen Vorort, der eine wahrhaft idyllische Ruhe und dörfische Einfachheit zeigte, und fand somit gehörig Zeit, meine Nerven für die Arbeit und Aufregung des anderen Tages zu stärken.

Plötzlich kam ein verrückter Unternehmer auf den Gedanken, mitten in der schönsten Parkanlage ein großes Restaurant mit Seiltanz, Tanzbelustigung, Rutschbahn und sonstigem Klimbim anzulegen. Nun war's mit der Ruhe vorbei. Allmählich erblühte aus dem Dorfe eine kleine Villenstadt, und die unausstehlichen Berliner, denen ich so schön entgangen war, tauchten nun überall mit Kind und Kegel auf. Aus den kleinen Kaffeegärtchen, in denen es sonst sehr still herging, wurden Biertempel mit Fuselgeruch und schlechter Blechmusik.

Eine neue Vorortbahn mit ihrem billigen Fahrtarif tat das übrige, um das ehedem so einsame Dorf zu einer Vergnügungsfiliale Berlins zu machen, in der die Einheimischen mit einer Rücksichtslosigkeit beiseite gedrückt werden, als würden sie nur noch aus Gnade von den Gästen geduldet. Zum Überfluß hat man auch noch eine elektrische Bahn angelegt, die aus dem großen Rachen Berlins direkt in meinen früheren Nervenkurort führt, und so wimmelt es namentlich des Sonntags hier von Menschen, die wie die Ameisen durcheinanderkrabbeln, als wollten sie sich vor lauter Freude gegenseitig tottreten.

Früher kannte man hier überhaupt keinen Staub, jetzt wallt er an schönen Tagen wie eine Nebelwolke durch die Straßen und erschwert den Einheimischen das Atmen.

Wenn ich jetzt am Sonntagmorgen erwache, so schallt mir von vier Seiten die entsetzliche Leierkastenmusik der Karussels entgegen, die wie Höllenmusik ineinanderfließt und mir wie ein Labyrinth entgleister Noten vorkommt. Zum Überfluß zieht an meinem Hause eine Turnriege mit Trommeln und Querpfeifen vorüber, während auf der anderen Seite ein entsetzliches Männerquartett dem Walde zupilgert. Die ungezogenen Rangen einer Familie auf Sommerwohnung brüllen an der nächsten Straßenecke das Lied von der Holzauktion im Grunewald, und neben mir, auf der anderen Hälfte des geteilten Balkons, bläht ein Baby mit beneidenswerter Ausdauer seine Lunge. Natürlich sind es auch Berliner, die sich für diesen Sommer dort eingenistet haben.

Eines Sonntags, vor Beginn meines Urlaubs, als ich wieder einmal dieses Zerstörungsbild der reinen Natur betrachtete und in einem Umkreise von einer Viertelstunde kein stilles Plätzchen fand, in dem ich mein Nervenweh allein mit mir hätte herumtragen können, kam ich auf einen ausnehmend vernünftigen Gedanken, der in der Annahme wurzelte, daß es in Berlin doch eigentlich recht still und angenehm sein müsse, wenn es an Tagen, wie heute, seine Herdenmenschheit in Strömen nach allen Himmelsrichtungen hinaussendet.

Carlo Emilio Gadda

Alles ausser dem guten Geschmack

Villen, ja Villen!; kleine Villen mit acht Zimmern, zwei
Bädern; fürstliche Villen, vierzig Räume, große Seeterras-
sen, Rundblick über den Serruchón, Obst- und Gemüsegarten, Garage, Hauswärterwohnung, Tennisplatz, Trink-
wasser, Senkgrube über siebenhundert Hektoliter: Südlage,
oder Westlage, oder Ostlage, oder Südostlage, oder Süd-
westlage, beschirmt von Ulmen oder vom antiken Schatten
der Buchen gegen den Bergwind oder den Steppenwind,
nicht aber gegen den Monsun der Hypotheken, welcher
mit voller Geschwindigkeit auch ins moränische Amphi-
theater des Serruchón bläst und durch die Pappelalleen von
Prado; Villen, winzige Villen, gefüllte Riesenvillen, einsame Villen, Doppelvillen, villenartige Häuser, Villen im
Rustica-Stil – mit dieser Villen-Rustica hatten die Architekten von Pastrufazio allmählich alle die schweifenden und
friedlichen Hügel und Abhänge der Voranden bestückt,
welche, man braucht es kaum zu wiederholen, »sanft ab-
fallen«: zu den linden Becken ihrer Seen. Hier eine im
Auftrag eines reichgewordenen Motorradsattelfabrikanten,
dort für einen verkrachten Seidenraupenzüchter, für einen
frischgestrichenen oder einen verblaßten Marchesen, welchem, was ersteren betrifft, es nicht gelungen war, auch
seine Finger zu Langfingern zu veredeln, was den andern
betrifft, nicht nur nicht reich zu werden, aber leider auch
nicht Pleite zu machen, so sehr hatte ihm seine angeborene
Vornehmheit zu Hilfe kommen können, in diesem Land
der Luftschlösser aus Seidenraupen und Motorradsätteln.
Von den meisten dieser Villen, die da »schmucker denn je«
aus den Robinien ragten oder aus dem üppigen Laub des

Banzavois, als wär's ein Bananenwald der Kanarischen Inseln, hätte man, falls erforderlich und falls man ein ordentlicher Schriftsteller gewesen wäre, sagen können, daß sie »aus dem Grün der Hügel hervorlugten«. Da Grün, Grünzeug und Grünkohl nicht unsere Stärke sind, beschränken wir uns, darauf hinzuweisen, daß manch eines dieser auffallendsten polytechnischen Produkte, mit dem Dach voller Dachrinnen und die Dachrinnen voller Spitzkanten, mit seinen nördlichen und nordpolartigen Dreiecken, sich als Schweizer-Châlet aufspielte, wenngleich es unentwegt in der Weite des amerikanischen Hundstagssommers dahinschmorte: aber das Holz des »Oberlands« war nur aufgemalt (über der serruchonesischen Tünche) und war auch ein wenig ausgeblichen von Sturzregen und Monsunen. Andere Villenhäuschen, bei denen das Eck höher hinaufragte, gipfelten in einem Pseudo-Siena-Türmchen oder im pastrufazianischen Normannenstil, mit einer langen, schwarzen Stange auf dem Deez, für Blitzableiter und Fahne. Wieder andere schmückten sich mit vielfältigen Kuppelchen und Giebelchen, russisch oder quasi-russisch, etwa wie umgekippte Zwiebeln oder Radieschen, mit Ziegeln gedeckt und oftmals mit vielfarbigen Ziegeln, wie Schuppen für ein Karnevalsreptil, halb gelb, halb himmelblau. Sie hatten etwas von einer Pagode und von einer Spinnerei und waren gleichzeitig ein Mittelding zwischen Alhambra und Kreml.

Denn alles, aber gar alles! war den pastrufazianischen Architekten durch den Kopf gegangen, außer vielleicht den Kennzeichen des guten Geschmacks. Kaiser Wilhelm und König Umberto, der Klassizismus und der Neuklassizismus und das Empire und das Zweite Empire; der Jugendstil, das Liberty, das Korinthische, das Pompejanische, Anjou und Ägyptisch-Sommaruga und Coppedè-Alessio; und die Kasinos aus Gipskaramellen von Biarritz und Ostende, das

Paris Lyon Méditerranée und Fagnano Olona, Montecarlo, Indianapolis, das Mittelalter, das heißt ein feinschmeckerischer Philippe-Marie Arm in Arm mit einem Kalifen: und auch die Königin Viktoria (von England), wenn auch hingesuhlt auf eine türkische Ottomane (sic). Und nun war das nüchterne zwanzigste Jahrhundert an der Arbeit, mit seinen höchst zweckdienlichen Treppenaufgängen zum Beinbrechen, aus rosa Marmor: und Ochsenaugen ohne Zahl, die reinsten Kanonenbootsluken, für Bügelkammer und Küche; und der Anrichte, die man »office« nannte (welch letzteres Wort auf die neuerblühten Vignolas von Terepàttola einen geradezu unglaublichen Reiz ausübte). Mit Aborten, die, fünfundvierzig mal fünfzig Zentimeter, so zweckmäßig waren, daß man sich nicht auskannte, ehe man nicht fest drin eingeklemmt war oder, wenn man einmal drin war, nicht auf den Gedanken gekommen wäre, es sich dort bequem zu machen: sich irgendeiner Kundgebung nach eigenem freien Willen hinzugeben. Welchselber ja, wenn auch frei, so doch oft sehr dringlich ist und einen gewissen Spielraum verlangt. Mit Turnplatz für die Knaben, falls sie sich austoben wollten und falls sie nicht biegsam und geschmeidig genug erschienen zwischen einem Sitzenbleiben in der Schule und dem andern. Mit Terrassendach fürs Sonnenbad der Dame und des Herrn, die schon seit so langem und immer vergeblich, sowohl sie wie er, sich nach der ewigwährenden Bräunung (der Hirnhaut) sehnen, die heute so modern ist. Mit den Fallbeil-Schiebefenstern, einssechzig breit, im Zementrahmen, damit die Berge und der See hereinspazieren können, hinein in die Hall, der sie eine köstliche Zimmertemperatur vermitteln: zum Harte-Eier-Kochen.

Peter Altenberg

DER LANDUNGSSTEG

Ich liebe die Landungsstege an den Salzkammergut-Seen, die alten grauschwarzen und die neueren gelben. Sie riechen so gut wie von jahrelang eingesogenem Sonnenbrande. In dem Wasser um ihre dicken Pfosten herum sind immer viele ganz kleine grausilberne Fische, die so rasch hin und her huschen, sich plötzlich an einer Stelle zusammenhäufen, plötzlich sich zerstreuen und entschwinden. Das Wasser riecht so angenehm unter den Landungsstegen wie die frische Haut von Fischen. Wenn das Dampfschiff anlegt, erbeben alle Pfosten, und der Landungssteg nimmt seine ganze Kraft zusammen, den Stoß auszuhalten. Die Maschine des Dampfschiffes mit den roten Schaufelrädern kämpft einen hartnäckigen Kampf mit dem in renitenter Kraft verharrenden Landungssteg. Er gibt nicht nach, wehrt sich nur, soweit es unbedingt nötig ist, nach außen hin und erzittert vor innerem Widerstande.

Endlich siegt eine ruhige, in sich verharrende Kraft, und das Schiff läßt locker, gibt nach, entfernt sich wieder.

Stunden und Stunden liegt der Landungssteg für Dampfschiffe, meistens im Sonnenbrande dörrend, einsam, gemieden da.

Plötzlich kommen angeregte Menschen in lichten Kleidern, sammeln sich auf dem Landungsstege. »Geht nicht zu weit vor«, sagen die Eltern und betrachten den Landungssteg als eine imminente Gefahr. Ich könnte nun mit einiger Berechtigung sagen: »Irgendwo, abseits, lehnen zwei hart nebeneinander stumm am Geländer.« Aber das ist alte Schule, und infolgedessen unterdrückt man es.

Ich kann jedoch nicht leugnen, daß das beharrliche Hinabstarren am Geländer des Landungssteges in das Wasser, in der Nähe einer jungen Dame, durch längere Zeit durchgeführt, oft seine laute verständliche innere Sprache spricht. Auf den Landungsstegen werden meistens kleine unbrauchbare Fische gemartert. Man fängt sie, schleudert sie zu Boden, weidet sich an ihrem Totentanze. Freilich, zwischen den Zähnen eines Hechtleins ist es auch nicht angenehmer. Und wer stirbt ruhig in seinem Bette?! Auf den Landungsstegen befinden sich ebenfalls zuzeiten die Komitees und das Präsidium der Jachtwettfahrer. Segelregatta. Stundenlange starren sie mit Operngläsern irgendwohin, auf einen mysteriösen Punkt im See, und niemand aus dem Publikum hat eine Ahnung, was vorgeht. Trotzdem ist alles sehr aufgeregt. Hie und da fällt ein technischer Ausdruck. Plötzlich wird Hurra geschrien und einiges emsig notiert. Der Landungssteg ist da wie der Hügel eines Feldherrn. Man starrt mit Operngläsern auf den Ausgang der Schlacht. Da ist der Landungssteg mitten im Leben drin. Dann liegt er wieder in Mondnächten da wie ein dunkles Ungetüm, zieht sich, streckt sich schwarz hinaus in den silbernen See.

Ich liebe die Landungsstege der Dampfschiffe an den Salzkammergut-Seen, die alten grauschwarzen und die neueren gelben. Sie sind mir so ein Wahrzeichen von Sommerfreiheit, Sommerfrieden, und sie duften wie von jahrelang eingesogenem Sonnenbrande — — —

Hugo von Hofmannsthal
PROLOG

Zu einem Wohltätigkeitskonzert in Strobl

Wenn wir, fröhlich im Erinnern,
Von der Heimat unsrer Sommer,
Von dem kleinen Strobl sprechen:
Was bedeutet uns der Name?

Nun, ein Nest von sonnengrellen,
Kleinen, weiß und braunen Häusern,
Ausgestreut auf grünen Wiesen
Längs des dunkelblauen Wassers.
Und dies Nest von kleinen Häusern
Und die großen grünen Wiesen
Und das dunkelblaue Wasser
Sind erfüllt mit hübschen Dingen:

Duftig hellen Sommerkleidern,
Und dem Lachen kleiner Kinder,
Und dem Plätschern grüner Wellen,
Und Musik verwehten Singens;
Sind erfüllt mit frohem Rufen,
Mit dem Duft geworf'ner Blumen
Und dem Flüstern und dem Lispeln,
Wenn der Mond am Wasser rieselt,
Mit dem Sausen und dem Wehen,
Wenn der Sturm die weißen Kämme
Rollend in die Segel atmet:
Sind erfüllt mit gold'nem Schimmer
Des verträumt gedankenlosen
Namenlosen Wohlgefühles. –

Das bedeutet uns der Name
Unsrer kleinen Sommerheimat;
Dieses Strobl ist das unsre. —
Doch es gibt auch noch ein andres.

Keine Sommerheimat, sonnig,
Farbig und erfüllt mit Lachen . . .
Nein, ein Alltagsort, die Heimat
Eines ganzen Menschenlebens.
Was uns heute hergerufen,
Ist dies Strobl aller derer,
Die stets bleiben, wenn wir gehen,
Die nicht nach der rätselhaften,
Blauen Schönheit dieses Wassers,
Nicht nach Duft und Grazie schauen,
Sondern nach dem kümmerlichen
Wachsen ihrer magern Ähren,
Nach der Frucht der kleinen Gärten,
Nach der Speise ihres Lebens;
Die den Sturm, den wilden, schönen,
Fürchten, denn er könnte Funken
Werfen in die trocknen Scheunen:
Denen diese Kirchturmglocke,
Deren sanftes Abendläuten
Uns am See ein stimmungsvoller
Und poetischer Effekt ist,
Hochzeit, Tauf' und Tod bedeutet.

Dieses Strobl ist's, für das wir
Heute bettelmusizieren.
Wie geziert mit Stickereien
Und mit einer Silberschelle
Bunt an purpursamtner Stange
Ein koketter Klingelbeutel
Hängt und hungrig bettelnd klingelt:

Also um die Bettelschüssel
Schlingen wir die Stickereien
Graziöser kleiner Lieder
Und die bunten Tongirlanden.
Heimische und fremde Töne
Haben wir in eins verflochten:
Weitgereister Troubadoure
Königliche Kunst, die Anmut
Jugendheller Frauenstimmen,
Geigentöne, kecke Strophen …
Und der ganze Kranz umwindet
Ihn, der dann durch Eure Reihen
Wandern wird mit hellen Schellen,
Ihn, den Strobler Klingelbeutel.

Thomas Mann

GUTE TRAVEMÜNDER GESELLSCHAFT

Es war eine größere Gesellschaft, auf die Tony zuschritt, während Morten Schwarzkopf sich rechter Hand zu den großen Steinblöcken begab, die neben der Badeanstalt vom Wasser bespült wurden, – eine Gruppe, die vor dem Möllendorpf'schen Pavillon lagerte und von den Familien Möllendorpf, Hagenström, Kistenmaker und Fritsche gebildet ward. Abgesehen von Konsul Fritsche aus Hamburg, dem Besitzer des Ganzen, und Peter Döhlmann, dem Suitier, bestand sie ausschließlich aus Damen und Kindern, denn es war Alltag, und die meisten Herren befanden sich in der Stadt bei ihren Geschäften. Konsul Fritsche, ein älterer Herr mit glattrasiertem, distinguiertem Gesicht, beschäftigte sich droben im offenen Pavillon mit einem Fernrohr, das er auf einen in der Ferne sichtbaren Segler richtete. Peter Döhlmann, mit einem breitkrempigen Strohhut und rundgeschnittenem Schifferbart, stand plaudernd bei den Damen, die auf Plaids im Sande lagen oder auf kleinen Sesseln aus Segeltuch saßen: Frau Senatorin Möllendorpf, geborene Langhals, die mit einer langgestielten Lorgnette hantierte und deren Haupt von grauem Haar unordentlich umstanden war; Frau Hagenström nebst Julchen, die ziemlich klein geblieben war, aber, wie ihre Mutter, bereits Brillanten in den Ohren trug; Frau Konsul Kistenmaker nebst Töchterchen und die Konsulin Fritsche, eine runzelige kleine Dame, die eine Haube trug und im Bade Wirtspflichten versah. Rot und ermattet sann sie auf nichts als Réunions, Kinderbälle, Verlosungen und Segelpartien ... Ihre Vorleserin saß in einiger Entfernung. Die Kinder spielten am Wasser.

»Kistenmaker & Söhne« war die aufblühende Weinhandlung, die in den letzten Jahren »C. F. Köppen« aus der Mode zu bringen begann. Die beiden Söhne, Eduard und Stephan, arbeiteten bereits in dem väterlichen Geschäft. – Dem Konsul Döhlmann fehlten gänzlich die ausgesuchten Manieren, über die etwa Justus Kröger verfügte; er war ein biederer Suitier, ein Suitier, dessen Spezialität die gutmütige Grobheit war und der sich in der Gesellschaft außerordentlich viel herausnehmen durfte, weil er wußte, daß er besonders bei den Damen mit seinem behäbigen, dreisten und lauten Gebaren als ein Original beliebt war. Als auf einem Diner bei Buddenbrooks sich das Erscheinen eines Gerichtes lange Zeit verzögerte, die Hausfrau in Verlegenheit und die beschäftigungslose Gesellschaft in Mißstimmung geriet, stellte er die gute Laune wieder her, indem er mit seiner breiten und lärmenden Stimme über die ganze Tafel brüllte: »Ick bün so wied, Fru Konsulin!«

Mit eben dieser schallenden und groben Stimme erzählte er augenblicklich fragwürdige Anekdoten, die er mit plattdeutschen Wendungen würzte ... Die Senatorin Möllendorpf rief, erschöpft und außer sich vor Lachen, ein Mal über das andere: »Mein Gott, Herr Konsul, hören Sie einen Augenblick auf!«

Tony Buddenbrook ward von den Hagenströms kalt, von der übrigen Gesellschaft mit großer Herzlichkeit empfangen. Selbst Konsul Fritsche kam eilfertig die Stufen des Pavillons herunter, denn er hoffte, daß wenigstens im nächsten Jahre wieder die Buddenbrooks helfen würden, das Bad zu bevölkern.

»Der Ihrige, Mamsell!« sagte Konsul Döhlmann, mit möglichst feiner Aussprache, denn er wußte, daß Fräulein Buddenbrook seine Manieren nicht besonders bevorzugte.

»Mademoiselle Buddenbrook!«

»Sie hier?«

»Wie reizend!«

»Und seit wann?«

»Und welch inzückende Toilette!« – Man sagte »inzükkend«. –

»Und Sie wohnen?«

»Bei Schwarzkopfs?«

»Beim Lotsenkommandeur?«

»Wie originell!«

»Wie *finde* ich das *forchtbar* originell!« – Man sagte »forchtbar«. –

»Sie wohnen in der Stadt?« wiederholte Konsul Fritsche, der Besitzer des Kurhauses, ohne ahnen zu lassen, daß ihn dies peinlich berührte ...

»Werden Sie uns nicht das Vergnügen machen bei der nächsten Réunion?« fragte seine Gattin ...

»Oh, nur für kurze Zeit in Travemünde?« antwortete eine andere Dame ...

»Finden Sie nicht, Liebe, daß die Buddenbrooks ein bißchen allzu exklusiv sind?« wandte sich Frau Hagenström ganz leise an die Senatorin Möllendorpf ...

»Und Sie haben noch nicht gebadet?« fragte jemand. »Wer von den jungen Damen hat sonst heute noch nicht gebadet? Mariechen, Julchen, Luischen? Selbstredend begleiten Ihre Freundinnen Sie, Fräulein Antonie ...«

Einige junge Mädchen trennten sich von der Gesellschaft, um mit Tony zu baden, und Peter Döhlmann ließ es sich nicht nehmen, die Damen den Strand entlang zu geleiten.

»Gott! Erinnerst du dich noch unserer Schulgänge von damals?« fragte Tony Julchen Hagenström.

»J–ja! Sie spielten immer die Boshafte«, sagte Julchen mit mitleidigem Lächeln.

Man ging oberhalb des Strandes auf dem Steg von paarweise gelegten Brettern der Badeanstalt zu; und als man an den Steinen vorüberkam, wo Morten Schwarzkopf mit seinem Buche saß, nickte Tony ihm aus der Ferne mehrmals mit rascher Kopfbewegung zu. Jemand erkundigte sich: »Wen grüßtest du, Tony?«

»Oh, das war der junge Schwarzkopf«, sagte Tony; »er hat mich herunterbegleitet ...«

»Der Sohn des Lotsenkommandeurs?« fragte Julchen Hagenström und blickte mit ihren blanken schwarzen Augen scharf zu Morten hinüber, der seinerseits mit einer gewissen Melancholie die elegante Gesellschaft musterte. Tony aber sagte mit lauter Stimme: »Eines bedaure ich: nämlich, daß zum Beispiel August Möllendorpf nicht hier ist ... Es muß doch alltags recht langweilig am Strande sein!«

Peter Altenberg

STAMMGÄSTE

Die »Stammgäste« eines Hotels haben eine eigentümliche
Art von Sicherheit, die ein wenig an »Größenwahn« erinnert. Sie haben die Ansicht, daß alles glücklich sei, daß sie
wieder da sind, und daß bisher in dem gesamten Hotelbe-
trieb eine Art von empfindlicher Stockung eingetreten sei,
die nun glücklicherweise schwinden werde! Sie haben
eine »falsche Liebenswürdigkeit« mit dem Bedienungsper-
sonal, erkundigen sich nicht ungern nach Dingen, die sie
nichts angehen. Auch ihre eventuellen »Beschwerden« gegen die Hotelusancen bringen sie in einem gütig-väter-
lich-wohlwollenden Tone an, als wollten sie das ganze
Etablissement vor dem Ruine schützen! In J. war ein
reicher Stammgast, der jeden »Eingeborenen« mit der Frage beglückte: »Nun, wie war der Winter bei Euch heuer?!« Obzwar ein jeder darauf mit Freuden geantwortet
hätte: »Schmecks!«, so sagten doch alle, mit Rücksicht auf
Trinkgelder, die niemals stattfanden: »Heuer besonders
hart, gnä' Herr −.« Worauf der Stammgast leutselig erwiderte, daß dafür der Sommer zur Erholung, nämlich für
ihn, diene!

Trotz aller dieser Eigenheiten möchte dennoch keine
Gegend ihre Stammgäste missen, denn sie gehören dazu
und machen das Ganze sogar heimlich, wie die Schwalben,
Störche und anderes stets wiederkehrendes Getier!

Hermann Harry Schmitz

In der Sommerfrische

Mein erster Mittag an der Table d'hôte und was daraus entstand

Nein, das ging nicht. Die Anzüge vom Wirt konnte ich nicht tragen. Der Mann war zwei Köpfe größer als ich und wog dreihundert Pfund. Der Hosenbord ging mir bis zum Kinn.

Völlig abgerissen und verwahrlost war ich in Z. angekommen. Welche Mühe hatte es gekostet, den Wirt zu bewegen, mich überhaupt aufzunehmen, und ihn zu überzeugen, daß er es in mir mit einem vom Schicksal sehr zerzausten, aber ehrlichen Menschen zu tun habe. Ich hatte furchtbar treu mit meinen blauen Augen geguckt; ich hatte heiße Zähren über die gefurchten Wangen rinnen lassen – alles Zeichen eines lauteren Gemütes, Bösewichtern gelingt das nämlich nicht. – Indes umsonst. Erst eine Handvoll Goldstücke, die ich wie in Gedanken von der einen Tasche in die andere schob, machte mich ihm sympathischer.

Vier Tage hatte ich im Bett gelegen, bis mein Koffer, der während der drei Wochen meiner Eisenbahn-Irrfahrt ruhig, als ob nichts passiert wäre, in Karlsruhe gestanden hatte, endlich nach umständlichen, natürlich äußerst kostspieligen, telegraphischen Verhandlungen ankam.

Nun hatte ich mich feingemacht, den Scheitel durchgezogen, meine schöne, weiße Flanellhose und meinen guten, auf Taille gearbeiteten schwarzen Rock mit abstehenden Schößen angezogen, um zum ersten Mal an der *Table d'hôte* teilzunehmen.

Man war schon bei der Suppe, als ich eintrat. Das Suppengeschlürfe verstummte plötzlich: Alles schaute mir entgegen.

Ganz unten an der Tafel wies man mir einen Platz an.

Ich machte eine Verbeugung nach vorn: Da saß ein Ehepaar mit einem vierjährigen Jungen in einer weißen Matrosenbluse, nach links: gegen einen bärtigen teutschen Mann in Wollwäsche und mit einer Troddel am Hals heraus.

Als ich saß, ging das Suppengeschlürfe wieder munter weiter. Ich schaute die Tafel hinauf. Oben am Kopfende saß breit ein dicker Herr mit einem roten Gesicht und einem goldenen Kneifer; der Kneifer war mit einem Kettchen an einem um das Ohr gelegten Haken befestigt. Auch hatte der Herr einen Schmiß über die Backe. Trotzdem war er nicht stolz und sprach jovial mit seinen Nachbarn, die sich sichtbar geehrt fühlten und häufig »Herr Rat« sagten.

Dann fielen mir zwei magere Damen auf mit bescheidenen runden Haarknüzchen als Frisur hinten im Nacken und im Rücken abstehenden Korsetts. Die eine mit einer Elfenbeinbrosche: eine Hand mit einem Blumenstrauß. Die andere mit einer großen Kameenbrosche mit dem Bild der Königin Luise. Neben ihren Tellern standen Medizinflaschen und eine Schachtel mit Pillen. Über den Stuhllehnen hingen rote gehäkelte Tücher mit Fransen, die von Zeit zu Zeit auf den Boden fielen. Ein junger Mensch mit Mitessern im Gesicht, der fortwährend um nichts errötete und vor lauter Angst entsetzliche Mengen Brötchen aß, saß neben ihnen.

Einige ältere Damen mit würdigem, silberweißem Haar und schwarzen Gardinchen auf dem Kopf guckten streng auf zwei Backfische in frisch gestärkten, abstehenden Kleidern, die fortgesetzt die Köpfe zusammensteckten und kicherten.

Schräg mir gegenüber, neben dem Ehepaar mit dem Jungen, saß eine dicke, gefährlich dicke Dame in einer seidenen Bluse mit Spitzeneinsatz, der man ansah, daß sie viel Geld gekostet hatte, am Halse ein großes, mit Brillanten besetztes Hufeisen. An den dicken Fingern und in den Ohren nochmals Brillanten.

Wer auf meiner Seite saß, konnte ich nicht sehen. –

Es gab Suppe mit langen Fadennudeln. So lange Nudeln hatte ich noch nie gesehen. Die Dinger mit einer gewissen Grazie zu verschlingen, ist immerhin nicht ganz leicht. Vom Löffel flutschten sie zurück in die Suppe, oder auf das Tischtuch, oder auf meine Rockaufschläge, viele blieben auch am Kinn und an den Backen hängen und bildeten einen wallenden Bart. Ich wurde nervös. Die Leute guckten schon. Der Junge mir gegenüber lachte laut und stopfte sich mit den Fingern die Nudeln klumpenweise in den Mund. Seine Mutter sagte, das sei ein echtes süddeutsches Gericht. Jetzt war mir ein Nudelwirrwarr auf den Boden gefallen, meine Füße verwickelten sich darin. Ich strampelte mit den Beinen, um mich aus der glitschigen Umschlingung zu befreien, trat dabei unter den Tisch, daß die Teller hoch sprangen. Ich wurde immer nervöser. Jetzt hing mir eine lange Nudel am Mund heraus, ich sog, ich zog, sie hatte sich um einen Knopf geschlungen. Plötzlich sprang der Knopf ab, und das Ende der Nudel schnellte mir ins Auge. –

Die Tränen schossen mir in die Augen. Ich hielt meine Serviette vor das Gesicht.

Von allen Seiten wurden Ratschläge gegeben, wie man etwas aus dem Auge machen müsse. »Schneuzen, stark schneuzen«, erklärte der Mann mit der Troddel kategorisch. »Nach der Nase zu reiben«, hieß es. »Überhaupt nicht reiben«, widersprach ein anderer. »Den Augendeckel aufheben«, riet wieder jemand.

Endlich hatte ich die heimtückische Nudel erwischt.

Dicke Schweißperlen standen mir auf der Stirn.

Am liebsten wäre ich aufgesprungen und aus dem Saal gelaufen. Mir war das furchtbar peinlich. Die Leute am Tisch lachten verstohlen. Einige fragten, ob es jetzt besser sei. –

Plötzlich wandte sich der teutsche Mann mit markiger Stimme an mich: »Gedenken Sie länger hierzubleiben, mein junger Freund?«

Alles am Tisch beugte sich vor und schaute nach mir. Ich war noch immer mit den Füßen in die Nudeln verwikkelt und suchte mich unbemerkt zu befreien. Ich war zu verstört, um etwas zu sagen. Nervös machte ich Pillen aus Brot und bekam einen roten Kopf.

»Wohl nur Passant!« fuhr der Wohlmensch hartnäckig fort.

Jetzt hatte ich den linken Fuß frei. Die Nudeln hatten sich um das Stuhlbein geschlungen und hielten den rechten Fuß noch fest. Ich starrte, ganz von meinen Befreiungsversuchen unter dem Tisch in Anspruch genommen, vor mich hin und drehte mechanisch Brotpille auf Brotpille.

»Ein entzückendes Plätzchen hier daroben« – mein Nachbar war ausdauernd.

Ich hatte nun auch den rechten Fuß frei und atmete befreit auf.

»Wie bitte?« wollte ich mich gerade an den teutschen Mann wenden, als der Junge mir gegenüber anfing, unruhig zu werden.

Auf dem Tisch stand ein Aufbau mit Essig, Öl, Pfeffer, Salz und Senf. In der Essigflasche schwamm eine tote Fliege. In Essigflaschen sind immer tote Fliegen, das muß sein. Eine wenigstens bestimmt. Der Junge wollte die tote Fliege haben, er wollte sie absolut haben. Der Vater sagte, das gehe nicht, die Fliege gehöre dem Wirt. Erst als die Mutter ihm den Senftopf zum Spielen und ein Glas Rotwein zu trinken gab, war der Junge ruhig. Der Bub langweile sich, erklärte die Mutter.

Der Fisch wurde hereingebracht. Als die Reihe an mich kam, lagen auf der Schüssel nur noch einige Scheiben Zitronen und eine Flosse. Von gegenüber reichte man mir eine zweite Schüssel, auf welcher auch noch ein Kopf lag.

»Schmackhaft, äußerst schmackhaft«, schmatzte der teutsche Mann und schob sich ein großes Stück mit dem Messer in den Mund.

Ich sah einmal japanische Jongleure, die mit einer wunderbaren Geschicklichkeit mit Stäbchen und Kugeln balancierten. Der Mann neben mir war ihnen bedeutend über. Es grenzte direkt ans Fabelhafte, mit welcher enormen Sicherheit er alles, aber auch alles mit dem Messer zum Munde führte. – –

»Ich komme schon im zehnten Jahr hier herauf«, fing der bärtige Mann noch kauend wieder an, »zehn Jahre, mein junger Freund. – Böllerknüz, Böllerknüz ist mein Name!« Er legte sich gegen mich und prustete mir ein Stückchen Fisch an die Backe. Wohlerzogen verneigte ich mich: »Schmitz, Herr Schmitz.« –

»Dann sind Se wohl aus Köllen«, rief die dicke Dame mit der teuren Bluse über den Tisch, »in Köllen heißen alle Leute Schmitz!« Sie wackelte wie eine gallertartige Masse vor Lachen auf ihrem Sitz über ihr glänzendes Bonmot. Auch die anderen Leute am Tisch lachten. Nur die Damen mit den Knüzchen und der Elfenbein- und Kameenbrosche lachten nicht. Sie hatten sich gerade Pillen in den Mund gesteckt und schluckten krampfhaft unter Vorschnucken des Kopfes.

»Doch nichts für unjut«, fuhr die seidene Bluse fort, »Spaß muß sein. Wir sind doch nicht umsons die fidelen Rheinländer.«

»Ich bin nicht aus Köln, ich bin aus Düsseldorf«, klärte ich sie auf.

»Düsseldorf, das kenne ich auch, gewiß. Ich habe eine

169

Tochter da verheiratet, Frau Neverding. Sie kennen sie sicher.«

Bedauernd verneinte ich wohlerzogen.

»Ja, Düsseldorf ist ja jans nett, aber an Köllen kann es doch nicht heran«, meinte die Dicke.

»Dann kennen Sie Düsseldorf eben nicht«, erwiderte ich ein wenig gekränkt; »was bietet denn Köln so Außergewöhnliches, bitte?«

»Oh, wir haben der Dom und es Automatenresterang und die Kölner Kuns und es Odekolonch und der Dom und de Hochstraß und der Dom und es Automatenresterang und es Odekolonch und der Dom und . . .«

»Ich meine, der Ruf von Düsseldorf als weltbekannte Kunst- und Gartenstadt ist so befestigt, daß es tatsächlich überflüssig ist, darüber zu disputieren«, mischte sich der Herr mit dem Schmiß am Kopfende des Tisches, den man Herr Rat nannte, in die Unterhaltung.

»Ja, Düsseldorf ist ja 'ne schöne Stadt, jewiß, dagegen ist ja nichts zu sage«, lenkte die brillantenbeladene Korpulenz ein, aber über de Köllsche Gemiedlichkeid jeht doch nichts. Die Leut in Düsseldorf sind so steif.«

»Was, wir Düsseldorfer steif?« erregte ich mich. »Das lustige Malervölkchen steif?« Ich lachte höhnisch.

Wieder nahm der Rat meine Partei: »Da muß ich Herrn . . . wie heißen Sie, bitte – Ach ja – Herrn Schmitz zustimmen. Ich bin viel in der Welt herumgekommen, fand aber in keiner Stadt ein derartig ungezwungenes, geselliges Leben, wie gerade in Düsseldorf.« –

Das Gespräch wurde unterbrochen. Es wurden große Schüsseln mit seltsamen Dingen hereingebracht.

»Ah, Spätzli«, hieß es allgemein.

Man fing bei mir an. Ich hatte noch nie Spätzli gegessen, ich war zu bang, ich wollte mich nicht wieder blamieren, wie eben mit den Nudeln. Ich dankte.

»Oh, Sie nehmen keine Spätzli?« klang es vorwurfsvoll von allen Seiten.

»Und der Kölner Karnewall und der Gürzenich und der Bahnhof« – Die dicke Dame konnte sich noch immer nicht zufriedengeben.

»Haben Sie mal nen Maskenball bei uns in Köllen mitgemaach? Da können Sie richtige rheinische Frohsinn und Humor kennelerne!«

Der Junge mir gegenüber steckte den Serviettenring in den Senftopf und einen Finger tief in die Nase. Er mopste sich grenzenlos.

»Der Bub langweilt sich«, klagte die Mutter, »sonst ist er aber auch brav.«

»Kommen Sie doch einmal in unsere Tonhallen- oder Zoologischen Garten-Konzerte oder in unsere Theater«, verteidigte ich meine Mitbürger; »dieses natürliche Benehmen der Leute, so fern von jeder aufdringlichen Konvention. Da sehen Sie Menschen, die das Herz auf dem rechten Fleck haben, weiß Gott.« Meine Stimme bebte in heiliger Erregung. –

Man brachte das Geflügel. Natürlich kam jetzt die Schüssel wieder zuletzt zu mir. Zwei Ellenbogenstücke und ein Bürzel lagen noch auf der Platte. Ich war zu schüchtern, der Servierfrau etwas zu sagen. Böllerknüz hatte mir die letzten beiden ansehnlichen Stücke vor der Nase weggenommen. Er arbeitete an einem Rumpfstück. Er war wütend, da er merkte, daß er hereingefallen war. Es war nur Knochen. Erregt stach er auf das Stück ein. Er glitschte aus, und der reichlich mit Sauce befeuchtete Rumpf einer guten Ente flog mir in den Schoß. Nicht genug damit, warf Böllerknüz im Eifer, das Huhn zu schnappen, mein gefülltes Rotweinglas um, so daß meine Hose auch hiervon einen guten Guß mitbekam.

Ich grinste und meinte taktvoll: »Oh, das tut nichts!«

Ein brauner häßlicher Flecken als Insel in einem großen Rotweinmeer auf meiner feinen weißen Hose.

Der Junge mir gegenüber lachte aus vollem Hals und schrie: »Ho, der komische Onkel.«

»Das sagt man nicht«, verwies ihn die Mutter.

»Der Bub ist vorlaut«, ergänzte der Vater.

»Ist mich mal in Luzern im Schweizerhof passiert. Ein Kleid von achthundert Mark vollständig verdorben«, sagte die Kölnerin.

Ich beteuerte fortgesetzt, daß das gar nichts mache. Man konnte fast meinen, es hätte mir nichts Erwünschteres passieren können.

Der Junge langweilte sich schon wieder. Er packte eine tote Eidechse und einen Flaschenkork aus der Tasche aus und spielte damit. Die Mutter sagte, der Bub langweile sich. Überhaupt sei so eine *Table d'hôte* eine Geduldsprobe für ein Kind.

Oben am Tisch stritt man sich über einen Weg. Man könne ihn auch von der anderen Seite machen, da sei er lohnender, hörte ich die Pillendamen sagen. Der Blick sei herrlich lieb, wunderlieb entzückend. Die Backfische nahmen verstohlen Mandeln von einem Aufbau, der auf dem Tisch stand, und steckten sie ein.

Jetzt gab es Pudding. Gelatinepudding mit Waldbeerkompott. Der Junge schrie, er wolle ganz viel haben. Die Mutter packte ihm den Teller hoch voll. Wie es gekommen war, weiß ich nicht. Ich hatte vor mich hingedöst und mit Entsetzen von Zeit zu Zeit einen Blick auf meine Hose geworfen. Ein Aufschrei! – Der Teller des Jungen schlug plötzlich um, und eine Handvoll Waldbeerkompott flog in hohem Bogen über den Tisch und traf mich mitten ins Gesicht.

Nachgerade fing es nun doch an, mir ernstlich ungemütlich zu werden. Prustend sprang ich auf. Meine Augen

172

waren verklebt mit Waldbeeren. Ich strebte tastend der Tür zu. Eine hinterlistige Nudel, die ich noch am rechten Fuß hinter mir herschleppte, verwickelte sich in einen Schnürhaken des linken Stiefels. Ich geriet ins Stolpern und sauste gegen das Büfett und stieß mir gräßlich den Kopf an der offenen Büfettür. Ein Bowlenservice geriet ins Wanken und fiel vom Büfett herunter auf mich. – – –

Gütige Hände nahmen sich meiner an und führten mich zur Tür.

Aus dem Lachen der Leute am Tisch klang fett und singend die Stimme der Kölnerin:

»So am Tabbeldoh hat man doch immer Unterhaltung. Ich eß immer am Tabbeldoh.« – –

Ich schämte mich zu sehr vor den anderen Leuten. Ich wusch und rieb mit Seife, mit Bimstein, mit Benzin, mit einer Wurzelbürste: die Waldbeerschwärze ging nicht ab. Auf der Stirn hatte ich eine Beule so groß wie ein Apfel von dem Stoß an der Büfettür. Ein Arzt würde mir etwas geben können, um die Waldbeerfarbe zu beseitigen. Der nächste Arzt war in W., einem größeren Badeort, fünf Stunden von Z. entfernt.

Noch am gleichen Tage verließ ich Z. und fuhr im treuen Chaischen des Wirtes mit meinem Gepäck nach W. Wir kamen durch wunderbare Wälder in den Himmel ragender Schwarzwaldriesen (wie es immer heißt). Es war bitter kalt, so recht sommerfrisch. Bis an die Nasenspitze hatte ich mich eingehüllt, zwei Anzüge, drei Hosen, vier Westen, zwei Paletots, eine Pferdedecke hatte ich an. Um meiner Anerkennung der großartigen Natur ringsum Ausdruck zu geben, sang ich fortwährend: *Wer hat Sie, Sie schöner Wald, aufgebaut so hoch da droben –* (ich wagte nicht vertraulich zu werden und »Du« zu sagen).

Es dunkelte, als wir in W. ankamen.

Drei volle Stunden waren wir in W. herumgefahren von

einem Hotel zum anderen; nirgendwo wollte man mich aufnehmen. Man sagte, ich hätte die schwarzen Pocken oder die Cholera. Die meisten sagten, Neger nähmen sie nicht auf. – Ich war dem Wahnsinn nahe. –

Der Kutscher erklärte, er habe es satt. Sein Pferd gehe ein bei dieser Fahrerei, außerdem bekomme er dreißig Mark für die Fahrt. Ich gab sie ihm, um ihn zu besänftigen. Aufmunternd zog er mich dann aus dem Wagen, baute mein Gepäck neben mir auf und fuhr weg.

Ich setzte mich auf meinen Koffer und weinte.

Von ferne ein Tosen und Lärmen. Eine tausendköpfige Menschenmenge schiebt sich über die Straße gegen mich heran. An der Spitze ein Wagen, der anstatt von Pferden von Damen gezogen wurde. Hüte und Tücher wurden geschwenkt. Hochrufe. Ich wurde von der enthusiasmierten Menge an die Wand gedrückt. »Abel – Marlow – $2 \times 2 = 5$ Abel!« hörte ich die Leute rufen.

»Marlow!« – ich stieß einen Freudenschrei aus.

Richtig, Marlow war ja am Kurtheater in W. – Der mußte mir helfen. –

Ich ließ mein Gepäck im Stich und mich von der Menge fortschieben. In ein Café wälzte sich der Zug. Ich mußte durch zu Marlow, unbedingt durch. Ich drängte, ich arbeitete mit den Ellenbogen. Die Leute traten mir auf die Füße, schimpften, machten mir aber, sobald sie mir ins Gesicht geschaut hatten, mit einer seltsamen Hast Platz.

Marlow saß in der Ecke an einem runden Tisch, umgeben von einem Kranz entzückender Verehrerinnen. Um mich bemerkbar zu machen, griff ich in eine in meiner Nähe stehende Gebäckschale und feuerte einige Sahneballen klatschend gegen die Decke. –

Marlow schaute zu mir herüber. Ich benutzte den Moment, gestikulierte mit den Armen und rief: »Du mußt mir helfen, wie bin ich froh, dich zu finden!« Er zuckte mit den

Achseln. Ich drängte mich bis an den Tisch und streckte ihm die Hände entgegen. »Kennst du mich nicht – verstelle dich doch nicht!«

»Ich weiß nicht, was Sie von mir wollen, mein Herr«, versetzte Marlow; »Sie müssen sich irren!«

»Ich bin doch der Schmitz aus Düsseldorf«, schrie ich triumphierend.

»Sie Lügner, Schmitz ist kein Neger. Belästigen Sie mich nicht weiter. Gehen Sie zurück nach Afrika und schießen Sie mit Flitzebogen wilde Tiere tot«, versetzte Marlow sehr streng.

Die Kellner packten mich, und schon war ich auf der Straße. – –

Drei Tage später trat ich zum ersten Mal bei Hagenbeck als wilder Mann auf. Der Agent von Hagenbeck hatte mich in jener Nacht in W. in völliger Verzweiflung auf der Straße aufgegriffen und mir ein Engagement bei Hagenbeck angeboten. Irgendwo mußte ich doch bleiben. Mir war alles egal. Ich nahm an. – –

Zwei Monate später kam unsere Truppe nach Caub. Das war mein Glück. Mein Freund Nikotin erkannte mich abends in der Vorstellung und erwarb mich um einen Spottpreis. Ich war Hagenbeck nicht wild genug. Nikotin schenkte mich seiner Tante Christel Huschebold zum Namenstag. Das war wieder mein Glück. Tante Huschebold hatte ein gutes Herz und brachte mich zu den Meinen zurück. – –

Ich bin noch immer schwarz im Gesicht. Ich lasse mich jedoch von Zeit zu Zeit kälken. So geht es. –

Verreisen werde ich so bald nicht wieder.

Theodor Fontane

Lebensluft

Das war Mitte Juni, daß Innstetten und Effi dies Gespräch
hatten. Von da ab brachte jeder Tag Zuzug, und nach dem
Bollwerk hin spazierengehen, um daselbst die Ankunft des
Dampfschiffes abzuwarten, wurde, wie immer um diese
Zeit, eine Art Tagesbeschäftigung für die Kessiner. Effi
freilich, weil Innstetten sie nicht begleiten konnte, mußte
darauf verzichten, aber sie hatte doch wenigstens die Freude, die nach dem Strand und dem Strandhotel hinausfüh-
rende, sonst so menschenleere Straße sich beleben zu sehen,
und war denn auch, um immer wieder Zeuge davon zu
sein, viel mehr als sonst in ihrem Schlafzimmer, von dessen
Fenstern aus sich alles am besten beobachten ließ. Johanna
stand dann neben ihr und gab Antwort auf ziemlich alles,
was sie wissen wollte; denn da die meisten alljährlich wie-
derkehrende Gäste waren, so konnte das Mädchen nicht
bloß die Namen nennen, sondern mitunter auch eine Geschichte dazu geben.

Das alles war unterhaltlich und erheiternd für Effi. Grade
am Johannistage aber traf es sich, daß kurz vor elf Uhr
vormittags, wo sonst der Verkehr vom Dampfschiff her am
buntesten vorüberflutete, statt der mit Ehepaaren, Kindern
und Reisekoffern besetzten Droschken, aus der Mitte der
Stadt her ein schwarz verhangener Wagen (dem sich zwei
Trauerkutschen anschlossen) die zur Plantage führende
Straße herunterkam und vor dem der landrätlichen Wohnung gegenüber gelegenen Hause hielt. Die verwitwete
Frau Registrator Rode war nämlich drei Tage vorher gestorben, und nach Eintreffen der in aller Kürze benach-
richtigten Berliner Verwandten war seitens ebendieser be-

176

schlossen worden, die Tote nicht nach Berlin hin zu über-
führen, sondern auf dem Kessiner Dünenkirchhof begraben
zu wollen. Effi stand am Fenster und sah neugierig auf die
sonderbar feierliche Szene, die sich drüben abspielte. Die
zum Begräbnis von Berlin her Eingetroffenen waren zwei
Neffen mit ihren Frauen, alle gegen Vierzig, etwas mehr
oder weniger, und von beneidenswert gesunder Gesichts-
farbe. Die Neffen, in gutsitzenden Fracks, konnten passieren, und die nüchterne Geschäftsmäßigkeit, die sich in
ihrem gesamten Tun ausdrückte, war im Grunde mehr
kleidsam als störend. Aber die beiden Frauen! Sie waren
ganz ersichtlich bemüht, den Kessinern zu zeigen, was
eigentlich Trauer sei, und trugen denn auch lange, bis an
die Erde reichende schwarze Kreppschleier, die zugleich ihr
Gesicht verhüllten. Und nun wurde der Sarg, auf dem
einige Kränze und sogar ein Palmwedel lagen, auf den
Wagen gestellt, und die beiden Ehepaare setzten sich in die
Kutschen. In die erste – gemeinschaftlich mit dem einen
der beiden leidtragenden Paare – stieg auch Lindequist,
hinter der zweiten Kutsche aber ging die Hauswirtin und
neben dieser die stattliche Person, die die Verstorbene zur
Aushilfe mit nach Kessin gebracht hatte. Letztere war sehr
aufgeregt und schien durchaus ehrlich darin, wenn dies
Aufgeregtsein auch vielleicht nicht gerade Trauer war; der
sehr heftig schluchzenden Hauswirtin aber, einer Witwe,
sah man dagegen fast allzu deutlich an, daß sie sich beständig die Möglichkeit eines Extrageschenkes berechnete,
trotzdem sie in der bevorzugten und von anderen Wirtin-
nen auch sehr beneideten Lage war, die für den ganzen
Sommer vermietete Wohnung noch einmal vermieten zu
können.

Effi, als der Zug sich in Bewegung setzte, ging in ihren
hinter dem Hofe gelegenen Garten, um hier, zwischen den
Buchsbaumbeeten, den Eindruck des Lieb- und Leblosen,

den die ganze Szene drüben auf sie gemacht hatte, wieder loszuwerden. Als dies aber nicht glücken wollte, kam ihr die Lust, statt ihrer eintönigen Gartenpromenade lieber einen weiteren Spaziergang zu machen, und zwar um so mehr, als ihr der Arzt gesagt hatte, viel Bewegung im Freien sei das Beste, was sie bei dem, was ihr bevorstände, tun könne. Johanna, die mit im Garten war, brachte ihr denn auch Umhang, Hut und Entoutcas, und mit einem freundlichen »Guten Tag« trat Effi aus dem Hause heraus und ging auf das Wäldchen zu, neben dessen breitem chaussierten Mittelweg ein schmalerer Fußsteig auf die Dünen und das am Strand gelegene Hotel zulief. Unterwegs standen Bänke, von denen sie jede benutzte, denn das Gehen griff sie an, und um so mehr, als inzwischen die heiße Mittagsstunde herangekommen war. Aber wenn sie saß und von ihrem bequemen Platz aus die Wagen und die Damen in Toilette beobachtete, die da hinausfuhren, so belebte sie sich wieder. Denn Heiteres sehen war ihr wie Lebensluft. Als das Wäldchen aufhörte, kam freilich noch eine allerschlimmste Wegstelle — Sand und wieder Sand, und nirgends eine Spur von Schatten; aber glücklicherweise waren hier Bohlen und Bretter gelegt, und so kam sie, wenn auch erhitzt und müde, doch in guter Laune bei dem Strandhotel an. Drinnen im Saal wurde schon gegessen, aber hier draußen um sie her war alles still und leer, was ihr in diesem Augenblicke denn auch das liebste war. Sie ließ sich ein Glas Sherry und eine Flasche Biliner Wasser bringen und sah auf das Meer hinaus, das im hellen Sonnenlichte schimmerte, während es am Ufer in kleinen Wellen brandete. »Da drüben liegt Bornholm und dahinter Wisby, wovon mir Jahnke vor Zeiten immer Wunderdinge vorschwärmte. Wisby ging ihm fast noch über Lübeck und Wullenweber. Und hinter Wisby kommt Stockholm, wo das Stockholmer Blutbad war, und dann kommen die

großen Ströme und dann das Nordkap und dann die Mit-
ternachtssonne.« Und im Augenblick erfaßte sie eine Sehnsucht, das alles zu sehen. Aber dann gedachte sie wieder
dessen, was ihr so nahe bevorstand, und sie erschrak fast.
»Es ist eine Sünde, daß ich so leichtsinnig bin und solche
Gedanken habe und mich wegträume, während ich doch
an das nächste denken müßte. Vielleicht bestraft es sich
auch noch, und alles stirbt hin, das Kind und ich. Und der
Wagen und die zwei Kutschen, die halten dann nicht
drüben vor dem Hause, die halten dann bei uns ... Nein,
nein, ich mag hier nicht sterben, ich will hier nicht begraben sein, ich will nach Hohen-Cremmen. Und Lindequist, so gut er ist – aber Niemeyer ist mir lieber; er hat
mich getauft und eingesegnet und getraut, und Niemeyer
soll mich auch begraben.« Und dabei fiel eine Träne auf
ihre Hand. Dann aber lachte sie wieder. »Ich lebe ja noch
und bin erst siebzehn, und Niemeyer ist siebenund-
fünfzig.«

Heinrich Mann

SIE BAFFZE!

Die Familie besuchte das nahgelegene Seebad. Sie wohnte
im Kurhotel und hatte am Strande eines der hölzernen
Chalets inne. Die Künstlerin Fröhlich trug weiße Schuhe
und weiße Federboas zu weißen Voilekleidern. Sie sah
frisch und luftig aus mit dem flatternden weißen Schleier
an ihrem Crêpe-lisse-Hut und mit ihrem weißen Kind an
der Hand. Auch Unrat bekam einen weißen Strandanzug.
Auf der Bretterpromenade, an den langen Dünen hin, ward

ihnen aus allen Holzhütten mit den Operngläsern nachgesehen, und jemand aus der Stadt erzählte Fremden ihre Geschichte.

Wenn das Kind der Künstlerin Fröhlich mit feuchtem Sande buk, mußte es seine Kuchenformen ganz festhalten; denn kaum lief es die unbestimmteste Gefahr, eine davon im Sand oder Wasser zu verlieren, stürzte sich schon irgendein eleganter Herr darüber her und brachte sie – nicht dem Kinde, sondern der Künstlerin Fröhlich. Dann nannte er mit einer Verbeugung vor Unrat seinen Namen. Infolgedessen saß die Familie in ihrem Strandhäuschen beim Kaffee nun schon mit zwei Hamburger Kaufleuten, einem jungen Brasilianer und einem sächsischen Fabrikanten.

Die zusammengewürfelte Gesellschaft machte Segelpartien, bei denen allen Herren übel ward, nur Unrat nicht. Er und die Künstlerin Fröhlich lachten einander zu. Das Kind erhielt täglich Pfunde Pralinen, nebst aufgetakelten Schiffchen, hölzernen Schaufeln und Badepuppen. Immer war man guter Dinge. Man ritt auf Eseln, Unrat mit verlorengegangenen Steigbügeln und an die Mähne geklammert, im Galopp bei der Kurmusik vorbei, grade zur Stunde des Konzerts. Die Künstlerin Fröhlich kreischte, das Kind jauchzte, und an den Tischen fielen saure Bemerkungen.

Als noch ein Berliner Bankier mitsamt einer ungarischen Tänzerin dazukam, nahm die »Rotte Unrat« allen Raum ein, lärmte an der Table d'hôte, verlangte vom Kapellmeister die Musikstücke, mit denen die Künstlerin Fröhlich in ihrer Laufbahn zu tun gehabt hatte, ließ auf eigene Faust Feuerwerke abbrennen, stellte alles auf den Kopf und stiftete Vergnügen und Empörung.

Unrat war denen, die um seiner Frau willen mit ihm lebten, ein Rätsel. Er gab sich Blößen beim Verzehren mancher Gerichte, fiel auf einer Reunion lang hin, trug seine englischen Anzüge wie eine Verkleidung und schien, wenn man ihn so ansah, kein ernstes Hindernis bedeuten und keine andere Wirkung hervorbringen zu können als eine durch Kläglichkeit belustigende. Er dünkte einem von Natur immer im Verlieren. Dabei fing man aber, während man mit seiner Frau im besten Flirten war, unversehens einen trocken spöttischen Blick auf, den er einem von hinten widmete. Wenn er das Armband bewunderte, das man seiner Frau schenkte, hatte man auf einmal die Empfindung, man sei hineingefallen. Und noch nach Erlangung nahezu entscheidender Vorteile – auf einem späten Spaziergange an die See hinunter, allein mit der Frau, während der Gatte mit den andern bei der Bowle saß – kam man sich bei seinem Gutenachthändedruck wie der Ausgelachte vor und zweifelte nachdrücklich, ob man je ans Ziel kommen werde.

Und man kam nie hin. Denn Unrat verstand es viel zu gut, einen bei der Künstlerin Fröhlich zurückzuwerfen und abzutun. Er verspottete, sobald er mit ihr allein war, die englischen Redensarten der beiden Hamburger, zuckte die Achseln über den Brasilianer, der, anstatt flache Kiesel über das glatte Wasser springen zu lassen, Markstücke dazu nahm, und ahmte die feudalen Kopf- und Handbewegungen des Leipzigers nach, beim Anzünden einer Zigarette und beim Öffnen einer Flasche. Dann lachte die Künstlerin Fröhlich. Sie lachte, ohne daß Unrats Gründe für die Verächtlichkeit von alledem sie recht überzeugt hätten. Auch brachte er eigentlich nichts vor, als daß die Griechen das nicht so gemacht haben würden. Aber wer sie zu einem Gelächter aufforderte, dem war sie immer dankbar. Und überdies ward sie bezwungen von Unrats hartnäckiger und in ihrer Unangreifbarkeit beinahe majestätischer Überzeugung, daß kein menschliches Wesen in Frage komme neben ihm und ihr. Im Bann eines Starken gewann auch sie an

Selbstgefühl und Haltung. Zu dem Brasilianer, der an einer einsamen Klippe vor ihr im Sande kniete und die Hände rang, sagte sie, als gingen ihr nun wirklich die Augen auf, im Ton unmittelbarer Anschauung:

»Sie sind doch 'n Baffze.«

Dabei hatte es ihr geschmeichelt, daß dieser junge Mensch, der bei einer Familie aus der Stadt zu Gast war, alle seine Bekannten liegenließ, um mit ihr zu zigeunern und sein Geld auszugeben. Aber er war ein Baffze, kraft Unrats Verfügung.

George Grosz

Ein schauerlicher tierischer gläubiger Ernst

[Otto Schmalhausen] Ostseebad Prerow
28. 7. 1931

Leevet Ottche!

... Trotzdem hier natürlich auch eine Sommerfrische ist im Pitigrillischen Sinne, mit tollen kleinbürgerlichen Spießern, ist man doch froh und zufrieden, der Berliner Luft mit ihren täglichen Zeitungsgerüchten und so, den Asphaltgeräuschen, entflohen zu sein ... Hier siehst Du tolle Typen, es gibt hier ein paar Hakenkreuzler-Familien, die ganz wie eben aus der Mottenkiste genommen aussehen: Zwölfzentimeter-Stehkragen als Gesinnungsverband um den Hals; Kopf, wie es ja bekanntlich die wirklich garantiert-reine ungemischte Germanenrasse aufweist, vorschriftsmäßig hinten abgeplattet und so. Toll. Ganz toll. Und dann die Hosentrachten der Frauen, was sich da so an kleinbürgerlichen Geschmacks-Verirrungen austobt, also das geht weiß Gott auf keine Kuhhaut. Warum müssen denn nun aber gerade die dickärschigsten Frauen sich Hosen anziehen, und warum dann außerdem noch, Himmel Zwirn und Schra, in den tiefsten und leuchtendsten Indanthrenfarben – einfach unverständlich, wie da die doch im allgemeinen der Frau nachgesagte bessere Geschmacksbeurteilung und Koketterie vollkommen versagt ... Was gibt es bei Dir? Wie war es bei Hülsenbeck? Nett? – oder hat er die mitgebrachte Elastizität schon verpulvert? Wie ist's mit Beate, man kennt sich mit Richard und Beate recht schwer aus – oft verwirren sie einen, weil sie sonderbar unwichtige Dinge vorschwesen oder sich in manchen Dingen erhöhen. Merkwürdig. Dies bedeutet kein Werturteil, ich habe Richard außerordentlich gern, selbst wenn er mich schief sehen sollte. Dein Urteil über »China« teile ich – werde es aber Richard niemals sagen. Er liebt das nicht ... Las hier ein schönes Buch von Herman Mellville: *Taipi* – lange vor London, Stevenson und so. Mellvilles Meisterwerk soll *Moby Dick* sein – Conrad bewunderte es sehr ... Jensen fand ich hier in der Bibliothek mit dem *Schiff* vertreten. Feines Buch. Edschmids *Sechs Mündungen,* seinerzeit sehr berühmt, fand ich einfach zum Lachen, kuckte neulich abends mal hinein – einfach ein schlechter Phraseur ... Lix sandte mir (ich habe mich, weil es gänzlich unerwartet kam, darüber maßlos gefreut) 200 Eier durch Malik als Geburtstagsgratulation ...

mit den herzlichsten Grüßen bin ich stets
Dein alter Freund Böffel

Lieber Ete!

... Weißt Du noch, als ich Dir und Deiner Antenne gegenübersaß mit Natko Wolf aus USA und Du bei lekkeren Brötchen und schönem eisgekühlten Neuchatelerwein so sehr pessimistische Prophezeiungen losließest? Ja, und justament ziemlich ähnlich beschissen kam's ja denn auch. Du warst wirklich wie eine dunkle Sybille an jenem Abend ... Wir verließen aber schnell Berlin, nachdem ich noch vergeblich einige Schecks zu Geld wechseln wollte. So hatte ich bare 150 Eier in der Tasche. Aber weg von dem ganzen faulen Zauber bedeutete auch etwas. Was konnte es nutzen, dort in diesem Kessel von verängstigten Menschen zu sitzen und zu warten? Zumal jede Stunde eine neue Parole herauskam. Scheußlich das, kann man wohl sagen – wir flohen einfach ... Nebenbei ist man an das übliche Krisengespräch nachgerade gewöhnt, und es gehört in Berlin, wenn man bei wohlhabenden Leuten eingeladen, zur Geselligkeit wie Cocktail und Auto-Renommiererei. So nahm ich Deinen Pessimismus eben damals auch leichthin und dachte mir: ja, der Ete hat gut reden.

Na schön, nun ist ja vorerst das sogenannte »reinigende« Gewitter vorbei, und die Schecks haben wieder die Bedeutung, die ihnen, verdammt noch mal, in einem zivilisierten Lande zusteht ... Mag ja sein, daß mir ein genügender Überblick ermangelt, denn ich gehöre zu den kleinen Gewerbetreibenden und meine Umsätze im Bank- & Geschäftsverkehr sind allzu gering, als daß ich die Wirtschaftskrise von daher beleuchten und erklären könnte. So lache ich mir, entschuldige lieber Ete, manchmal geheim ins geballte Fäustchen, voller Galgenhumor ... jedenfalls habe ich weder Geldbesitz noch sonst welchen, meine Bilder und Zeichnungen ausgenommen, aber wer fragt groß danach?

Ja, da sind wir nun hier in Prerow. Wir bewohnen die eine Hälfte eines ganz netten kleinen ehemaligen Bauernhäuschens, das von den Sisters Balden innen mit leicht kunstgewerblichem Geschmacke eingerichtet wurde. Nebstbei war die eine ... die Freundin Deines Berufskollegen Mansfeld. Der hat ja noch eine viel sensationellere Karriere gemacht als Du, denn er begann als Kommunist und Klippschüler und Gehilfe von Pfemfert (Paket- und Adressenschreiber) und ist heute der erste Herr Direktor von Mathiessen, neben Zatzenstein – hat seit einiger Zeit sogar ein kleines feines Landgütchen im Mecklenburgischen, hält sich Pferd und, der Mode entsprechend, einen kostspieligen Traktor und lädt nunmehr nur noch Aristokraten mit »von« aus der Umgebung dort ein. Ja, und derselbe kaufte auch hier seinerzeit für Bali, das ist die eine Sister Balden ... dies lütte Häuschen, wie der boshafte Benn sagte: »als Geschenk, um sie loszuwerden«. Daher auch so viele alte Möbel und Teller usw. ...

Mit dem Wetter (ich hasse das sonst in Briefen) haben wir diesmal entschieden Pech, dauernd Regenböen. Dazu noch diese Darsser Einwohner, die hierherum als besonders stur angesehen werden, was auch stimmt. Sie sagen ganz offen: am Badegast interessiert uns nur sein Geld, er selbst kann zu Hause bleiben. Und obwohl man von OBEN herunter immer wieder Höflichkeit und Freundlichkeit predigt (in Erlässen an die Badeverwaltungen), haben die Brüder hier allesamt von einem Benehmen gegenüber zahlenden Gästen nicht die Spur einer Ahnung. Sie sind allesamt dumpf, stur, unfreundlich und klatschsüchtig und last not least: politisch ganz ganz rechts. Man sieht überhaupt nur Schwarz-Weiß-Rot. Schwarzrot-mostrichfarbene Fahnen zählten wir bis jetzt im ganzen zweie, und die noch schämig versteckt unter anderem größeren Gewimpel, damit es nicht zu sehr ins Auge fällt. 'ne schöne Republike, kann man da sagen!

Und erst die Badegäste selbst! Ich kann Dir sagen, Du glaubst manchmal Deinen eigenen Augen nicht zu trauen, so vermottet sehen die bei aller Warenhauskorrektheit aus. Richtiger spießiger deutscher Mittelstand. Schön; im Büro noch einigermaßen erträglich, aber hier in Haufen mit freier Zeit sich selbst überlassen: toll. Typen, wenn ich sie zeichne, glaubt man, ich hätte alte *Meggendorfer Blätter* geplündert. Z. B. ist da ein Hauptmann von Levetzow, müßtest Du sehen, braune Hakenkreuzbluse über Biertrinkerbauch, natürlich damit man ja weiß, wozu er gehört, Hakenkreuzbinde am Ärmel, und dazu nun ein langer Vollbart, kaum glaublich, und Monokel. Dieser sagenumschwirrte Würdebold geht täglich (oder ging, jetzt ist er weg) zum Bahnhof mit seinen zwei Jungens, diese trugen in jeder Hand große Hakenkreuzflaggen, und wenn dann ein Zug einlief, trat er auf den Bahnsteig, um nachzusehen, ob auch keine Juden mitkamen (kenntlich am krausen schwarzen Haar und Krummnase). Kam doch mal einer, so ging er kühn und voller Rassenzorn in dessen Nähe und hielt sehr laute kommandoartige judenvernichterische Reden. Toll das, nicht wahr? Voriges Jahr, erzählte uns ein hiesiger Demokrat, dem auch schon mal der Hut heruntergefegt wurde durch solch einen politischen Donnermann ... soll es viel toller gewesen sein. Da sollen dauernd Huterunterschlagungen, Schirmspitzenattentate und Reitpeitschenzüchtigungen vorgekommen sein. Na, jetzt ist's vollkommen Juden-rein. Das heißt: ganz selten taucht mal ein verkappter auf. Einen beobachteten wir, er hatte entfernt mit dem kleinen Mehring Ähnlichkeit (nur provinzieller); der hatte sich stets und ständig einen riesigen Hut ins Gesicht gezogen, den behielt er auf, sogar im Wasser;

ferner trug er stets aus Vorsicht (echt) eine genügend große schwarz-weiß-rote Fahne mit sich herum und ließ auch, um ganz sicherzugehen, noch seine Frau, eine echte Goite, vorausgehen.

Ja, so ist das, Ete, entbehrt nicht eines gewissen scheußlichen Humors. Die Menschen rotten sich eben zu Haufen, wenn ihnen keiner kommandiert, ganz von selbst geht das vor sich. Früher dachte ich immer: da oben, da sitzen teuflische Tyrannen, die uns arme Menschen knechten – ja Kuchen, diese Menschenbagage will's so. Ich kann Dir sagen, was hier so rumkraucht, das geht auf keine Kuhhaut. Die Frauen, besonders die dicksten, alle in Hosen, Ullsteinschnitt – aber fesch sieht das nun nicht gerade aus, vielleicht reizvoll für einen Popologen; aber immerhin, wenn da bei solch einer sonst ganz doofen und bürgerlichen Beamtengattin der Hintere so bienengleich hervorquillt, nee Ete, das stört, wirkt höchstens falsch verstanden und komisch. Und eine Buntheit in den Stoffen, einfach doll. Farben, die im Süden unter Glutsonne richtig wirken, betonen hier höchstens den Kontrast zu einer leicht pessimistischen Landschaft, wirken unorganisch und hergeholt, nämlich hergeholt aus den diversen Großstadtmagazinen und Warenhäusern. Für den Zeichner natürlich gut und sehr anregend.

Und die Burgen am Strande, was sich da austobt und angibt an tüchtiger Gesinnung! Enorm: kommen die Brüder nun her, um eigentlich mal aus dem Dreck auszuspannen und sich's wohl sein zu lassen und zu erholen – nein, sofort wird ein politisches Denkmal und Bekenntnis abgelegt und aufgepflanzt. In Sandornamenten und poetisch mit sorgsam sortierten Muscheln gelegt oder aus gelben distligen Dünenblümchen liest Du da: »Heil Hitler«, »Trutzburg«, »Juda verrecke«, »Deutschland erwache«, »Braunes Haus«, »Hitler sei's Panier«, »Jung-Siegfried«, »Zu den drei Deutschen« usw. – alle politischen Schlagworte findest Du vor. Natürlich nur die rechten, versteht sich. Und das, was Spiel sein sollte, nämlich Sandburgen zu bauen, ist plötzlich heilige Funktion; fehlt noch – und dahin kommt's sicher – daß man durch Verbeugung und Hosennaht-Gruß diese Kultbauten ehren muß. Toll das.

Denn hinter all dem steht ein schauerlicher tierischer gläubiger Ernst, was man keineswegs übersehen darf. Wehe dem Ungläubigen, der da etwa eine hörbare Bemerkung machen würde. Er würde voller Unkenntnis der absoluten Humorlosigkeit schmählich verhauen werden und vom Strande hier auf ewig verbannt sein und aus der Gemeinschaft des Haufens ausgeschlossen mit Kind und Kindeskind. Sein Los wäre es, nach links eine Meile zu laufen, um dort trübsinnig allein zu baden. Ja ... denk mal an uns hier im gottverlassenen Prerow und sei Du sowohl wie Mika allerherzlichst begrüßt von Deinem alten

Böff

Natalia Ginzburg
SOMMER

Ich hasse den Sommer. Ich hasse den Monat August bis Ferragosto, bis zum 15. Ist Ferragosto vorbei, scheint es mir, als erwachte ich aus einem Alptraum. Mir scheint, als besserte sich alles langsam für mich. Die Herbstgewitter beginnen. Ich liebe den Herbst, und gewöhnlich schreibe ich im Herbst etwas. Im Sommer gelingt es mir überaus selten zu schreiben.

Ich hasse den Sommer nicht wegen der Hitze. Ich spüre

die Hitze gar nicht und sie ist mir gleich. Daß es heiß ist, merke ich erst, wenn die anderen davon sprechen. In Wahrheit habe ich mehrmals versucht, mir zu erklären, warum ich den Sommer so hasse.

In der Kindheit gefiel mir der Sommer. Er war meine liebste Jahreszeit. Ich freute mich über die Hitze und über die ersten Kirschen. Es gab damals in Turin viele Kutschen, und die Kutscher setzten den Pferden im Sommer Tüllhauben auf, um sie vor den Fliegen zu schützen. Ich sagte, die Pferde wären »als Feen verkleidet«. Bei den ersten »als Feen verkleideten« Pferden fühlte ich mich glücklich.

Der Sommer bedeutete, in Ferien zu fahren. Im Flur tauchten unsere riesigen, uralten Koffer mit rostigen Eisenbeschlägen auf, eine Art Dinosaurier. Meine Mutter stöhnte und schnaufte beim Kofferpacken. Weder sie noch meine Geschwister fuhren gern in die Sommerfrische. Sie langweilten sich. Mir machte es Spaß. Vier Monate verbrachten wir im Gebirge. Den Ort und das Haus bestimmte mein Vater. Nach Meinung meiner Mutter waren es immer unbequeme Häuser und langweilige Orte, wo man niemanden fand, mit dem man mal ein Wort wechseln konnte. Ich wohnte der Kofferzeremonie mit lebhafter Freude bei. Mein Glück wurde nur durch die schlechte Laune meiner Mutter leicht getrübt.

Kaum war ich im Gebirge, stellte ich mir vor, ein Bewohner jener Orte zu sein, dort geboren und dazu bestimmt, für immer dort zu leben. Ich bemühte mich, unsere Stadtwohnung aus meiner Erinnerung auszulöschen. Es gab keine anderen Kinder, mit denen ich spielen konnte, und ich lief allein über die Wiesen auf der Suche nach Heuschrecken und Fröschen. Damals kannte ich die Langeweile nicht oder kaum, sie dauerte nur ein paar Augenblicke. Dann schnaufte ich ungeduldig und hing ein wenig ums Haus herum. Sofort wurden mir Vorwürfe gemacht. Nach

Meinung meines Vaters machte man sich immer schuldig, wenn man sich langweilte, vor allem aber im Gebirge. Meine Mutter dagegen dachte, nur meine Geschwister und sie selbst hätten ein Recht auf Langeweile. Ich hatte dieses Recht nicht, weil ich noch klein war. Nach Meinung meiner Mutter durften Kinder nie ungeduldig schnaufen oder herumhängen. Sie sagte zu mir, ich solle mir das Gesicht waschen und die Aufgaben machen, die ich über die Ferien bekommen hatte. Ich hörte nicht auf sie, denn ich wußte, daß Hausaufgabenmachen ein ganz schlechtes Mittel gegen Langeweile war.

Aber ich befreite mich mit äußerster Leichtigkeit von der Langeweile. Ich dachte damals, daß jeder Nachmittag außergewöhnliche Ereignisse mit sich bringen könne. Ich konnte über die Wiesen laufen und eine große Kröte finden. In den Wäldern gab es Eichhörnchen, und die Hoffnung, ein kleines Eichhörnchen zu fangen und mit heimzunehmen, verließ mich nie. Oder ich konnte versuchen, einen Roman zu schreiben oder einen Kuchen zu backen oder auch plötzlich eine große wissenschaftliche Entdeckung machen. Dann würden meine Eltern und meine Geschwister staunen. Es war mein ständiger Wunsch, sie zu verblüffen, denn ich fand es schwierig, ihre Aufmerksamkeit auf mich zu lenken. Alle Dinge, die ich tat und die ich wunderbar fand, verwunderten sie nie.

Der Tag der Abreise aus dem Gebirge war für mich fast noch schöner als die Ankunft. Zu dem Glücksgefühl darüber, wieder abzureisen, zuerst in einen Autobus und dann in einen Zug zu steigen, gesellte sich die subtile und köstliche Traurigkeit darüber, dem Sommer ade zu sagen, denn damals war die Traurigkeit für mich etwas so Ungewöhnliches und Leichtes, daß es mich entzückte, wenn sie sich mit dem Glücksgefühl mischte. Traurig nahm ich Abschied von jenen Orten, die ich vielleicht nie wiedersehen würde.

Mein Vater sagte, wir würden im nächsten Jahr woanders hinfahren, an einen preiswerteren Ort. Außerdem pflegte mein Vater am Ende jedes Ferienaufenthalts und während des Winters zu sagen, wir würden überhaupt nie mehr irgendwohin in Ferien fahren, weil wir kein Geld mehr hätten. Diese Drohung ließ meine Geschwister und meine Mutter absolut kalt, sie glaubten nicht daran und träumten sowieso von nichts anderem als einem Sommer in der Stadt. Was mich anging, so glühte ich vor Seligkeit und Furcht bei der Vorstellung, daß wir so arm wären, denn ich fürchtete und hoffte immer, mich in einer dramatischen Situation zu finden. Dennoch wiederholten sich jene langen Monate im Gebirge, über die meine Mutter und meine Geschwister stöhnten, jedes Jahr pünktlich und unausweichlich, weil mein Vater es so wollte.

Irgendwann merkte ich, daß diese Ferien im Gebirge auch für mich unerträglich langweilig geworden waren. Da begriff ich, daß meine Kindheit vorbei war. Ich machte mir nichts mehr aus Grashüpfern und Kröten. Die Bücher, die ich mitgebracht hatte, hatte ich im Lauf weniger Tage gelesen und wiedergelesen. Und außerdem erschien es mir demütigend, allein dazusitzen und zu lesen. Mir war, als hätte ich Freunde haben müssen, aber ich hatte keine. Ich wußte absolut nicht, wie ich die Zeit herumbringen sollte. Ich war auf einmal pessimistisch geworden und erhoffte mir nichts mehr von jenen langen, öden Nachmittagen.

Außerdem war ich nun die einzige, die unter Langeweile litt, denn meine Geschwister waren erwachsen geworden und kamen nicht mehr mit uns ins Gebirge, und meine Mutter beklagte sich seltsamerweise nicht mehr. Meine Mutter folgte meinem Vater auf seinen Wanderungen und lobte mit ihm die Schönheit der Natur und die Reinheit der Luft. Meine Eltern kamen mir nun sehr alt vor. Von ihren zufriedenen, alten Gestalten, die gemeinsam die Pfade entlanggingen, schien mir eine namenlose Langeweile auszugehen. Obgleich sie mich aufforderten mitzugehen, folgte ich ihnen nicht, in ihrer Gesellschaft zu wandern schien mir demütigend, es wäre ein offenes Eingeständnis gewesen, daß ich keine Freunde hatte, mit denen ich spazierengehen konnte.

Jeden Tag hoffte ich, es würde regnen, denn wenn es regnete, konnte ich zu Hause bleiben, verborgen vor den Augen der Mitmenschen. Wenn es nicht regnete, mußte ich mich »an der frischen Luft aufhalten«, das hatten meine Eltern befohlen, und ich gehorchte aus alter Unterwerfung. Ich las auf einer Wiese. Ich las jedoch ohne jeden Genuß. Ich hörte die Grillen zirpen, der blendende, grenzenlose Friede des Sommernachmittags betäubte mich. Er schien etwas zu versprechen, etwas, das auf geheimnisvolle Weise allen zuzustehen schien, nur mir nicht.

Auf den Wegen kamen Gruppen von mir unbekannten Buben und Mädchen mit Turnschuhen und Tennisschlägern vorüber. Ich konnte mich nicht zu ihnen gesellen, weil ich vor ihnen keine Silbe herausgebracht hätte. Sie flößten mir einen tödlichen Neid ein. Sie besaßen das außerordentliche Privileg, nicht Kinder meiner Eltern zu sein, mir in nichts zu gleichen, nicht die entfernteste Ähnlichkeit mit mir zu haben. Sie besaßen das außerordentliche Privileg, der Nächste zu sein. Darüber hinaus gingen sie Tennis spielen, und ich konnte nicht Tennis spielen. Tennis war ein Sport, den mein Vater verachtete. Er fand Tennis snobistisch. Er schätzte einzig und allein mühevolle und gefährliche Sportarten wie Bergsteigen.

Plötzlich war mir, als sei ich, mit meinem Vater und meiner Mutter, der einzige Mensch auf der Welt, der noch nie einen Fuß auf einen Tennisplatz gesetzt hatte, und diese Abwesenheit von Tennis in meinem Leben erschien mir wie eine grauenhafte Demütigung. Innerlich zählte ich mir die kleinen Mädchen auf, mit denen ich in der Stadt Umgang pflegte. Alle konnten sie Tennis spielen oder lernten es bei einem *Trainer,* einem Lehrer. »Es täte dir gut, Tennis zu spielen«, sagte meine Mutter manchmal zerstreut. Aber auf die Idee, einen *Trainer* für mich zu nehmen, kam sie gar nicht. Mein Vater hätte es eine lächerliche Idee und eine überflüssige Ausgabe gefunden. Wenn ich mit meiner Mutter an einem Tennisplatz vorbeikam, errötete ich und wandte den Blick ab. Darum zu bitten, es zu lernen, war mir unmöglich, da ich plötzlich meine schmerzlichsten Wünsche in Schweigen eingemauert hatte. So erfuhr meine Mutter nie, daß mein größter Wunsch auf Erden war, im weißen Faltenrock mit Tennisschläger auf einem Tennisplatz zu stehen und die Worte *»play«* und *»ready«* zu sagen. Ich flüsterte diese Worte heimlich vor mich hin. Und sie schienen mir der Schlüssel zur Seligkeit zu sein.

Später, als ich schon im Lyzeum war, ging ich mit meinen Klassenkameradinnen Tennis spielen. Ich hatte einen alten, irgendwo aus dem Keller gefischten Schläger, mein Rock war nicht weiß und hatte keine Falten, alles war unvollkommen. Ich ging vielleicht zehnmal hin. Ich spielte schlecht, und die Freude, *»play«* und *»ready«* zu sagen, hatte sich als armselige Sache herausgestellt.

Es war damals, in jenen einsamen Ferienaufenthalten, daß ich begann, den Sommer zu hassen. Damals dachte ich, daß meine Anwesenheit auf den Wiesen, an den strahlenden Nachmittagen, wie ein schwarzer Fleck war, der das Glück der Erde verunzierte. Ich fand die Welt nicht traurig, ich fand sie wunderbar, nur daß es mir aus irgendeinem dunklen Grund verboten war, ihre leuchtenden Tage zu feiern. So konnte ich nur noch den Herbst, den Winter, die Dämmerung, den Regen und die Nacht suchen und lieben.

Später entdeckte ich, daß ich nicht die einzige war, die

ein solches Gefühl empfand, sondern daß es vielen Menschen so geht, weil sich viele wie ich in irgendeinem Augenblick ihres Lebens vom Sommer ausgeschlossen und gedemütigt gefühlt haben, für immer als unwürdig verurteilt, die Früchte des Universums zu ernten. Viele haben daraufhin wie ich das blendende Leuchten des Himmels über den Wiesen und Wäldern gehaßt. Viele fühlen sich wie ich bei den ersten Anzeichen des Sommers voller Angst wie bei der Ankündigung eines Unglücks, weil in ihnen der Schrecken vor dem Urteil und der Strafe wiederaufsteigt.

Es scheint uns dann, als seien wir ausweglos an dem Punkt festgenagelt, an dem wir uns befinden. Wer allein ist, hat plötzlich das genaue Maß seiner Einsamkeit. Der gewohnte Rhythmus der Tage zerbricht. Die vertrauten Leiden werden unerträglich, unablässig erhellt von grausamem Sonnenlicht. Unser Leben liegt in seiner Unordnung vor unseren Füßen. Wir fühlen uns gezwungen, jeden Schmerz oder Fehler darin aufzuzählen. Das Licht des Sommers erleuchtet erbarmungslos unser Schweigen, unsere unbewegliche Person, umgeben von alten und neuen Katastrophen.

Wir fühlen uns auf einmal wie auf der Anklagebank. Wie bei einem Verhör dritten Grades sitzen wir regungslos, vernichtet und verstört da. Unmöglich, uns vor uns selbst und den anderen zu verstecken. Unmöglich, einen Arm zu heben, um unser Gesicht zu verbergen. Auf die Fragen, die man uns stellen wird, werden wir nicht antworten können. Die Gesten, die man uns befehlen wird, werden wir nicht ausführen können. Wir selbst zu sein, scheint uns eine schlimmere Schuld, als ein Mörder zu sein, und von allen Seiten wird uns erklärt, es gebe für eine solche Schuld keine Vergebung. Die Verzweiflung der Adoleszenz steigt wieder in uns auf, wie damals, als wir plötzlich verstanden, daß wir dazu berufen waren, anders und glücklich zu sein, aber einer solchen Aufforderung nicht Folge leisten konnten.

Wir wissen aus alter Erfahrung, daß der Prozeß nach Ferragosto, nach dem 15. August, vorbei sein wird. Nach und nach werden wir wieder in einen ruhigen Halbschatten treiben. Dort werden wir uns selbst eine private und persönliche Vergebung zuflüstern können. Geduldig werden wir rund um uns unsere verstreuten Trümmer wieder einsammeln.

Die Tage bis Ferragosto erscheinen uns ewig. Wir hassen die leere Stadt unter der blendenden Sonne, die leeren Kinos, in denen Horrorfilme gezeigt werden. Gleichgültig sehen wir uns diese Filme an, sowohl weil sie häßlich sind, als auch weil wir sowieso schon von unserem eigenen Grauen gepackt sind. Noch mehr hassen wir jedoch die Menschenmassen in den Zügen. Es ist uns unmöglich, zu antworten, wenn wir zu der Zahl derjenigen gehören, die weder Lust haben abzufahren noch zu bleiben.

Leo N. Tolstoj

MEINE VORTEILHAFTESTE SEITE

Dmitrij hatte mir abgeraten, seiner Mutter am Vormittag einen Besuch zu machen, und holte mich nach dem Mittagessen mit seinem Wagen ab, um mich für den ganzen Abend und sogar für die Nacht in das Landhaus mitzunehmen, das seine Familie als Sommerwohnung gemietet hatte. Erst als wir vor der Stadt waren und die schmutzigen Straßen mit ihrem bunten Treiben und der unerträgliche betäubende Lärm des Pflasters von dem weiten Blick über

die Felder und von dem weichen Knarren der Räder auf
der staubigen Landstraße abgelöst wurden und die dufter-
füllte Frühlingsluft und die Weite mich umfingen, erst da
kam ich nach all den mannigfaltigen neuen Eindrücken
und dem Freiheitsgefühl, die mich an den beiden letzten
Tagen völlig verwirrt hatten, wieder zur Besinnung. Dmitrij war in mitteilsamer, sanfter Stimmung, schob nicht
durch eine Kopfbewegung seine Halsbinde zurecht, zwin-
kerte nicht nervös mit den Augen und runzelte nicht die
Brauen; ich meinerseits war mit den edlen Gefühlen zufrieden, von denen ich ihm erzählt hatte, und nahm an, daß er
mir dafür meine schmähliche Affäre mit Kolpikow vollkommen verziehen habe und mich nicht deswegen ver-
achte, und wir sprachen freundschaftlich über viele vertrau-
liche Dinge, über die man nicht unter allen Umständen
miteinander spricht. Dmitrij erzählte mir von seiner Familie, die ich noch nicht kannte, von seiner Mutter, seiner
Tante, seiner Schwester und von der, die Wolodja und
Dubkow als die Geliebte meines Freundes betrachteten und
»die Rothaarige« nannten. Von seiner Mutter sprach er mit
einem gewissen kühlen, feierlichen Lob, als wolle er jeder
Entgegnung in dieser Hinsicht zuvorkommen; über seine
Tante äußerte er sich voller Entzücken, aber etwas herablas-
send; von seiner Schwester sagte er nur sehr wenig und
schämte sich anscheinend, von ihr zu sprechen; aber von
der »Rothaarigen«, die in Wirklichkeit Ljubow Sergejewna
hieß und ein alterndes Mädchen war, das auf Grund irgendwelcher verwandtschaftlicher Beziehungen in Nechljudows
Haus lebte, erzählte er mir sehr begeistert.

»Ja, sie ist ein prächtiges Mädchen«, sagte er und errötete
vor Scham, sah mir aber mit um so größerer Kühnheit in
die Augen. »Sie ist nicht mehr jung, sondern eher alt und
durchaus nicht schön, aber wie dumm und sinnlos ist es,
die Schönheit zu lieben! Ich kann das gar nicht begreifen,

so dumm ist es« (er sagte das, als hätte er gerade eine ganz neue, außerordentliche Wahrheit entdeckt). »Und soviel Seele, Herz und Charakter ... Ich bin überzeugt, daß man in der Welt von heute kein zweites Mädchen wie sie findet« (ich weiß nicht, von wem Dmitrij die Gewohnheit angenommen hatte, zu sagen, daß alles Gute in der Welt von heute selten sei, aber er liebte es, diese Redewendung zu wiederholen, und sie paßte irgendwie zu ihm). »Ich fürchte nur«, fuhr er ruhig fort, nachdem er ein vernichtendes Urteil über all die Leute gefällt hatte, die die Dummheit besitzen, die Schönheit zu lieben, »ich fürchte nur, daß du sie nicht sofort verstehen und würdigen wirst: sie ist bescheiden und sogar verschlossen; sie liebt es nicht, ihre schönen, erstaunlichen Eigenschaften zu zeigen. Da ist zum Beispiel meine Mutter, eine prächtige und kluge Frau, wie du sehen wirst – sie kennt Ljubow Sergejewna schon seit vielen Jahren und kann und will sie trotzdem nicht verstehen. Ich habe sogar gestern ... ich will dir sagen, warum ich gestern mißgestimmt war, als du mich gefragt hast. Vorgestern wollte Ljubow Sergejewna, daß ich mit ihr zu Iwan Jakowlewitsch fahren sollte – du hast gewiß von Iwan Jakowlewitsch gehört, der angeblich verrückt ist, in Wirklichkeit aber ein sehr merkwürdiger Mensch. Ljubow Sergejewna ist außerordentlich religiös, muß ich dir sagen, und hat für Iwan Jakowlewitsch volles Verständnis. Sie fährt oft zu ihm, unterhält sich mit ihm und gibt ihm Geld für die Armen, das sie sich selbst verdient. Sie ist eine erstaunliche Frau, wie du sehen wirst. Na, ich fuhr also mit zu Iwan Jakowlewitsch und bin ihr sehr dankbar dafür, daß sie mich mit diesem merkwürdigen Mann bekannt gemacht hat. Aber meine Mutter will das absolut nicht verstehen, sie sagt, das sei nur Aberglaube. Und gestern habe ich zum erstenmal in meinem Leben mit meiner Mutter Streit gehabt, und zwar einen recht hitzigen Streit«, schloß er und machte eine krampfhafte Bewegung mit dem Hals wie in Erinnerung an das Gefühl, das er bei diesem Streit gehabt hatte.

»Nun, und was denkst du eigentlich? Ich meine, was denkst du, wenn du dir ausmalst, was daraus werden soll ... oder wenn ihr beide davon redet, was geschehen wird und womit eure Liebe oder eure Freundschaft enden soll?« fragte ich, um ihn von der unangenehmen Erinnerung abzulenken.

»Du fragst, ob ich sie zu heiraten gedenke?« fragte er mich, errötete von neuem, wandte sich aber kühn um und sah mir ins Gesicht.

›Wirklich, warum sollten wir nicht davon sprechen?‹ dachte ich zu meiner Beruhigung. ›Da ist doch nichts dabei, wir sind ja erwachsene Menschen, zwei Freunde, die im Phaethon fahren und von ihrem künftigen Leben sprechen. Jeder würde sich sogar freuen, wenn er uns zuhörte und uns ansähe.‹

»Warum denn nicht?« fuhr er nach einer bejahenden Antwort meinerseits fort. »Ich habe ja doch wie jeder vernünftige Mensch das Ziel, so glücklich und gut wie nur möglich zu sein; und wenn ich vollständig unabhängig sein werde, dann werde ich, mit ihr vereint, wenn sie das will, glücklicher und besser sein als mit der schönsten Frau der Welt.«

Bei diesem Gespräch hatten wir nicht gemerkt, daß wir uns Kunzewo näherten, und auch nicht, daß der Himmel sich bewölkt hatte und Regen drohte. Rechts von uns stand die Sonne schon niedrig über den alten Bäumen des Parks von Kunzewo, und die eine Hälfte der leuchtenden roten Scheibe war von einer grauen, leicht durchsichtigen Wolke bedeckt; aus der anderen Hälfte sprühten feurige, zersplitterte Strahlen und beleuchteten die alten Bäume des Parks, deren regungslose, dichte, grüne Wipfel sich noch schimmernd von einem hell beleuchteten Stück Himmelsblau abhoben, auffallend grell. Der Glanz und das Licht dieses Teils des Himmels bildeten einen scharfen Gegensatz zu der violetten, schweren Wolke, die vor uns am Horizont über einem jungen Birkenwäldchen lag.

Etwas weiter rechts sah man schon hinter den Büschen und Bäumen die bunten Dächer der Sommerhäuschen, von denen manche die glänzenden Sonnenstrahlen reflektierten, während andere die düstere Farbe der anderen Seite des Himmels angenommen hatten. Links unten lag ein blauer, regungsloser Teich, von blaßgrünen Weiden umgeben, die sich in seiner matten, scheinbar gewölbten Oberfläche dunkel widerspiegelten. Jenseits des Teichs dehnte sich auf halber Höhe des Berges ein schwärzliches Brachfeld aus, und die gerade Linie eines hellgrünen Rains, der es durchschnitt, zog sich weit in die Ferne und reichte bis an den bleifarbenen, drohenden Horizont. Zu beiden Seiten des Wegs, auf dem der Phaethon gleichmäßig dahinschaukelte, leuchtete saftiger, zerzauster Roggen in hellem Grün, der schon hier und da in die Halme schoß. Die Luft war vollkommen still und von frischem Duft erfüllt; das Grün des Laubs und des Roggens bewegte sich nicht und war ungewöhnlich rein und hell. Es schien, als lebte jedes Blatt und jeder Grashalm sein eigenes, volles und glückliches Leben. Neben dem Fahrweg schlängelte sich ein schwärzlicher Fußpfad durch den Roggen, der schon mehr als den vierten Teil seiner Höhe erreicht hatte, und dieser Pfad erinnerte mich aus irgendeinem Grund sehr lebhaft an unser Gut und durch irgendeine seltsame Gedankenverbindung auch an Sonetschka und daran, daß ich in sie verliebt sei.

Trotz aller meiner Freundschaft zu Dmitrij und trotz der Freude, die mir seine Offenheit machte, hatte ich keine Lust, noch mehr von seinen Gefühlen und Absichten Ljubow Sergejewna gegenüber zu erfahren, sondern ich wollte ihm unbedingt von meiner Liebe zu Sonetschka erzählen, die mir als eine Liebe weit höherer Art vorkam. Aber ich konnte mich aus irgendwelchen Gründen nicht entschließen, so ohne weiteres von meinen Ideen zu sprechen, wie schön es sein werde, wenn ich Sonetschka heiratete und mit ihr auf dem Land lebte, und wie ich Kinder haben würde, die auf der Erde herumkriechen und mich Papa nennen würden, und wie ich mich freuen würde, wenn er mit seiner Frau Ljubow Sergejewna in Reisekleidern zu mir gefahren käme ... Statt dessen zeigte ich auf die Sonne und sagte nur: »Dmitrij, sieh nur, wie herrlich!«

Dmitrij sagte nichts; offenbar gefiel es ihm nicht, daß ich als Antwort auf sein Geständnis, das ihm wahrscheinlich schwergefallen war, seine Aufmerksamkeit auf die Natur lenkte, der er etwas kühl gegenüberstand. Die Natur wirkte auf ihn ganz anders als auf mich: er fand sie weniger schön als interessant und liebte sie mehr mit dem Verstand als mit dem Gefühl.

»Ich bin sehr glücklich«, sagte ich gleich darauf zu ihm, ohne zu beachten, daß er offenbar mit seinen eigenen Gedanken beschäftigt war und sich gar nicht für das interessierte, was ich zu ihm sagte. »Erinnerst du dich, ich habe dir einmal von einer jungen Dame erzählt, in die ich als Kind verliebt war; heute habe ich sie wiedergesehen«, fuhr ich entzückt fort, »und jetzt bin ich ganz entschieden in sie verliebt ...«

Und obwohl sein Gesicht gleichgültig blieb, erzählte ich ihm von meiner Liebe und von meinen Plänen über mein künftiges Eheglück. Und seltsam, sobald ich ausführlich von der ganzen Kraft meines Gefühls sprach, merkte ich im selben Augenblick, wie dieses Gefühl schwächer wurde.

Der Regen überraschte uns, als wir schon in die Birkenallee einbogen, die zu dem Landhaus führte. Aber er machte uns nicht naß. Daß es regnete, merkte ich nur daran, daß mir ein paar Tropfen auf die Nase und auf die Hand fielen und daß etwas in den jungen, klebrigen Blättern der Birken raschelte. Sie ließen ihre Zweige unbeweglich herabhängen und schienen diese reinen, durchsichtigen Tropfen mit einem Lustgefühl aufzunehmen, das sich in ihrem starken, die ganze Allee erfüllenden Duft ausdrückte. Wir stiegen aus dem Wagen, um durch den Garten zum Haus zu laufen. Aber unmittelbar an der Haustür trafen wir vier Damen, die schnellen Schrittes von der anderen Seite kamen; zwei von ihnen hatten Handarbeiten in den Händen, die dritte ein Buch, die vierte trug ein Hündchen auf dem Arm. Dmitrij stellte mich sogleich seiner Mutter, seiner Schwester, seiner Tante und Ljubow Sergejewna vor. Sie blieben einen Augenblick stehen, aber der Regen wurde stärker.

»Wir wollen auf die Galerie gehen, da kannst du uns deinen Freund noch einmal vorstellen«, sagte die Dame, die ich für Dmitrijs Mutter hielt, und wir gingen alle zusammen die Treppe hinauf.

Nechljudows

Im ersten Augenblick fiel mir Ljubow Sergejewna am meisten von dieser ganzen Gesellschaft auf; ein Bologneser Hündchen auf dem Arm, ging sie hinter allen in dicken gestrickten Schuhen die Treppe hinauf, blieb ein paarmal stehen, wandte sich um, sah mich aufmerksam an und küßte dann ihr Hündchen. Sie war sehr häßlich: rothaarig, mager, klein, etwas verwachsen. Was ihr unschönes Gesicht noch unschöner machte, war die sonderbare Frisur mit dem tiefen seitlichen Scheitel (eine von den Frisuren, die sich Frauen mit dünnem Haar ausdenken). So sehr ich mich meinem Freunde zuliebe bemühte, ich konnte keinen einzigen schönen Zug an ihr entdecken. Ihre braunen Augen drückten zwar Güte aus, waren aber zu klein und matt und absolut nicht schön; selbst die Hände, dieses Charakteristikum eines Menschen, waren zwar nicht groß und nicht übel geformt, aber rot und behaart.

Als wir auf der Terrasse waren, sagte jede der Damen – mit Ausnahme Warenkas, der Schwester Dmitrijs, die mich nur mit ihren großen dunkelgrauen Augen aufmerksam ansah – ein paar Worte zu mir, bevor sie ihre Handarbeit wieder aufnahmen, und Warenka begann aus einem Buch vorzulesen, das sie, den Finger zwischen den Seiten, auf dem Schoß gehalten hatte.

Die Fürstin Marja Iwanowna war eine hochgewachsene, schlanke Dame von ungefähr vierzig Jahren. Nach den halbergrauten Locken, die unter ihrer Haube hervorschauten, hätte man sie für älter halten können, aber wegen des frischen, sehr zarten, fast faltenlosen Gesichts und besonders wegen des lebhaften, heiteren Glanzes der großen Augen wirkte sie viel jünger. Ihre Augen waren braun, weit geöffnet, die Lippen sehr schmal, mit etwas strengem Ausdruck, die Nase ziemlich regelmäßig geformt und leicht nach links gewendet, die Hände groß, beinahe männlich, mit schönen langen Fingern, an denen keine Ringe steckten. Sie trug ein dunkelblaues, hochgeschlossenes Kleid, das ihre schlanke, noch jugendliche Taille fest umspannte, auf die sie offenbar stolz war. Sie saß kerzengerade da und nähte an einem Kleid. Als ich auf die Galerie kam, nahm sie meine Hand, zog mich zu sich heran, als wolle sie mich aus der Nähe betrachten, sah mich mit demselben etwas kühlen, offenen Blick an, den auch ihr Sohn hatte, und sagte, sie kenne mich schon lange aus Dmitrijs Erzählungen und lade mich ein, einige Tage bei ihnen zu bleiben, damit wir richtig miteinander bekannt würden. »Tun Sie alles, was Sie möchten, und lassen Sie sich durch uns so wenig stören, wie wir uns durch Sie stören lassen: gehen Sie spazieren, lesen Sie, hören Sie der Unterhaltung zu oder schlafen Sie, wenn Ihnen das mehr Vergnügen macht«, fügte sie hinzu.

Sofja Iwanowna war eine alte Jungfer und die jüngere Schwester der Fürstin, aber ihrem Äußeren nach mußte man sie für älter halten. Sie hatte jenes eigenartige übervolle Aussehen, das man nur bei kleinen, sehr korpulenten alten Jungfern findet, die ein Korsett tragen. Es sah aus, als sei ihre ganze Fülle ihr mit solcher Macht nach oben gerückt, daß sie jeden Augenblick zu ersticken drohte. Sie konnte ihre kurzen, dicken Ärmchen unterhalb der gebogenen Schneppe ihres Leibchens nicht zusammenbringen, und die ganz eng anliegende Schneppe selbst konnte sie nicht mehr sehen.

Obwohl die Fürstin Marja Iwanowna dunkles Haar und braune Augen, Sofja Iwanowna hingegen blondes Haar und große, lebhafte und (was eine große Seltenheit ist) doch ruhige blaue Augen hatte, bestand trotzdem eine starke Familienähnlichkeit zwischen den beiden Schwestern; nur waren Sofja Iwanownas Lippen ein wenig dicker und zogen sich nach rechts, wenn sie lächelte, während die Lippen der Fürstin eine Neigung nach links hatten. Nach ihrer Kleidung und nach ihrer Frisur zu urteilen, versuchte Sofja Iwanowna, sich jung zu machen, und hätte ihre grauen Locken nicht gezeigt, wenn sie welche gehabt hätte. Der Blick, mit dem sie mich ansah, und ihr Benehmen mir gegenüber kamen mir im ersten Augenblick sehr stolz vor und machten mich verlegen, während ich mich der Fürstin gegenüber völlig unbefangen fühlte.

Vielleicht waren es diese Korpulenz und eine gewisse überraschende Ähnlichkeit mit dem Porträt der Kaiserin Katharina der Großen, was ihr in meinen Augen etwas Stolzes gab; sie sah mich unverwandt an, und als sie zu mir sagte: »Die Freunde unserer Freunde sind unsere Freunde«, da wurde ich noch verlegener. Ich beruhigte mich erst dann und änderte meine Meinung über sie vollkommen, als sie nach diesen Worten verstummte, den Mund öffnete und einen lauten Seufzer ausstieß. Die Gewohnheit, tief zu seufzen, den Mund ein wenig zu öffnen und ihre großen blauen Augen gen Himmel zu richten, wenn sie ein paar Worte gesprochen hatte, kam wahrscheinlich von ihrer Leibesfülle. Diese Gewohnheit hatte etwas so Liebenswürdiges und Gutmütiges, daß ich gleich nach diesem Seufzer alle Angst vor ihr verlor und daß sie mir sogar sehr gut gefiel. Ihre Augen waren wunderschön, ihre Stimme klangvoll und angenehm, und sogar die sehr runden Konturen ihrer Gestalt schienen mir in jener Zeit meines Jünglingsalters nicht der Schönheit zu entbehren.

Ich meinte, als Freundin meines Freundes müsse Ljubow Sergejewna mir gleich von vornherein etwas sehr Freundschaftliches und Herzliches sagen, und sie sah mich auch wirklich eine Weile schweigend an, als sei sie im Zweifel, ob das, was sie zu mir sagen wollte, vielleicht gar zu freundschaftlich sein würde; aber sie brach ihr Schweigen nur, um mich zu fragen, in welcher Fakultät ich sei. Dann sah sie mich wieder recht lange unverwandt an; offenbar wußte sie nicht, ob sie diese herzlichen, freundschaftlichen Worte sagen sollte oder nicht, und da ich diese Unentschlossenheit bemerkte, bat ich sie durch meinen Gesichtsausdruck, mir alles zu sagen, aber sie sagte: »Es heißt, daß die jungen Leute sich heutzutage auf der Universität nur sehr wenig mit den Wissenschaften beschäftigen«, und rief ihr Hündchen Susette zu sich.

Ljubow Sergejewna sprach fast den ganzen Abend in solchen weder zur Sache noch zueinander passenden Sätzen; aber ich glaubte Dmitrij so fest, und er sah diesen ganzen Abend bald mich, bald sie so besorgt an, als wollte er fragen: »Nun? Wie ist's?«, daß ich, obwohl bereits fest davon überzeugt, daß an Ljubow Sergejewna nichts Besonderes war, weit davon entfernt war, diesen Gedanken auch nur mir selbst auszusprechen.

Warenka, das letzte Mitglied dieser Familie, war ein sehr üppiges junges Mädchen von ungefähr sechzehn Jahren.

Schön waren an ihr nur die dunkelgrauen großen Augen, die Heiterkeit und ruhige Aufmerksamkeit ausdrückten und den Augen ihrer Tante sehr ähnlich waren, der sehr lange dunkelblonde Zopf und die ungemein zarte, wohlgeformte Hand.

»Ich glaube, es ist langweilig für Sie, Monsieur Nicolas, die Geschichte so aus der Mitte zu hören«, sagte Sofja Iwanowna mit ihrem gutmütigen Seufzer zu mir und drehte die Teile des Kleides herum, an dem sie nähte.

Warenka hatte gerade aufgehört vorzulesen, weil Dmitrij aus irgendeinem Grund hinausgegangen war.

»Oder haben Sie ›Rob Roy‹ vielleicht schon gelesen?«

Zu jener Zeit hielt ich es für meine Pflicht, schon weil ich Studentenuniform trug, im Gespräch mit Leuten, die ich noch wenig kannte, auf jede, auch die einfachste Frage unter allen Umständen sehr »geistreich und originell« zu antworten und hielt kurze, klare Antworten wie: »ja, nein, es ist langweilig, es ist interessant« und ähnliche für die größte Schande. Ich blickte auf meine modernen Hosen und auf meine glänzenden Rockknöpfe und sagte, ich hätte ›Rob Roy‹ nicht gelesen, aber es sei mir interessant, zuzuhören, weil ich Bücher lieber von der Mitte aus läse als von vorn.

»Das ist noch einmal so interessant: man versucht zu erraten, was schon war und was noch kommt«, fügte ich mit selbstgefälligem Lächeln hinzu.

Die Fürstin ließ ein unnatürlich klingendes Lachen hören (später merkte ich, daß sie kein anderes Lachen hatte).

»Das mag vielleicht richtig sein«, antwortete sie. »Aber sagen Sie, werden Sie noch lange in Moskau bleiben, Nicolas? Nehmen Sie es nicht übel, daß ich das Monsieur weglasse. Wann reisen Sie ab?«

»Ich weiß nicht, vielleicht morgen; vielleicht bleiben wir auch noch ziemlich lange hier«, antwortete ich aus unverständlichen Gründen, obwohl wir morgen bestimmt fahren würden.

»Ich wollte, Sie blieben noch hier, sowohl um Ihretwillen als auch um Dmitrijs willen«, sagte die Fürstin und blickte dabei in die Ferne, »in Ihren Jahren ist es etwas Herrliches um die Freundschaft.«

Ich fühlte, daß alle mich ansahen und warteten, was ich sagen würde, obwohl Warenka so tat, als betrachte sie die Näharbeit ihrer Tante; ich fühlte, daß ich sozusagen examiniert wurde und daß ich mich von meiner besten Seite zeigen mußte.

»Ja, für mich«, antwortete ich, »ist Dmitrijs Freundschaft nützlich, aber ich kann ihm nicht nützlich sein, denn er ist tausendmal besser als ich.« (Dmitrij konnte nicht hören, was ich sagte, sonst hätte ich gefürchtet, daß er die Unaufrichtigkeit meiner Worte gemerkt hätte.)

Die Fürstin lachte wieder ihr unnatürliches, ihr aber natürliches Lachen.

»Na, aber wenn man ihn hört«, sagte sie, »c'est vous qui êtes un petit monstre de perfection.«

›Monstre de perfection, das ist ausgezeichnet, das muß ich mir merken‹, dachte ich.

»Übrigens ist er, von Ihnen ganz zu schweigen, ein Meister auf diesem Gebiet«, fuhr sie mit leiser Stimme fort (was mir besonders angenehm war) und streifte Ljubow Sergejewna mit einem kurzen Blick. »Er hat an dem armen Tantchen« (so wurde Ljubow Sergejewna bei ihnen genannt), »die ich seit zwanzig Jahren mit ihrer Susette

kenne, Vollkommenheiten entdeckt, von denen ich keine
Ahnung hatte ... Warja, laß mir doch ein Glas Wasser
bringen!« fügte sie hinzu und schaute wieder in die Ferne;
sie fand wohl, daß es noch zu früh oder überhaupt nicht
nötig sei, mich in die Familienverhältnisse einzuweihen.
»Nein, wir wollen ihn lieber hineingehen lassen, er tut gar
nichts, und du liest weiter. Gehen Sie durch die Tür
geradeaus, mein Freund, und wenn Sie fünfzehn Schritte
gegangen sind, bleiben Sie bitte stehen und rufen Sie laut:
›Peter, bring Marja Iwanowna ein Glas Wasser mit Eis!‹«
sagte sie zu mir und lachte wieder ihr unnatürliches
Lachen.

›Sie will sicher über mich reden‹, dachte ich, als ich
hinausging, ›sie will sicher sagen, sie habe gemerkt, daß ich
ein sehr, sehr kluger Mensch sei.‹ Ich hatte die fünfzehn
Schritte noch nicht zurückgelegt, als die dicke Sofja Iwanowna mich außer Atem, aber mit schnellen, leichten
Schritten einholte.

»Merci, mon cher«, sagte sie. »Ich gehe selbst hin und
richte es aus.«

Die Liebe

Sofja Iwanowna, wie ich sie später kennenlernte, war eine
jener seltenen älteren Frauen, die für das Familienleben
geboren sind, denen aber das Schicksal dieses Glück versagt hat und die sich deshalb auf einmal entschließen, den
ganzen Vorrat von Liebe, der in ihrem Herzen so lange
für einen Gatten und für eigene Kinder bereitgelegen hat
und groß und stark geworden ist, über einige Auserwählte
auszugießen. Und dieser Vorrat pflegt bei solchen alten
Jungfern so unerschöpflich zu sein, daß noch viel Liebe
übrigbleibt, die sie dann ihrer ganzen Umgebung, allen

Guten und Bösen, denen sie im Leben begegnen, zuwenden.

Es gibt drei Arten von Liebe:

1. die schöne Liebe
2. die selbstverleugnende Liebe
3. die tätige Liebe.

Ich rede nicht von der Liebe eines jungen Mannes zu einem jungen Mädchen oder umgekehrt, ich fürchte diese Zärtlichkeiten und war so unglücklich in meinem Leben, daß ich in dieser Art von Liebe niemals auch nur einen Funken von Wahrheit gesehen habe, sondern nur Lüge, in der die Sinnlichkeit, eheliche Beziehungen, das Geld, der Wunsch, sich die Hände zu binden oder frei zu machen, dermaßen das Gefühl selbst verwirrten, daß nichts mehr klar zu erkennen war. Ich spreche von der Liebe zum Menschen, die je nach der größeren oder geringeren Kraft der Seele sich auf ein oder mehrere Individuen konzentriert oder sich vielen zuwendet, von der Liebe zur Mutter, zum Vater, zum Bruder, zu den Kindern, zum Kameraden, zum Freund, zum Landsmann, von der Liebe zu Menschen.

Die *schöne Liebe* besteht darin, daß man die Schönheit des Gefühls an sich und seines Ausdrucks liebt. Für Menschen, die auf diese Weise lieben, ist der geliebte Gegenstand nur insofern liebenswert, als er jenes angenehme Gefühl erweckt, dessen Bewußtsein und dessen Ausdrükken ihnen ein Genuß ist. Menschen, die mit dieser schönen Liebe lieben, kümmern sich sehr wenig um Gegenseitigkeit, denn dies hat keinerlei Einfluß auf die Schönheit und Annehmlichkeit des Gefühls. Sie wechseln häufig den Gegenstand ihrer Liebe, da ihr Hauptziel nur darin besteht, daß das angenehme Gefühl der Liebe immer in ihnen lebendig ist. Um dieses angenehme Gefühl in sich lebendig zu halten, reden sie von ihrer Liebe immer in sehr gewählten Worten, sowohl dem Geliebten selbst als auch allen gegenüber, die gar nichts mit dieser Liebe zu tun haben. In unserem Vaterland erzählen die Angehörigen einer gewissen Gesellschaftsklasse, wenn sie »schön« lieben, nicht nur allen Leuten von ihrer Liebe, sondern sie erzählen unter allen Umständen auf französisch davon. Es klingt lächerlich und seltsam, aber ich bin davon überzeugt, daß es sehr viele Angehörige einer gewissen Gesellschaftsklasse, namentlich Frauen, gegeben hat und noch jetzt gibt, deren Liebe zu ihren Freunden, zu ihren Männern und Kindern sofort verschwinden würde, wenn man ihnen verbieten wollte, auf französisch von ihr zu sprechen.

Die zweite Art der Liebe, die *selbstverleugnende Liebe,* besteht in der Liebe zum Prozeß der Selbstaufopferung für das geliebte Wesen, ohne daß man sich darum kümmert, ob es dem geliebten Wesen durch diese Opfer besser oder schlechter geht. »Es gibt nichts Unangenehmes, das ich mir nicht antun würde, um der ganzen Welt und *ihm* oder *ihr* meine Hingabe zu beweisen.« Das ist die Formel dieser Art von Liebe. Menschen, die auf diese Weise lieben, glauben niemals an Gegenseitigkeit (denn es ist noch großartiger, wenn ich mich für jemand aufopfere, der mich nicht versteht), sie sind immer kränklich, was ebenfalls den Wert der dargebrachten Opfer erhöht; sie sind meist beständig, denn es wäre ihnen unangenehm, das Verdienst der Opfer zu verlieren, die sie dem Geliebten gebracht haben; sie sind immer bereit zu sterben, um *ihm* oder *ihr* ihre ganze Hingabe zu beweisen, aber sie vernachlässigen die kleinen alltäglichen Beweise der Liebe, zu denen keine besondere Selbstverleugnung erforderlich ist. Es ist ihnen völlig gleichgültig, ob du gut gegessen und gut geschlafen hast, ob du vergnügt und gesund bist, und sie tun nichts, um dir diese Annehmlichkeiten zu verschaffen, auch wenn das in ihrer Macht steht, aber dich mit ihrem Leib vor einer Kugel zu decken, sich für dich ins Wasser oder ins Feuer zu stürzen, vor Liebe dahinzusiechen, dazu sind sie jederzeit bereit, sobald sich eine Gelegenheit dazu bietet. Außerdem sind Menschen, die zur selbstverleugnenden Liebe neigen, immer stolz auf ihre Liebe, anspruchsvoll, eifersüchtig, mißtrauisch und wünschen, so sonderbar es auch klingt, dem geliebten Wesen sogar Gefahren, um es dann von dem Unglück zu befreien und zu trösten, sie wünschen ihm sogar Laster, um es von ihnen zu heilen.

Du lebst mit deiner Frau allein auf dem Land, die dich mit Selbstverleugnung liebt. Du bist gesund und zufrieden, du hast eine Tätigkeit, die du liebst – deine liebende Gattin aber ist so schwach, daß sie sich weder mit dem Haushalt beschäftigen kann, der in den Händen der Dienstboten liegt, noch mit den Kindern, die den Kindermädchen überlassen sind, noch überhaupt mit etwas, das sie liebt, denn sie liebt nur dich. Sie ist offensichtlich krank, aber sie will es nicht sagen, um dich nicht zu betrüben; sie langweilt sich offensichtlich, aber um deinetwillen ist sie bereit, sich ihr ganzes Leben zu langweilen; es macht ihr offenbar große Sorgen, daß du so unablässig deine Tätigkeit ausübst (welcher Art sie auch sein mag: Jagd, Bücher, Landwirtschaft oder ein Amt); sie sieht, daß diese Tätigkeit dich zugrunde richtet, aber sie schweigt und duldet. Und auf einmal wirst du krank; deine liebende Gattin vergißt ihre eigene Krankheit und sitzt trotz deiner Bitten, sich doch nicht unnötig abzuquälen, ohne zu wanken und zu weichen an deinem Bett, und du fühlst jede Sekunde ihren mitleidigen Blick auf dich gerichtet, der sagt: ›Na ja, ich habe es ja immer gesagt, aber ich fühle mich nicht gekränkt, ich lasse dich trotzdem nicht im Stich.‹ Am Morgen fühlst du dich ein bißchen besser, du gehst in ein anderes Zimmer. Das Zimmer ist nicht geheizt und nicht aufgeräumt; die Suppe, das einzige, was du essen darfst, ist beim Koch nicht bestellt, die Arznei ist nicht geholt worden; aber deine von den Nachtwachen erschöpfte liebende Gattin sieht dich immer mit demselben mitleidigen Ausdruck an, geht auf Zehenspitzen und erteilt flüsternd den Dienstboten ungewöhnliche und unklare Befehle. Du möchtest lesen – deine liebende Gattin sagt mit einem Seufzer, sie wisse, daß du ihr doch nicht folgen, sondern böse auf sie würdest, aber daran sei sie schon gewöhnt; es sei besser für dich, nicht zu lesen; du willst im Zimmer auf und ab gehen – wieder ist es besser für dich, wenn du das nicht tust; du möchtest mit einem Freund sprechen, der zu Besuch gekommen ist – es ist besser für dich, wenn du nicht mit ihm sprichst. Du hast in der Nacht wieder Fieber und möchtest einschlafen, aber deine liebende Gattin sitzt mager und blaß beim trüben Schein der Nachtlampe dir gegenüber in einem Sessel, seufzt ab und zu und erregt durch die geringste Bewegung und durch das geringste Geräusch deinen Ärger und deine Ungeduld. Du hast einen Diener, der schon zwanzig Jahre bei dir ist, an den du gewöhnt bist und der dich mit Vergnügen und vortrefflich bedient, weil er sich am Tag ausgeschlafen hat und für seine Dienste ein Gehalt bekommt, aber sie erlaubt ihm nicht, dich zu bedienen. Sie tut alles selbst mit ihren schwachen, ungeübten Fingern, deren Bewegungen du nur mit unterdrücktem Ingrimm verfolgen kannst, wenn diese weißen Finger versuchen, eine Flasche zu entkorken, die Kerze auszulöschen oder wenn sie die Arznei verschütten oder dich mit innerem Widerwillen berühren. Wenn du ein ungeduldiger, hitziger Mensch bist und sie bittest, hinauszugehen, so vernimmst du mit deinem krankhaft gereizten Gehör, wie sie draußen vor der Tür ergebungsvoll seufzt und weint und deinem Diener irgendwelchen Unsinn zuflüstert. Und wenn du nicht stirbst, dann wird deine liebende Gattin, die während deiner Krankheit zwanzig Nächte nicht geschlafen hat (was sie dir unaufhörlich wiederholt), schließlich krank, siecht dahin, leidet schwer, wird noch unfähiger zu irgendeiner Tätigkeit und drückt ihre selbstverleugnende Liebe nur durch eine sanfte Traurigkeit aus, die sich dir und der ganzen Umgebung unwillkürlich mitteilt.

Die dritte Art, die *tätige Liebe,* besteht in dem Bemühen, alle Bedürfnisse, alle Wünsche und Launen, ja sogar die Laster des geliebten Wesens zu befriedigen. Menschen, die auf diese Weise lieben, lieben immer für das ganze Leben, denn je mehr sie lieben, um so genauer lernen sie das geliebte Wesen kennen und um so leichter wird es ihnen, es zu lieben, das heißt seine Wünsche zu befriedigen. Ihre Liebe äußert sich selten in Worten, und wenn es doch einmal geschieht, dann geschieht es ohne Selbstzufriedenheit und ohne schöne Form, sondern schamhaft und ungeschickt, weil sie immer fürchten, nicht genug zu lieben. Diese Menschen lieben sogar die Laster des geliebten Wesens, weil diese Laster ihnen die Möglichkeit geben, noch neue Wünsche zu befriedigen. Sie möchten gern Gegenliebe finden, glauben in freiwilliger Selbsttäuschung daran und sind glücklich, wenn sie sie erlangen; aber auch im entgegengesetzten Fall lieben sie immer in gleicher Weise weiter, und sie wünschen nicht nur das Glück des geliebten Wesens, sondern bemühen sich auch stets mit allen geistigen und materiellen, großen und kleinen Mitteln, die ihnen zur Verfügung stehen, ihm dieses Glück zu verschaffen.

Und diese tätige Liebe zu ihrem Neffen, zu ihrer Nichte, zu ihrer Schwester, zu Ljubow Sergejewna und sogar zu mir, weil Dmitrij mich liebte, diese Liebe war es, die in Sofja Iwanownas Augen leuchtete und aus jedem ihrer Worte, aus jeder ihrer Bewegungen sprach.

Erst weit später lernte ich Sofja Iwanowna voll würdigen; aber auch schon damals fragte ich mich verwundert: wie ist es nur möglich, daß Dmitrij, der sich doch bemüht, die Liebe ganz anders aufzufassen, als es junge Leute gewöhnlich tun, und der die gute, liebevolle Sofja Iwanowna immer vor Augen gehabt hat, wie ist es möglich, daß er sich plötzlich so leidenschaftlich in die unbegreifliche Ljubow Sergejewna verliebt hat und von seiner Tante nur sagt, sie hätte auch gute Eigenschaften? Offenbar ist der Ausspruch richtig: »Der Prophet gilt nichts in seinem Vaterland.« Eins von beiden muß der Fall sein: entweder steckt wirklich in jedem Menschen mehr Schlechtes als Gutes, oder der Mensch ist für das Schlechte empfänglicher als für das Gute, Ljubow Sergejewna kennt er noch nicht lange, aber die Liebe seiner Tante hat er erfahren, seit er auf der Welt war.

Ich lerne die Familie näher kennen

Als ich auf die Galerie zurückkam, wurde dort durchaus nicht von mir gesprochen, wie ich geglaubt hatte; aber Warenka las nicht mehr vor, sondern hatte das Buch beiseite gelegt und stritt sich hitzig mit Dmitrij, der auf und ab ging, mit dem Hals seine Krawatte zurechtschob und finster die Brauen runzelte. Der äußere Anlaß des Streits war Iwan Jakowlewitsch und der Aberglaube; aber der Streit war doch so hitzig, daß er gewiß einen anderen Grund hatte, der die ganze Familie näher anging. Die Fürstin und Ljubow Sergejewna saßen schweigend da und lauschten auf jedes Wort; sie hätten wohl manchmal gern eingegriffen, hielten sich jedoch zurück und überließen es – die eine Warenka, die andere Dmitrij – für sie zu sprechen. Als ich hereinkam, sah mich Warenka so gleichgültig an, daß mir sofort klar war: der Streit beschäftigte sie stark, und es war ihr vollkommen gleich, ob ich hörte, was sie sagte, oder nicht. Denselben Ausdruck hatte der Blick der Fürstin, die offenbar auf Warenkas Seite stand. Dmitrij begann in meiner Gegenwart noch hitziger zu streiten, und Ljubow Sergejewna schien über mein Hereinkommen sehr zu erschrecken und sagte, ohne sich an jemand besonderen zu wenden: »Die alten Leute haben ganz recht, wenn sie sagen: ›Si jeunesse savait, si vieillesse pouvait.‹«

Aber dieser Ausspruch beendete den Streit nicht, sondern brachte mich nur auf den Gedanken, daß Ljubow Sergejewna und mein Freund, die eine Partei bildeten, im Unrecht seien. Es war mir zwar etwas peinlich, bei einem kleinen Familienstreit dabeizusein, aber es war mir doch angenehm, die wahren wechselseitigen Beziehungen dieser Familie kennenzulernen, die durch diesen Streit zutage kamen, und zu sehen, daß meine Anwesenheit die Familienmitglieder nicht hinderte, sich auszusprechen.

Wie oft kommt es vor, daß man jahrelang eine Familie unter ein und demselben lügenhaften Schleier des Anstands sieht und die wahren Beziehungen zwischen ihren Mitgliedern einem ein Geheimnis bleiben (ich habe sogar die Beobachtung gemacht, daß die wahren, einem Außenstehenden verborgenen Beziehungen meist um so gröber sind, je undurchsichtiger und darum schöner dieser Schleier ist). Aber eines schönen Tages kommt es in diesem Familienkreis plötzlich zu einer manchmal bedeutungslos scheinenden Meinungsverschiedenheit über ein Stück Seidenspitze oder über eine Visitenkarte oder über die Pferde des Mannes – und ohne jeden ersichtlichen Grund wird der Streit immer erbitterter, unter dem Schleier wird es schon zu eng zur Erörterung der Angelegenheit, und auf einmal treten zum Schrecken der Streitenden selbst und zum Erstaunen der Anwesenden die wahren unschönen Beziehungen klar zutage; der Schleier, der nichts mehr verbirgt, flattert sinnlos zwischen den kämpfenden Parteien und erinnert einen nur daran, wie lange man sich von ihm täuschen ließ. Oft ist es nicht so schmerzhaft, mit voller Wucht mit dem Kopf gegen einen Türpfosten zu stoßen, als an einer kranken, wunden Stelle des Körpers nur ganz leise berührt zu werden. Und eine solche kranke, wunde Stelle gibt es fast in jeder Familie. In der Familie Nechljudows war es die Liebe Dmitrijs zu Ljubow Sergejewna, eine Neigung, die bei der Schwester und der Mutter zwar keinen Neid erweckte, aber doch bewirkte, daß sie sich als Dmitrijs nächste Verwandte gekränkt fühlten. Daher hatte auch der Streit über Iwan Jakowlewitsch und den Aberglauben für sie alle eine so ernste Bedeutung.

»Du bemühst dich immer, in Dingen, über die andere lachen und die alle verachten, etwas Besonderes zu sehen«, sagte Warenka mit ihrer klangvollen Stimme und sprach jeden einzelnen Buchstaben deutlich aus. »Du bemühst dich, gerade in solchen Dingen etwas ungewöhnlich Gutes zu finden.«

»Erstens kann nur ein ganz leichtfertiger Mensch von Verachtung sprechen, wenn von einem so bemerkenswerten Mann wie Iwan Jakowlewitsch die Rede ist«, antwortete Dmitrij und zuckte krampfhaft mit dem Kopf, nach der Seite, die seiner Schwester abgewandt war, »und zweitens bemühst du dich absichtlich, das Gute, das dir vor Augen steht, nicht zu sehen.«

Sofja Iwanowna, die zu uns zurückgekommen war, sah bald ihren Neffen, bald ihre Nichte, bald mich erschrocken an, öffnete ein paarmal den Mund, als ob sie in Gedanken etwas sagte, und seufzte dann schwer!

»Warja, bitte, lies doch weiter vor«, sagte sie, reichte ihr das Buch und tätschelte ihr freundlich die Hand, »ich möchte brennend gern wissen, ob er sie wiedergefunden hat.« (Ich glaube, in dem Roman war gar nicht davon die Rede, daß jemand jemanden wiederfand.) »Und du, Mitja, du solltest dir lieber etwas um die Backe binden, mein Freund; es ist kühl, und du wirst sonst wieder Zahnschmerzen bekommen«, sagte sie zu ihrem Neffen, trotz des ärgerlichen Blicks, den er ihr wohl deswegen zuwarf, weil sie den logischen Gang seiner Schlußfolgerungen unterbrochen hatte. Die Lektüre wurde fortgesetzt.

Dieser kleine Streit störte in keiner Weise den Familienfrieden und die vernünftige Harmonie, die dieser kleine Kreis von Frauen atmete.

Dieser Kreis, der offenbar von der Fürstin Marja Iwanowna seine Richtung und sein Gepräge erhielt, hatte in seiner inneren Vernunft, seiner Schlichtheit und Vornehmheit einen ganz neuen, reizvollen Charakter für mich. Dieser Charakter kam für mich auch in der Schönheit, Sauberkeit und Solidität der Dinge zum Ausdruck – der Klingel, des Einbands von Warjas Buch, des Sessels, des Tisches, und in der geraden, durch das Korsett gestützten Haltung der Fürstin, auch darin, daß sie ihre grauen Locken zeigte und mich gleich beim ersten Zusammentreffen einfach Nicolas und »er« nannte, sodann in ihren Beschäftigungen, im Vorlesen, im Nähen eines Kleides und in der ungewöhnlichen Weiße der Damenhände. (Ihre Hände hatten einen der ganzen Familie gemeinsamen Zug, der darin bestand, daß der Handteller rötlich war und durch eine scharfe, gerade Linie von der auffallenden Weiße des Handrückens getrennt wurde.) Aber am allermeisten kam dieser Charakter bei allen dreien in der Art zum Ausdruck, in der sie russisch und französisch sprachen: jeder Buchstabe wurde deutlich ausgesprochen, jedes Wort und jeder Satz mit pedantischer Genauigkeit zu Ende geführt. All dies und besonders, daß man in dieser Gesellschaft so schlicht und ernst mit mir verkehrte wie mit einem Erwachsenen, mir die eigenen Ansichten mitteilte und sich die meinen anhörte – daran war ich so wenig gewöhnt, daß ich trotz der glänzenden Knöpfe und des blauen Kragens immer fürchtete, die Leute könnten plötzlich zu mir sagen: »Glauben Sie denn wirklich, daß wir Sie ernst nehmen? Gehen Sie und lernen Sie zuerst etwas!« – all das bewirkte, daß ich in dieser Gesellschaft keine Spur von Schüchternheit empfand. Ich stand auf, setzte mich von einem Platz auf den anderen und sprach kühn mit allen, mit Ausnahme von Warenka, weil ich dachte, gleich beim erstenmal mit ihr zu sprechen sei ungehörig, ja sogar gewissermaßen verboten.

Während sie vorlas und ich ihrer angenehmen, klangvollen Stimme lauschte, schaute ich bald auf sie, bald auf den sandigen Gartenweg, wo sich vom Regen dunkle, runde Flecke gebildet hatten, und auf die Linden, auf deren Blätter immer noch einzelne Regentropfen aus dem weißen, vom Himmelsblau erhellten Rand der Wolke fielen, die uns überrascht hatte, dann wieder auf Warenka, auf die letzten purpurnen Strahlen der untergehenden Sonne, die das regennasse, dichte Laub der alten Birken beleuchtete, und schließlich wieder auf Warenka. Und da sagte ich mir, daß sie überhaupt nicht häßlich sei, wie es mir anfangs vorgekommen war.

›Schade, daß ich schon verliebt bin‹, dachte ich, ›und daß Warenka nicht Sonetschka ist; wie schön wäre es, wenn ich plötzlich ein Mitglied dieser Familie würde: ich bekäme auf einmal eine Mutter und eine Tante und eine Frau.‹ Gerade in dem Augenblick, als ich das dachte, richtete ich meinen Blick starr auf die lesende Warenka und meinte, das müsse magnetisch auf sie wirken und sie müsse mich ansehen. Warenka hob den Kopf, sah mich an und wandte sich wieder von mir ab, als sich unsere Blicke begegneten.

»Der Regen hört aber auch gar nicht auf«, sagte sie.

Und auf einmal hatte ich eine seltsame Empfindung: ich erinnerte mich, daß alles, was jetzt mit mir vorging, eine Wiederholung von etwas war, was ich schon einmal erlebt hatte – auch damals rieselte ein leiser Regen, die Sonne ging hinter den Birken unter, ich sah *sie* an, und sie las, und ich magnetisierte sie, und sie blickte auf; und ich erinnerte mich sogar, daß das alles schon früher noch einmal geschehen war.

›Ist sie wirklich sie, und *fängt es jetzt an?*‹ dachte ich. Aber ich kam schnell zu der Überzeugung, daß sie nicht *sie* war und daß es noch nicht *anfing.* ›Erstens ist sie nicht schön‹, dachte ich, ›sondern einfach irgendein Fräulein, und ich habe sie auf ganz gewöhnliche Weise kennengelernt, aber die Richtige wird ganz ungewöhnlich sein, und ich werde ihr an einem ganz ungewöhnlichen Ort begegnen; und zweitens gefällt mir diese Familie nur deswegen so gut, weil ich noch nichts gesehen habe. Aber solche Leute gibt es gewiß überall, und ich werde noch sehr viele von ihnen in meinem Leben kennenlernen.‹

Ich zeige mich von der vorteilhaftesten Seite

Während des Tees wurde nicht vorgelesen, und die Damen unterhielten sich über mir unbekannte Personen und Verhältnisse, und zwar nur deswegen, wie ich meinte, um mich trotz des freundlichen Empfangs den Unterschied fühlen zu lassen, der nach den Jahren und nach der gesellschaftlichen Stellung zwischen mir und ihnen bestand. Bei den allgemeinen Gesprächen aber, an denen ich mich beteiligen konnte, bemühte ich mich, mein Schweigen von vorhin wettzumachen und meinen ungewöhnlichen Verstand und meine Originalität ins rechte Licht zu setzen, wozu ich mich durch meine Uniform besonders verpflichtet fühlte. Als das Gespräch auf Sommerwohnungen kam, erzählte ich, Fürst Iwan Iwanowitsch besäße ein so schönes Landhaus bei Moskau, daß die Leute aus Paris und London kämen, um es sich anzusehen, und dort sei ein Gitter, das dreihundertachtzigtausend Rubel gekostet habe; Fürst Iwan

Iwanowitsch sei ein sehr naher Verwandter von mir, und ich hätte heute bei ihm zu Mittag gegessen, und er habe mich eingeladen, den ganzen Sommer mit ihm in diesem Landhaus zu verleben; aber ich hätte es abgelehnt, weil ich dieses Landhaus von früheren Besuchen her genau kenne und all diese Gitter und Brücken mich nicht interessierten, denn ich könne keinen Luxus leiden, besonders nicht auf dem Land, wo es nach meinem Geschmack so wie auf dem Land sein müßte ... Nachdem ich diese schreckliche, komplizierte Lüge vorgebracht hatte, wurde ich verlegen und errötete, so daß gewiß alle merkten, daß ich gelogen hatte. Warenka, die mir gerade in diesem Augenblick eine Tasse Tee reichte, und Sofja Iwanowna, die mich angesehen hatte, während ich sprach, wandten sich beide von mir ab und begannen von etwas anderem zu reden, mit einer Miene, die ich später oft bei gütigen Menschen gesehen habe, wenn ein sehr junger Mensch anfängt, ihnen offen ins Gesicht zu lügen, und die besagt: ›Wir wissen doch, daß er lügt. Warum tut er das nur, der arme Kerl ...‹

Daß Fürst Iwan Iwanowitsch ein Landhaus besitze, hatte ich deswegen gesagt, weil ich keinen besseren Vorwand fand, um zu erzählen, daß ich mit ihm verwandt sei und heute bei ihm zu Mittag gegessen habe; aber wozu ich von dem Gitter erzählte, das dreihundertachtzigtausend Rubel gekostet habe, und daß ich so oft bei ihm in dem Landhaus gewesen sei, obwohl ich kein einziges Mal dort gewesen war und auch gar nicht dort gewesen sein konnte, da er nur in Moskau selbst oder in Neapel lebte, was Nechljudows sehr wohl wußten – wozu ich das gesagt hatte, davon kann ich mir absolut keine Rechenschaft geben. Weder in meiner Kindheit noch in meinen Knabenjahren noch auch später in reiferem Alter habe ich das Laster der Lüge an mir wahrgenommen; im Gegenteil, ich war eher zu wahrheitsliebend und offenherzig; aber in dieser ersten Periode meiner Jünglingszeit überkam mich oft ein sonderbares Verlangen, ohne jeden ersichtlichen Grund in der tollkühnsten Weise zu lügen. Ich sage ausdrücklich »in der tollkühnsten Weise«, weil ich bei Dingen log, bei denen ich sehr leicht ertappt werden konnte. Ich glaube, daß der eitle Wunsch, für einen ganz anderen Menschen gehalten zu werden, als man ist, vereint mit der im Leben nie in Erfüllung gehenden Hoffnung, zu lügen, ohne bei der Lüge ertappt zu werden, die Hauptursache dieser seltsamen Neigung war.

Nach dem Tee, als der Regen aufgehört hatte und das Wetter bei Sonnenuntergang schön und klar geworden war, schlug uns die Fürstin vor, einen Spaziergang in den unteren Teil des Parks zu machen und ihr Lieblingsplätzchen zu bewundern. Getreu meinem Grundsatz, immer originell zu sein, und in der Meinung, daß so kluge Menschen wie ich und die Fürstin über die banale Höflichkeit erhaben sein müßten, antwortete ich, ich könne es nicht leiden, ohne jeden Zweck spazierenzugehen; und wenn ich schon einmal Lust zu einem Spaziergang hätte, dann ginge ich ganz allein. Ich überlegte gar nicht, daß das geradezu grob war; aber ich war damals der Ansicht, nichts sei schmählicher als dumme Komplimente und nichts sei liebenswürdiger und origineller als eine gewisse unhöfliche Offenheit. Aber, höchst zufrieden mit meiner Antwort, ging ich trotzdem mit der ganzen Gesellschaft spazieren.

Der Lieblingsplatz der Fürstin war ganz unten, im einsamsten Teil des Parks, an einem kleinen Brückchen, das über einen schmalen Sumpf führte. Die Aussicht war sehr begrenzt, aber sehr schön und verträumt. Wir sind so gewohnt, die Kunst mit der Natur zu verwechseln, daß Erscheinungen der Natur, die uns niemals in der Malerei begegnet sind, uns sehr oft unnatürlich vorkommen, als ob die Natur unnatürlich sein könnte, und umgekehrt kommen uns Erscheinungen, die sich gar zu oft in der Malerei

wiederholen, abgenutzt vor, und manche Landschaften, die
zu sehr von einem einzigen Gedanken und Gefühl durch-
drungen sind und die uns in der Wirklichkeit begegnen,
halten wir für gekünstelt. Von dieser Art war die Landschaft, die man von dem Lieblingsplatz der Fürstin aus sah:
ein kleiner, an den Rändern mit Schilf bewachsener Teich,
gleich dahinter ein steiler Berg, von mächtigen alten Bäumen und Büschen bedeckt, die ihr verschiedenes Grün an
vielen Stellen mischten, und am Fuß des Berges eine über
den Teich geneigte alte Birke, die sich mit einem Teil ihrer
dicken Wurzeln an das feuchte Ufer des Teiches klammerte,
sich mit ihrem Wipfel an eine hohe, schlanke Espe lehnte
und ihre lockigen Zweige über die Oberfläche des Teiches
hängen ließ, der diese hängenden Zweige und das ganze
Grün der Umgebung widerspiegelte.

»Wie entzückend!« sagte die Fürstin, mit dem Kopf nik-
kend, ohne sich an jemand besonderen zu wenden.

»Ja, es ist wunderschön, nur hat es, wie mir scheint,
große Ähnlichkeit mit einer Theaterdekoration«, sagte ich,
um zu zeigen, daß ich in allem eine besondere Meinung
hatte. Die Fürstin fuhr fort, die Aussicht zu bewundern, als
ob sie meine Bemerkung gar nicht gehört hätte, und machte ihre Schwester und Ljubow Sergejewna auf einige Einzelheiten aufmerksam, auf einen krummen, nach unten
gebogenen Ast und sein Spiegelbild, das ihr besonders
gefiel. Sofja Iwanowna sagte, das sei alles sehr schön, und
ihre Schwester verbringe hier oft ganze Stunden, aber es
war klar, daß sie das nur der Fürstin zuliebe sagte. Ich habe
beobachtet, daß Menschen, die mit der Fähigkeit der täti-
gen Liebe begabt sind, selten für die Schönheiten der Natur
empfänglich sind. Ljubow Sergejewna war ebenfalls entzückt; sie fragte unter anderem: »Wodurch hält sich diese
Birke? Wird sie noch lange stehen?« und schaute fortwährend nach ihrer Susette, die, mit dem buschigen Schwanz

wedelnd, so geschäftig mit ihren krummen Beinchen auf der Brücke hin und her lief, als sei sie zum erstenmal in ihrem Leben aus dem Zimmer herausgekommen. Dmitrij begann mit seiner Mutter eine sehr logische Diskussion über das Thema, daß eine Landschaft mir begrenzter Aussicht unter keinen Umständen schön sein könne. Warenka sagte nichts. Als ich mich nach ihr umsah, stand sie an das Brückengeländer gelehnt, wandte mir ihr Profil zu und blickte gerade vor sich hin. Es war wohl etwas, das sie stark beschäftigte und sogar rührte, denn sie hatte offenbar alles um sich vergessen und dachte weder an sich noch daran, daß jemand sie beobachtete. In dem Ausdruck ihrer großen Augen lag so viel unverwandte Aufmerksamkeit und ruhiges, klares Denken, in ihrer Haltung so viel Ungezwungenheit und trotz ihrer kleinen Statur sogar etwas Imponierendes, daß mich von neuem eine Erinnerung an *sie* überkam und ich mich fragte, ob es etwa jetzt *anfange*. Und wieder gab ich mir die Antwort, daß ich schon in Sonetschka verliebt sei und daß Warenka einfach irgendein Fräulein sei, die Schwester meines Freundes. Aber sie gefiel mir in diesem Augenblick, und deshalb fühlte ich ein unklares Verlangen, irgend etwas zu tun oder zu sagen, das ihr ein bißchen unangenehm wäre.

»Weißt du was, Dmitrij«, sagte ich zu meinem Freund, wobei ich näher an Warenka herantrat, so daß sie hören konnte, was ich sagen wollte, »ich finde, selbst wenn es hier keine Mücken gäbe, wäre an diesem Platz nichts Schönes; aber so«, fügte ich hinzu, klatschte mit der Hand auf meine Stirn und schlug wirklich eine Mücke tot, »ist es hier ganz häßlich.«

»Sie lieben die Natur wohl nicht?« sagte Warenka zu mir, ohne den Kopf zu wenden.

»Ich finde, daß es eine müßige, nutzlose Beschäftigung ist«, antwortete ich, sehr befriedigt, daß ich ihr eine kleine

Unannehmlichkeit gesagt hatte, und dazu noch eine so originelle. Warenka zog kaum merklich die Augenbrauen mit einem Ausdruck des Bedauerns in die Höhe und blickte dann wieder ruhig vor sich hin.

Ich ärgerte mich über sie, aber diese Szene blieb mir trotzdem im Gedächtnis. Das grau gestrichene, schon verblaßte Brückengeländer, an das Warenka sich lehnte, das Spiegelbild des krummen Astes der über den dunklen Teich geneigten Birke, das sich mit den herabhängenden Zweigen vereinigen zu wollen schien, der Sumpfgeruch, die Empfindung von der zerdrückten Fliege auf meiner Stirn und Warenkas aufmerksamer Blick und ihre imponierende Haltung – all das tauchte später oft ganz unerwartet in meiner Phantasie auf.

Edmond und Jules de Goncourt
VERLIEBT FÜR 15 Schritte★

Ende August Wir fuhren für einen Monat zum Baden ans Meer, nach Sainte – Adresse bei Le Havre. Als wir dort im Chateau-Vert wohnten, stellte Asseline, ein Schriftsteller vom ›Mousquetaire‹ (einer Tageszeitung) uns einen jungen Mann namens Turcas vor, einen Enkel von Cherubini, der mit Gewinn an der Börse spekulierte.

Er hatte ein kleines Haus, ein Gärtchen und eine Mätresse; es war die schöne und große Person aus dem Palais-Royal namens Brassine. Er hatte auch zwei oder drei Boote,

★ Im Ms hat Edmond später am Rand zu dieser Notitz notiert: »Die Anekdote haben wir Zola erzählt, der sie 1880 in ›Nana‹ verwendet hat.« Zola legt den Ausspruch dort dem Theaterdirektor Bordenave in den Mund.

mit denen wir aufs Meer hinausfuhren; und am Strand eine Bretterhütte, wo man allerlei Spiele spielte und von der Pfeife zum Plaudern überging. Stunden köstlichen Faulenzens. Das Meer glitzerte vor einem und wiegte einen ein. Das Abendessen löste das Mittagessen ab. Die abendlichen Grogs nahmen kein Ende. Turcas hatte eine behagliche Gastfreundschaft: es lag Großzügigkeit ohne Angabe darin, bei Tisch ein englisches Flair. Alle Eitelkeit hatte er ausgeschaltet, ohne dem Wohlbefinden irgend etwas zu rauben.

Ein Kamerad von der Börse hatte ihm während seiner Abwesenheit seine Mätresse anvertraut, die wie Brassine Schauspielerin war, Schauspielerin bei den Folies-Dramatiques; sie hieß Dubuisson. Sie war ein kleines Geschöpf, das einen wie ein Kätzchen biß und wie ein Gassenjunge bespöttelte: ein hübsches kleines irritierendes Biest.

Alle beide hatten wir Spaß daran gefunden, uns mit ihr zu necken, und führten mit Sticheleien einen Krieg mit ihr, als sie eines Abends bei unserer Rückkehr von Turcas – es war elf Uhr, und das Hotel, wo sie wohnte, war schon geschlossen – in einem weißen Bademantel an einem Fensterbalkon erschien.

Ich ging neben Asseline, der ihr stark den Hof machte: im Scherz begannen wir am Spaliergitter hochzuklettern, das beinahe bis zu ihrem Fenster führte. Asseline gab sehr bald auf. Es war durchaus nicht sehr sicher. Ich aber kletterte, da ich nun mal zu eskaladieren begonnen hatte, ernsthaft weiter. In mir war ein Begehren, das mich wie ein Peitschenschlag getroffen hatte: ich begehrte die Frau da oben. Sie lachte und grollte halb. Das dauerte ein paar Sekunden – ein paar Sekunden, während deren in mir einer war, der diese Frau liebte, sie haben wollte, sich danach sehnte, sie wie einen Stern zu pflücken. Fröhlich klomm ich empor, fiebernd wie ein Narr und mechanisch wie ein

Schlafwandler. Ich wurde angesogen in den Dunstkreis des Mantels und des weißen Punktes. Endlich kam ich oben an und sprang auf den Balkon: während einer Strecke von fünfzehn Fuß war ich verliebt gewesen. Ich glaube wohl, daß ich in meinem ganzen Leben immer nur solche Aufwallungen von Liebe empfinden werde. Das steigt auf, beklemmt, entzückt; Paradiesisches, das einem unter der Nase vorbeiwischt.

Ich schlief mit dieser Frau, die zu mir sagte: »Du bist aber komisch! Du siehst aus wie ein Kind, das ein Butterbrot anstarrt!« Aber schon war ich ernüchtert; ich hatte Angst, daß sie mich am nächsten Morgen um ein kleines Pinseläffchen bitten werde, das ich tagsüber in Le Havre erworben hatte. Ich meinte, diese Frau müsse Affen über alles lieben.

Diese Nacht war wie eine seelische Entkleidung. Ihre Liederlichkeit war von Tränen durchschimmert. Sie erzählte mir ihr Leben, tausend traurige, schauerliche Dinge, die sie plötzlich mit einem »Quatsch!« abbrach, das ihre Tränen zu schlürfen schien. Sie fragte mich, ob ich ihren Geliebten kenne!

»Würdest du ihn kennen, dann würdest du mich beklagen!« In der Haut des Gassenmädels erschien mir – ich weiß nicht welches – kummervolle, träumerische, nachdenkliche Figürchen, das auf die Rückseite eines Theaterplakats gezeichnet war. – Nach jeder Erregung machte ihr Herz »tock tock« wie die Kuckucksuhr in einem Dorfgasthaus: ein unheimliches Pochen: die Lust, die den Tod einläutete! »Oh, ich weiß sehr gut«, sagte sie mir, »wenn ich dieses Leben nur sechs Monate so weiterführen würde, so stürbe ich. Mit der Brust da werde ich jung sterben müssen ... Wenn ich erst noch mit Soupers anfinge, würde es gar nicht lange dauern.«

Robert Musil

EINE SCHÖNE 40JÄHRIGE FICHTE

Ich fürchte, daß auch meine Treue ein Nichtlebenwollen ist. Hier, d. h. im Thalhof – Ich muß die Aufzeichnungen doch wohl datieren. Bis auf weiteres sind sie im Thalhof gemacht, in den Monaten Juni, Juli u. August d. J. 1938 –, ist eine ungarische Baronin gewesen, sie hat anfangs einzelnstehende Frau betont u. mit niemand verkehrt, Zigaretten geraucht u. den ganzen Tag in einem abseits aufgestellten Liegestuhl verbracht. Ihr Mund war wie aufgeschlitzt, allerdings gemalt, ich glaube, er war recht schön, jedenfalls sinnlich u. eine Einladung. Er ließ an die Vagina denken; allerdings erst, nachdem man sich an die ganze Frau gewöhnt hatte. Denn sie wirkte grotesk mit ihrer etwas aufgestülpten Nase, dem aufgefärbten Blondhaar und den verwüsteten Augenhöhlen, die von einem Laster oder einem Leiden herrühren mochten. Sie war auf den ersten Blick eine gewesene Schönheit, die sich vergeblich neu auftakeln will [...]. Anders gesehen habe ich sie erst, als sie in einem sehr leichten Strandanzug in den Garten u. zu Tisch kam. Ihre Figur war so schön – wie – sagen wir wie eine 40jährige Fichte. Vollkommen von der Fußsohle bis zum Kinn. Allerdings bin ich mir über den Busen nicht klar geworden. Er hatte eher etwas mehr als gute Mittelgröße und war, wie ich vermute, länglich rund. Das scheinbar aus dem wenigsten bestehende Hosenkleid ließ das sehr geschickt im Ungewissen. Aber ich darf nicht vergessen: die weiße Haut war von schönster Beschaffenheit. Nach ihr geschätzt, war die Frau gewiß keine vierzig Jahre alt; sie hätte auch erst dreißig Jahre haben können.

Ich erzähle das alles nebenbei, gerade nur, um es festzuhalten, da es durch die Erinnerung kommt; das Thema ist ein anderes. Ich hatte bald gewahrt, daß diese Frau, die sich sehr langweilte, mich »bemerkt« hatte u. das gleiche von mir wußte. Unsere Augen streiften bei jeder Begegnung aneinander vorbei. Die Wahrscheinlichkeit war groß, daß wir nicht viel Wartezeit verbraucht hätten, wäre ich allein gewesen. Und nun sagte ich mir: Du brauchst sie doch bloß anzusprechen. Sie wird etwas erfinden, das dich auf ihr Zimmer führt, oder du erfindest etwas, das ihre Bereitwilligkeit prüft. Seid ihr so weit, so ist das andere nur noch die Aufgabe, im Fallen etwas Haltung zu bewahren. Und ich sah das alles recht lebendig vor mir. Das Leben ist so einfach und bereitwillig. Da begriff ich an diesem: Du könntest es sogleich haben, daß ich nichts haben will. Und daß wie gesagt auch die Treue unter anderem nichts ist als der Unwille zu leben. (Nebenbei: ich habe mir vorgenommen, an dieses Beispiel beim Unterschied der zwei leidenschaftlichen Personen, der appetitiven u. der verinnerlichten, zu denken.)

Eduardo Mendoza

So ist's recht

In jener Zeit war die Sommerfrische sehr verschieden von der Art, wie wir sie uns heute vorstellen. Nur die privilegierten Familien verlegten ihren Aufenthaltsort, dem Beispiel der Königsfamilie folgend, in eine vornehmere Gegend, wo das Klima trockener war, wenn die Hitze einsetzte; dabei waren sie bestrebt, sich von Barcelona nicht zu weit zu entfernen, und verbrachten den Sommerurlaub in Sarriá, Pedralbes und der Bonanova, heute allesamt Stadtviertel. Die übrigen Bürger bekämpften die Hitze mit Fächern und krugweise kaltem Wasser. Die Strandbäder wurden bei den jungen, an Frankreich orientierten Leuten allmählich populär – mit den entsprechenden Vorkommnissen. Da sozusagen niemand schwimmen konnte, war die Zahl der Ertrunkenen jedes Jahr relativ hoch. Dann führten die Priester diese schmerzliche Statistik in ihren Predigten als Beweis für den Zorn Gottes an. Don Humbert Figa i Morera, der zuviel Zeit hatte verstreichen lassen, um noch eine Sommerresidenz in einem renommierten Viertel zu erwerben, mußte die seine in einer nördlich des Stadtkerns gelegenen Kolonie namens Budallera bauen lassen. Dort hatte er ein holpriges, mit Pinien, Kastanienbäumen und Magnoliensträuchern übersätes Terrain gekauft und sich ein anspruchsloses Häuschen aufstellen lassen. Beim Kauf des Landes hatte er, wie es vielen Anwälten zu ergehen pflegt, jegliche Vorsicht außer acht gelassen. Deshalb mußte er jetzt Zeit, Mühe und Geld in die Lösung von Grundstücksproblemen stecken, die schon mehrere Jahrhunderte zurückreichten. In Wirklichkeit war er das Opfer eines Betrugs geworden; das Terrain war finster, sehr feucht und stechmückenverseucht; der Ort war dermaßen verrufen, daß er als einzige Nachbarn ein paar Einsiedler hatte, die in ungesunden Grotten lebten, sich von Wurzeln und Baumrinde ernährten, mit entblößtem Schamteil durch die Wälder streiften und im Lauf der Jahre zu sprechen und zu denken verlernt hatten. »Nur einem Einfaltspinsel wie dir kann es in den Sinn kommen, sich eine Parzelle auf so einer Müllhalde zu kaufen«, sagte ihm seine Gattin täglich. An manchen Tagen sagte sie es sogar mehrfach, denn sie wäre gern in die Bäder von Ocata oder Montgat gegangen, wo sie mit den versnobtesten Vertretern der jungen Bourgeoisie auf du und du hätte sein können. Doch für einmal hatte sich ihr Gatte durchgesetzt.

»Ihr könnt beide nicht schwimmen, weder du noch das Mädchen«, hatte er gesagt, »und eine Strömung könnte euch fortreißen; außerdem soll es auf dem Meeresgrund Kraken und Neunaugen geben, die stechen und die Badenden vor den entsetzten Augen der Angehörigen und Freunde zerstückeln.«

»Wohl deshalb«, entgegnete sie, »weil sie nackt baden. Wenn sie ihr Fleisch entblößen, wecken sie die Gefräßigkeit der Fauna, die Tierisches und Menschliches allein an der Kleidung auseinanderhalten kann.« Bei diesen Worten verzog sie sarkastisch den Mund, als freute sie sich über das Ungemach derer, die sich nicht zu kleiden wußten, wie es sich gehörte. Sie, die immer noch gegen das Diktat der Mode Reifröcke trug, eine gesäumte, zwei Meter lange Schleppe hinter sich herzog und zu jeder Tages- und Nachtzeit unter dem Schmuck fast zusammenbrach, war überzeugt, daß es kein Tier wagen würde, sie anzugreifen. Ihr Gatte gab ihr am Ende jedesmal recht.

Elias Canetti

Die feindliche Masse

Den Sommer 1914 verbrachten wir in Baden bei Wien. Wir wohnten in einem gelben, einstöckigen Haus, ich weiß nicht, in welcher Straße, und teilten dieses Haus mit einem hohen Offizier in Pension, einem Feldzeugmeister, der mit seiner Frau den unteren Stock bewohnte. Es war eine Zeit, in der man nicht umhin konnte, Offiziere zu bemerken.

Einen guten Teil des Tages verbrachten wir im Kurpark, wohin uns die Mutter mitnahm. In einem runden Kiosk, in der Mitte des Parks, spielte die Kurkapelle. Der Kapellmeister, ein dünner Mensch, hieß Konrath, wir Buben nannten ihn auf englisch unter uns »carrot«, Karotte. Mit den kleinen Brüdern sprach ich noch ungeniert englisch, sie waren drei und fünf Jahre alt, ihr Deutsch war etwas unsicher, Miss Bray war erst vor wenigen Monaten nach England zurückgefahren. Es wäre ein unnatürlicher Zwang für uns gewesen, untereinander anders als englisch zu sprechen, und man kannte uns im Kurpark als die kleinen englischen Buben.

Es waren immer viele Leute da, schon wegen der Musik, aber Ende Juli, als der Ausbruch des Krieges bevorstand, wurde die Masse von Menschen, die sich in den Kurpark drängte, immer dichter. Die Stimmung wurde erregter, ohne daß ich begriff, warum, und als die Mutter mir sagte, daß wir beim Spielen nicht so laut englisch schreien sollten, nahm ich nicht viel Notiz davon und die Kleinen natürlich noch weniger.

An einem Tage, ich glaube, es war der 1. August, begannen die Kriegserklärungen. Carrot dirigierte, die Kurkapelle spielte, jemand reichte Carrot einen Zettel hinauf, den er öffnete, er unterbrach die Musik, klopfte kräftig mit dem Taktstock auf und las laut vor: »Deutschland hat Rußland den Krieg erklärt.« Die Kapelle stimmte die österreichische Kaiserhymne an, alle standen, auch die, die auf den Bänken gesessen waren, erhoben sich und sangen mit: »Gott erhalte, Gott beschütze unsern Kaiser, unser Land.« Ich kannte die Hymne von der Schule her und sang etwas zögernd mit. Kaum war sie zu Ende, folgte die deutsche Hymne: ›Heil dir im Siegerkranz‹. Es war, was mir, mit anderen Worten, von England als ›God save the King‹ vertraut war. Ich spürte, daß es eigentlich gegen England ging. Ich weiß nicht, ob es aus alter Gewohnheit war, vielleicht war es auch aus Trotz, ich sang, so laut ich konnte, die englischen Worte mit, und meine kleinen Brüder, in ihrer Ahnungslosigkeit, taten mir's mit ihren dünnen Stimmchen nach. Da wir dicht gedrängt unter all den Leuten standen, war es unüberhörbar. Plötzlich sah ich wutverzerrte Gesichter um mich, und Arme und Hände, die auf mich losschlugen. Selbst meine Brüder, auch der Kleinste, Georg, bekamen etwas von den Schlägen ab, die mir, dem Neunjährigen, galten. Bevor die Mutter, die ein wenig von uns weggedrängt worden war, es gewahr wurde, schlugen alle durcheinander auf uns los. Aber was mich viel mehr beeindruckte, waren die haßverzerrten Gesichter. Irgend jemand muß es der Mutter gesagt haben, denn sie rief sehr laut: »Aber es sind doch Kinder!« Sie drängte sich zu uns vor, packte uns alle drei zusammen und redete zornig auf die Leute ein, die ihr gar nichts taten, da sie wie eine Wienerin sprach, und uns schließlich sogar aus dem schlimmen Gedränge hinausließen.

Ich begriff nicht ganz, was ich getan hatte, um so unauslöschlicher war dieses erste Erlebnis einer feindlichen Masse. Es hatte die Wirkung, daß ich während des ganzen Krieges, bis 1916 in Wien und dann in Zürich, englisch gesinnt blieb. Aber ich hatte von den Schlägen gelernt: ich hütete mich wohl, solange ich noch in Wien war, etwas von meiner Gesinnung merken zu lassen. Englische Worte außer Haus waren uns nun strengstens verboten. Ich hielt mich daran und blieb um so eifriger bei meinen englischen Lektüren.

Carl Zuckmayer

DER LETZTE ZUG

Obwohl nun schon der Notenaustausch zwischen Österreich, Serbien, Rußland, Frankreich, Deutschland hin und
her ging, sahen meine Eltern, wie die meisten anderen
Leute, keinen Grund, daheim zu bleiben oder über die
Weltlage besorgt zu sein. Wilhelm der Zweite, so hieß es,
werde zwischen den Österreichern und »seinem lieben
Niki«, wie er den ihm verwandten Zaren Nikolaus von
Rußland angeblich zu nennen pflegte, vermitteln – was er
und seine Minister wohl auch zunächst versuchten – und es
nicht zum Krieg kommen lassen. Er sei und bleibe »Frie-
denskaiser«. Unser stehendes Heer war so ein schönes,
adrettes Friedensspielzeug, für Paraden, Regatten, Geburts-
tagsfeiern und das gesellschaftliche Leben. Die alldeutsche
Kriegspartei war klein und unpopulär. Man fühlte sich ge-
sichert in einer Welt des Fortschritts, der Zivilisation, der
Humanität. Man spürte kein Rieseln im Gemäuer, hörte
kein Knistern im Gebälk. Man sah kein Wetterleuchten.

So gab man sich, während der ersten zwei Wochen,
unbekümmert der guten Ferienlaune hin, in dem schönen
Badeort Domburg auf der Insel Walcheren, wo der buschi-
ge Wald bis fast zu den Nordseedünen wächst.

Indessen wuchs die Kriegsgefahr in der Welt, die wir
vom friedlichen Holland her nur durch einen leichten,
flimmernden Sommernebel gesehen hatten, und plötzlich
riß dieser Dunst auseinander und enthüllte ein drohendes,
blutig-finsteres Geleucht. Die täglichen Zeitungsmeldun-
gen registrierten die rapide Ausdehnung des Konflikts, die
Nachrichten überschlugen sich. Schon wurden wilde Kund-
gebungen von Wien, von Berlin, von Paris und Petersburg

gemeldet, wo offenbar die panslawistische Kriegspartei das Heft in der Hand hielt, schon las man von ernster Spannung zwischen Deutschland und England, in der holländischen Presse dem »geheimen deutschen Kriegsrat«, in der deutschen der »englischen Eifersucht und Einkreisungspolitik« in die Schuhe geschoben. Schon gab es unkontrollierbare Gerüchte von ersten Grenzgefechten, von Einfällen und Angriffen auf fremdes Gebiet, die dann wieder dementiert wurden, und die ruhigen Holländer schauten uns merkwürdig an: wie Leute, die man jetzt lieber nicht sehen möchte. Wir selber wollten es einfach noch nicht glauben. »Ein Krieg in unserer Zeit«, sagte mein Vater, »ist ein Wahnsinn, ein Atavismus. Das würde ja die ganze Welt ins Verderben stürzen. Dazu entschließt sich keiner. Bis wir nach Hause kommen, ist alles wieder vorbei.« Aber in Wahrheit spürten wir jetzt doch das kommende Unheil.

Ich erinnere mich mit voller Deutlichkeit an einen Abendspaziergang mit meinem Bruder auf den distel- und stichgrasbewachsenen Dünen. Wir schauten lange in einen rostigen Sonnenuntergang, dem rasches Schattengrau folgte, und sahen ein Schiff, wohl einen Fischkutter, mit rotbraunen Segeln und einem teergeschwärzten Mast lautlos und in gespenstischer Langsamkeit meerwärts gleiten. In diesem Augenblick wußten wir beide – es war in den späten Julitagen und noch nichts wirklich entschieden –, daß der Krieg kommen werde, daß der Friede verloren sei und unsere Jugend zu Ende. Wir faßten uns an den Händen und fanden im Bewußtsein dieser Unentrinnbarkeit die Sprache nicht, jeder wohl in aufsteigender Furcht um das Leben des anderen. Nichts spürten wir von irgendwelcher Ergriffenheit oder vaterländischer Empfindung, nichts als Grauen und Abscheu vor dem Unbegreiflichen, dem sinnlos Motorischen dieses Abgleitens der vernünftigen Welt ins Wahnwitzige.

In dieser Nacht schrieb ich einen Zyklus von Gedichten,

die ich später verloren habe. Es gehört zu den Merkwürdig-
keiten meines Lebens – und vermutlich geschehen solche
in jedem Leben, nur von den meisten kaum beachtet –, daß
ich jetzt, vor einem knappen Jahr, aus dem Nachlaß einer
verstorbenen Freundin, mit der ich vierzig Jahre keinen
Kontakt mehr hatte, diese Verse in meiner damaligen
Handschrift zurückerhielt, zusammen mit einigen Briefen
und Gedichten von mir, die sie aufbewahrt hatte.

Ich setze das erste und das letzte dieser Gedichte hierher,
weil sie mehr als jede Schilderung Aufschluß geben über
den Seelenzustand eines jungen Menschen, der *noch nicht*
von der nationalen Erregung überwältigt war.

Erst –

Erst hingen sie
Wie dunkler Tang den das Meer ausspie
Stumpf durch die Straßen und Plätze hin
Und jedes Einzeln angstgequälter Sinn
War voll von Flehen: Herr, wend es ab!
Herr, laß es nicht geschehen,
Stoß mich nicht ins Grab!
Und spürt zugleich: ein ungeheures Wehen
Von Wetterstürmen, in die Zeit hinein,
Und hört: Musik! Ein ferner schwellend Schrein –
Und plötzlich schrie
Ein Weib – ein Mann –
Und bald warn's tausend
Die fast bewußtlos schrien
Und sangen, Stimmen brausend
Zum harten Firmament, wie ein Choral
Aus eines Scheiterhaufens Todesqual
Der keiner kann entfliehn – –
Das war, so hieß es dann,

Begeisterung. Wir wollen Krieg, und Sieg!
Die Waffen sind geladen!
Und glühend stieg
Von ihren Mündern jetzt ein Schwaden
Zum tauben Himmel an.

Einmal

Einmal, wenn alles vorüber ist,
Werden Mütter weinen und Bräute klagen,
Und man wird unterm Bild des Herrn Jesus Christ
Wieder die frommen Kreuze schlagen.
Und man wird sagen: es ist doch vorbei!
Laßt die Toten ihre Toten beklagen!
Uns aber, uns brach es das Herz entzwei
Und wir müssen unser Lebtag die Scherben tragen.

Ich packte diese Gedichte in ein Kuvert und schickte es,
expreß, an die Redaktion der ›Frankfurter Zeitung‹.

Am 28. Juli erklärte Österreich den Krieg an Serbien
und begann gegen Belgrad vorzurücken. Man las in den
Blättern von einer Teilmobilmachung Rußlands gegen
Österreich. Mein Vater führte in den nächsten zwei Tagen
einige Ferngespräche, ich nehme an, nur mit Freunden zu
Hause und mit dem deutschen Konsulat. Am 30. Juli kam
er sehr ernst aus der Telefonzelle. »Wir müssen packen. In
Deutschland ist der Zustand erhöhter Kriegsgefahr erklärt,
alle deutschen Untertanen im Ausland werden aufgefor-
dert, sofort zurückzukommen.« Am 31. reisten wir ab.

Die Frau des Hotelbesitzers fragte mich besorgt, ob ich
mit meinen Siebzehn womöglich auch schon in den
schrecklichen Orlog müsse. »Nie!« sagte ich, »nie gehe ich
in einen Krieg, um auf andere Menschen zu schießen. Da
laß ich mich lieber einsperren.«

Es war der letzte Zug, Vlissingen-Rheinland-Basel, der noch die Grenze passierte, bevor sie geschlossen wurde. In Vlissingen, wo er am Abend abging, stiegen Deutsche ein, die mit dem Anschlußboot von England gekommen waren. Sie erzählten, daß man in London auf der Straße oder im Restaurant nicht mehr deutsch sprechen könne, ohne beschimpft oder angerempelt zu werden. Sie machten, wie wohl auch wir, einen verstörten, bedrückten, ratlosen Eindruck. So war es noch auf der Grenzstation, spät in der Nacht. Aber wir hatten die Grenze noch nicht lang überschritten, da wurde es auf eine unfaßliche Weise anders. Schon die deutschen Zöllner, sonst unbeteiligte, gleichgültige Beamte, hatten uns Heimkehrende mit einer fast freudigen Herzlichkeit begrüßt, als seien wir persönliche Verwandte, die sie lang nicht gesehen hatten. »Es geht los«, sagte der eine oder andere, »morgen muß ich einrücken.« Das hatte etwas von einem heiteren Stolz, einer frohen Zuversicht, als ginge es zu einem Schützenfest oder einer Hochzeitsfeier. Die nächste Station war bereits von militärischen Gestalten belebt, der Zug füllte sich mit Urlaubern und Reservisten, die hastig noch einmal nach Hause oder zu ihrer Truppe eilten. Fast alle hatten lachende, ja strahlende Gesichter, man sah keinen, der betrübt, nachdenklich, unsicher wirkte. »Wir haben es nicht gewollt«, sagten viele, »aber jetzt heißt es die Heimat schützen«, oder: »Hoffentlich wird mein Regiment gegen Rußland eingesetzt, dort ist die Gefahr am größten« – »Die Kosaken sollen schon in Ostpreußen sein« – »Wir sind Ulanen! Wir werden sie schon wieder wegjagen!« – Man drückte ihnen die Hand wie alten Freunden, mein Vater bot ihnen holländische Zigarren an. (Das Schmuggeln hatte er auch in dieser Situation nicht lassen können.)

In Köln, gegen Morgen, kam der Ernst hinzu. Der große Bahnhof hallte und dröhnte, wie man es noch nie gehört hatte: von Marschtritten, Fahrgeräuschen, Liedern, die irgendwo im Chor gesungen wurden, Geschrei, dem Rasseln einer Geschützverladung. Pferdewiehern, Hufknallen auf der harten Rampe: ein Regiment oder mehrere rückten ab. In unser Abteil stiegen einige Offiziere, in der neuen feldgrauen Uniform, mit blankem Lederzeug und Reitgamaschen. Ein Rittmeister wurde von seiner jungen Frau bis ins Kupee begleitet, sie standen eng aneinander gelehnt mit verflochtenen Fingern und schauten sich ins Gesicht, wortlos, bis das Signal zur Abfahrt ertönte, dann riß sie sich los, lief hinaus. »Grüß die Kinder!« rief er ihr noch nach, aber sie drängte sich schon durch die Menge davon, offenbar weinend. Der Offizier steckte sich eine Zigarette an, lächelte verlegen. »Na ja«, sagte ein anderer, »wenn man verheiratet ist . . .«

Wir hatten uns auf dem Bahnsteig Extrablätter ergattert: noch war die Mobilmachung nicht offiziell, noch war kein Krieg erklärt, was da vor sich ging, waren strategische Truppenverschiebungen, aber niemand dachte mehr an Frieden. Der Morgen dämmerte, bleiweiß und neblig, überm Rhein, der Zug fuhr langsam, an den Bahndämmen und Brücken patrouillierte Landwehrbewachung in Zivil, mit Binden um dem Arm, die Gewehre über die Schulter gehängt. Die heiteren Landser von der Nacht waren irgendwo ausgestiegen, die Offiziere saßen ruhig, schweigsam, gefaßt in unsrem Abteil. Ich hatte einem älteren Obersten meinen Platz angeboten und stand auf dem D-Zug-Gang, die Stirn an die Scheibe gedrückt. Was ich empfand, kann ich genau registrieren. Mit jedem Kilometer, den wir durch deutsches Land fuhren, ging etwas in mich ein – nicht wie eine Infektion, eher wie eine Strahlung, wie ein nie verspürter, prickelnder Strom, als ob man, die Hände an die Kolben einer Maschine gelegt, elektrisiert würde . . . Es vertrieb das leise Würge- und Übelkeitsgefühl, von der ungewohnten Nachtfahrt ohne Frühstück und der Erregung, aus dem Hals und den Därmen, es bündelte sich im Kopf zu hellen, blitzhaften Funken, die allmählich, mit dem Steigen der Sonne, in Leib und Seele eine durchdringende Wärme erzeugten, eine trancehafte Lust, fast Wollust des Mit-Erlebens, Mit-Dabeiseins. Ich habe einen solchen Zustand von Überhellung und Euphorie später noch ein- oder zweimal im Feld, vor Angriffen, im Augenblick der Entscheidung erlebt, sonst nie mehr. Immer wieder schaute ich heimlich zu dem selbst noch jungen Offizier, der von seiner Frau Abschied genommen hatte, und sah mich an seiner Stelle (mit meiner verbotenen Annemarie), aber ich hätte auch sofort mit ihm tauschen mögen oder neben ihm sein, an seiner Seite gehn; das alles war kein Denken, sondern eine Kette von sprunghaften Assoziationen, aber es war entscheidend: sein Schicksal und das all der vielen, die jetzt vielleicht ihrem Tod entgegengingen, war auch das meine, das unsere, es gab keine Trennung und keinen Abstand mehr, es war auch nicht mehr schlimm oder furchtbar, da es ja *allen* geschah, und unter diesen allen war man einer, der an jedes anderen Stelle treten könnte.

Alfred Kerr

Der Neue Westen an der Ostsee

Im übrigen fühlt man sich jetzt in Berlin am wohlsten, wenn man auf dem Stettiner Bahnhof ist, um es zu verlassen. Auch was hier dauernd festgehalten wird, kann es sich nicht versagen, eine gelegentliche Landpartie an die Ostsee zu machen, die sehr bequem erreicht wird. Doch, wehe – in Heringsdorf trifft er dieselben Gestalten, die er hier fliehen wollte. Der Auswurf des Potsdamer Viertels ist dort versammelt. Das macht Toiletten und schwatzt und schreit und benimmt sich auffallend und verunreinigt mit Protzentum die anständige Seeluft. Den gesundesten Ekel, der unter leidlich normalen Verhältnissen möglich ist, kann man sich dort holen. Und man verläßt den grotesken Ort mit Beschleunigung. Und dann erholt man sich in Berlin von den Strapazen der Sommerfrische.

Alfred Polgar

DIE LILA WIESE

Soundso viele Meter über dem Meeresspiegel liegt die Kleewiese. Seit mindestens zweimal hunderttausend Jahren schon. Die Nacht wirft ein dunkles Tuch über sie, der Tag zieht es wieder fort. Die Wolke weint sich an ihrem Busen aus, der Sturm bestürmt sie, das Lüftchen plaudert mit Gräsern und Blumen. Der Nebel stülpt eine silbergraue, von schwachen Rauchfäden durchwirkte Tarnkappe über die Wiese, der Frost reißt ihr die Haut in Fetzen, die Sommersonne kocht sich ein Ragout aus Duft und Dunst.

Der Wiese ist das alles ganz lila. Kalt oder warm, feucht oder trocken, Leben oder Tod ... sie duldet es in vollkommener Gleichgültigkeit. Das liegt schon so in der Natur der Natur.

Daß die Kühe sie berupfen, treten und düngen, scheint der Wiese nicht wesentlich. Auch nicht, daß Menschen sie ansehen und sich Verschiedenes dabei denken.

Viele kommen vorüber, achten ihrer nicht. Viele bleiben

stehen, ziehen einen kräftigen Schluck Bergwiese in die Seele.

Die Bergwiese liegt da, läßt sich geruhig abweiden von Kuhmäulern und Menschenaugen.

Sie gibt jedem das Ihre, das das Seine ist.

Einer kommt gerade vom Friedhof: da ist es ein Brocken Schwermut, den er auf der Wiese findet.

Einer vom Mahl, Verdauungsglück in den Eingeweiden. Ihm rauschen die Gräser: Der Mensch ist gut.

Einer vom geschlechtlichen Exzeß: ihm predigt die Wiese sanfte Wonnen des Verzichts.

Einer aus dem Kaffeehaus, taumeligen Herzens, vergiftet von Nikotin und Koffein und Nebenmensch-Atem. Ihm bietet die Wiese einen Splitter vom Stein der Weisen, der heißt: Natur!

Einer von der Landpartie mit der eigenen Frau; da ist es ein anderer Splitter vom Stein der Weisen und heißt: Fiche-toi de la nature!

Dabei kann der eine auch ganz gut immer derselbe sein.

Jeder Wanderer glaubt, die Stimme der Kleewiese zu vernehmen; aber er vernimmt immer nur seine eigene. Am gründlichsten in diesem Punkt täuscht sich der Dichter. Wär' er's sonst?

Jahreszeiten und Wetterlaunen der Menschenseele läßt die Wiese so gelassen über sich ergehen wie Sonne, Schnee, Nebel und den munteren Sausewind. Seufzen und Lachen hört sie, das Tirilieren der Zärtlichen, die Debatte der Botaniker, die Fachgespräche der Bauern, das innere Geschrei des Lyrikers. Publikum!

Den Dichter aber wurmte es, als Publikum genommen zu werden wie die andern. Es paßte ihm nicht, daß er ein Verhältnis zur Wiese hatte, die Wiese aber kein Verhältnis zu ihm. Und dann: was hat denn ein Dichter von seiner Beziehung zur Natur, wenn niemand weiß, daß er sie hat?

Deshalb entschloß er sich, für die Kleewiese etwas zu tun.

Abends sagte jemand: »Schön ist der Überzieher des . . .« – »Nein«, rief der Dichter, »schön ist die Bergwiese!« Er belegte sie für seine Begeisterung, wie man einen Platz belegt im Eisenbahnkupee.

Zu Pfingsten stand die Wiese, in freie Rhythmen verwandelt, auf den Buchhändlerregalen: »Die lila Wiese.« Davon hundert Exemplare auf Bütten, handsigniert.

»Die lila Wiese kann sich alle Gräser ablecken«, sagten die Leute, »daß sie solchen Erklärer und Verklärer gefunden hat.«

»Ich kaufe mir noch heute eine Photographie.«

»Der Kleewiese?«

»Nein, des Dichters.«

Mehrere Forstadjunkten zogen in die Stadt, um beim Verfasser Natur zu hören.

Ein Rabe, mokant wie Raben sind, gratulierte der Wiese. »Sehr nett ist das, was Sie da über den Dichter gedichtet haben«, sagte er.

Der junge Rechtsanwalt aber schenkte das Buch dem goldhaarigen Fräulein Hilde.

»Ich bin ganz heiß geworden bei der Lektüre«, flüsterte sie, das Haupt an seine Schulter schmiegend. Behutsam legte der Anwalt die Hand auf die Hand des geliebten Mädchens, sagte leise des Dichters Namen, nichts sonst, wie Werther in gleicher Situation gesagt hatte: »Klopstock!«

Gewitterwolken standen über dem Kurhaus. Die Kapelle spielte: »O Katharina.« Und der Rechtsanwalt hauchte einen Kuß auf Hildes kurzgeschnittenes Haar, hinten, wo es in ganz kleinen Borsten steht und schon wieder seine natürliche Farbe zeigt.

Manès Sperber

Ordnung muss sein!

I

»Entschuldigen Sie, darf ich einige Zeitungen nehmen?«
fragte der Fremde in gebrochenem Deutsch. Er bückte sich,
ohne Josmars Antwort abzuwarten, über den Zeitungsstoß,
den der Kellner eben auf dem Stuhl aufgeschichtet hatte,
und begann zu suchen. Während er stöberte, beugte er den
Kopf etwas vor und sagte so leise und schnell, daß Josmar
Mühe hatte, ihn zu verstehen: »Schauen Sie weiter in Ihre
Zeitung, während ich spreche: Sie müssen sofort zu Dojno
kommen. Gefahr, große Gefahr. Nehmen Sie Papiere,
Geld, Paß mit. Danke schön!« fügte er laut, den Ober-
körper langsam erhebend, hinzu, »ich bringe Ihnen die
Blätter gleich zurück.«

Auf dem kurzen Weg zu der Wohnung des Freundes, bei
dem Dojno wohnte, sah er sich einige Male um. Er wurde
nicht verfolgt.

Dojno schlief noch, wurde ihm versichert. Man wies ihn
in einen Salon. Da traf er Karel, der ihn lachend begrüßte.
Josmar überlegte, ob Karel – zu dieser frühen Vormittags-
stunde – beschwipst sei.

»Hast Angst, Goeben?« fragte Karel. Wieder lachte er
gutmütig. »Angst wovor? Was ist geschehen?«

»Man hat heute am frühen Morgen den Kellner, du
weißt, den von deinem Hotel, verhaftet. Ich bin nicht ganz
sicher, ob er hält, er war letztens sehr nervös, wir hätten ihn
sowieso jetzt abgehängt. Aber auch wenn er sich gut hält,
kann es für dich gefährlich werden. Die Polizei wird richtig
raten, daß er ein Verbindungsmann zu bestimmten Hotel-

gästen gewesen ist, man wird im Hotel nachforschen. In 24 Stunden spätestens, wahrscheinlich aber noch heute abend, werden sie dir auf der Spur sein. Du mußt weg, sofort. Und nicht mit der Eisenbahn, das ist schon zu gefährlich. Am besten mit einem Auto bis in die Nähe der Grenze, dann zu Fuß über die Berge, es ist nicht hoch, drei Stunden Spaziergang, und du bist drüben.«

»Ja«, sagte Josmar zögernd, »ich war entschlossen, den 1. August hier abzuwarten. Es ist wichtig, daß ich unsere Aktionen aus nächster Nähe sehe.«

»Warum? Ich meine, gewiß, es wäre sehr gut gewesen, aber wir werden sofort ausführlich berichten. Und schließlich, es geht eben nicht. Ich trage die Verantwortung dafür, daß dir nichts geschieht.«

»Könnte ich nicht einfach in eine andere Stadt gehen, mich nicht anmelden, die paar Tage abwarten und dann erst über die Grenze gehen?«

»Nein, es wäre zu gefährlich. Übrigens. Dojno wird sicher mit mir übereinstimmen.«

Karel informierte Dojno, der augenscheinlich eben aus dem Bett gestiegen war, und versprach, abends mehr zu wissen. Nun ginge es aber darum, Josmar hinauszubringen. Man müßte jemand absolut Unverdächtigen finden, der einen Wagen besaß und ihn bis zum See an der Grenze brächte. Es mußte leicht sein, viele feine Leute würden heute nachmittag oder abends hinfahren. Es ist Samstag, da fahren sie zu ihren Frauen, die dort zur Sommerfrische sind.

Auch Dojno war der Ansicht, daß Josmar weg müßte. Er übernahm es, alles Notwendige zu arrangieren.

Die Straße war schlecht; je weiter sie sich von der Stadt entfernten, um so beschwerlicher wurde die Fahrt. Doch der Arzt schien seinem alten Wagen zu vertrauen, und er hielt ein verhältnismäßig gutes Tempo.

»Jetzt steigen wir die ganze Zeit. Schade, bei Tag hätten Sie die Landschaft bewundern können.«

»Ja«, antwortete Josmar. Er fühlte sich müde und schwach. Wäre die Straße besser gewesen, so hätte er schlafen mögen. Und er wußte nicht, was er mit dem Mann sprechen sollte, der die ersten zwei Stunden beharrlich, Josmar schien es: feindselig geschwiegen hatte. Nach einer Weile sagte der Arzt: »Was ich dem Faber hoch anrechne, das ist seine Aufrichtigkeit. Er hätte mir alles verschweigen und das Ganze so darstellen können, als ob es sich um eine Spritztour für Sie handelte. Ich hätte es natürlich nicht geglaubt und hätte abgelehnt. Aber so, beim besten Willen, war es schwer, nein zu sagen. Na, hoffentlich geht alles gut.«

»Ja«, sagte Josmar. Und er zwang sich, hinzuzufügen: »Sie haben wirklich nichts zu fürchten.«

»Lassen Sie, ich habe alles zu fürchten, aber ich will nicht daran denken. Meine Erfahrung hat mich gelehrt: Die großen Dummheiten begeht man mit offenen Augen. Wenn sich die Motive verwirren, da nützt allerdings der gesunde Menschenverstand nichts mehr. Da ist unser verfluchtes Regime. Wie soll man es nicht hassen? Wenn ich in Rußland wäre, würde ich das Regime dort auch hassen, natürlich. Nun seid ihr da, oppositionell, verfolgt. Natürlich, ich weiß, wenn ihr die Macht hättet, wäret ihr die Verfolger. Aber ihr habt eben nicht die Macht, das ist eure Chance sozusagen. Und da kommt man zu mir und sagt: Hilf dem Verfolgten. Ich denke an den Verfolger, den ich hasse, manchmal kann ich nicht einschlafen vor ohnmächtiger Wut, und ich sage ja. Nein, mit den Verfolgten habe ich nichts gemeinsam als diesen Haß. Und während der weise Faber denkt, daß sein kunstvoller Umgang mit Menschen mich zu dieser Dummheit bewogen hat, weiß ich, daß mein Motiv ein rein negatives ist. Verstehen Sie mich?«

»Ja!« sagte Josmar lächelnd. »Faber hat ein übertriebenes Vertrauen zu den Menschen. Er überschätzt sie gern.«

»Sie glauben also, daß Faber mich überschätzt?«

Die Frage war peinlich, Josmar zögerte zu antworten.

»Ich verstehe«, fuhr der Mann fort. »Er wäre enttäuscht gewesen, wenn er mich soeben gehört hätte. Aber schließlich, wer weiß, vielleicht hat er recht und nicht ich. Und die Klugheit macht einen dumm, wenn man sie als Waffe gegen die Weisheit einsetzt. Wer kennt die eigenen Grenzen? Vielleicht hat er recht, vielleicht müßte man den Mut haben, so weit zu gehen, bis man merkt, es gibt keine anderen Grenzen, als die man sich selber setzt.«

Josmar fuhr auf. Lichter standen vor dem Wagen, er hörte den Mann am Volant etwas sagen, dann zog der Wagen an, die Lichter stoben zur Seite. Er sagte, anfangs etwas stotternd:

»Ich habe, glaube ich, ein wenig geschlafen. Was ist geschehen?«

»Nichts«, sagte der Arzt. »Wir fahren auch schon weiter. Gendarmen – sie haben nach Papieren gefragt, ich brauchte Sie nicht zu wecken, sie haben sich mit meinen Papieren begnügt.«

Nach einer Weile: »Hätten Sie große Angst gehabt, wenn Sie wach gewesen wären?«

»Ich habe es mich soeben gefragt. Ich glaube nicht.«

»Um so besser.«

Es begann zu tagen. Josmar dachte daran, daß sich in wenigen Stunden sein Schicksal entscheiden würde. Nein, er spürte keine Angst. »Wir Bolschewiki kennen keine Angst.« Er konnte bezeugen, daß es wahr war.

Nun war es heller Tag. Josmar näherte sich seinem Ziel. Etwa 20 Kilometer vor dem See befand sich das Studentenlager, wo er einen jungen Freund Dojnos aufsuchen sollte, der würde ihn dann bis zur Grenze bringen.

Der Wagen rollte langsam, das Zeltlager konnte nicht mehr weit sein; gegen halb fünf erblickten sie es, es war ganz nahe.

Niemand war zu sehen. Josmar stieg aus und ging schnell feldein zu den Zelten. Als er sich zur Straße umwandte, um dem Arzt zuzuwinken, sah er den Wagen um eine Kurve verschwinden.

Die Zelte waren im Kreis angeordnet. Es hatte wohl bis spät in der Nacht ein Holzstoßfeuer gegeben, die Asche – in der Mitte des Kreises – glomm noch. Daneben lag ein Hund. Als er Josmar erblickte, stand er träge auf. Doch er merkte wohl bald, daß er nichts zu fürchten hatte, so rollte er sich wieder zusammen. Von Zeit zu Zeit öffnete er ein Auge und beobachtete Josmar, der sich neben ihn auf die Erde legte, das Gesicht zum Himmel.

3

Sie stiegen nun schon lange, die Füße taten ihm weh. Er traute sich nicht, eine kurze Rast vorzuschlagen. Auch war es schon recht spät, fast elf Uhr, und jedesmal, wenn sie aus dem Wald hinaustraten, fühlten sie die drückende Hitze.

Der Junge verstand zwar gut Deutsch, doch mochte er nur kroatisch sprechen. Josmar mußte sich anstrengen, ihn zu verstehen. Überdies lispelte er, manche Konsonanten kamen aus dem breiten Mund mit den roten, zu vollen Lippen entstellt heraus.

Der Junge war sehr groß, breit und voll, die gelockten, etwas verwilderten blonden Haare paßten schlecht zu seinem Stiernacken. Er sprach fast ohne Unterbrechung, die Beschwerlichkeit des Weges schien ihn nicht zu stören. Das Mädchen an seiner Seite – sie trug eine gestickte Bauernbluse, die Josmar an Mará erinnerte – war klein, rundlich – alles an ihr war rund, die Arme, das Gesicht, die Bewegungen. Sie sprach selten, doch lachte sie oft laut auf. Es war ein glockenreiner Ton, es war angenehm, sie lachen zu hören.

Josmar verstand, daß der Junge für seine Freundin, nicht für ihn sprach. Und daß er sie liebte, ihr Lachen, ihre Rundlichkeit und die Art, wie sie ihn begeistert anblickte, wenn er etwas Ernstes gewichtig aussprach, das sie nicht mit ihrem Lachen belohnen konnte.

Sie waren ganz nahe an der Grenze, aber dieser Übergang, meinte der Junge, wäre zu unsicher. So mußten sie einen weiten Bogen machen, wieder steigen, schließlich begannen sie, wieder »Höhe abzugeben«, wie der Junge sich ausdrückte. Sie waren in einem kleinen Wäldchen, legten sich auf den Boden und lugten durch die Bäume. Niemand war zu sehen. Doch hörten sie sich nähernde Stimmen, Männerstimmen. Unten am Rande des Waldes, genau an der Grenzlinie, stellten sich die uniformierten Männer auf. Sie lachten. Das Echo antwortete mehrfach, ahmte spöttisch das Lachen nach.

»Zwei Gendarmen und der dritte ein österreichischer Grenzpolizist.« Die Uniformierten schienen sich ernsthaft in ihr Gespräch zu vertiefen. Einer der Gendarmen blickte immer wieder zum Wäldchen hinauf, als hätte er sie erspäht.

»Schlecht, sehr schlecht«, flüsterte der Junge erregt. »Die zwei werden hier durchkommen. Aber wenn wir aufstehen und weggehen, werden sie uns hören.«

Josmar sah ihn an. Dieser große Bursche zitterte vor

Erregung, vielleicht, wahrscheinlich vor Angst. Er glaubte, in seinen Augen einen Vorwurf zu lesen. Doch was war da zu tun?

Er richtete sich auf, begann nachzudenken. Er dachte: Ich bin sehr ruhig. Und er war glücklich darüber. Er sah die Lösung, er mußte es wagen. Man brauchte nur eine Minute lang Mut. Lächelnd flüsterte er dem Jungen zu: »Bleibt ruhig liegen, bis die Gendarmen außer Sicht sind. Rot Front, Genossen.« Er ballte die Faust und fühlte im gleichen Augenblick, daß diese Worte und die Geste falsch, verfehlt waren, er wollte imponieren. Doch scheuchte er den Gedanken weg, er sprang auf, lief aus dem Wald hinaus und dann hinunter zu den Uniformierten. Sie hatten seinen Schritt gehört und drehten sich zu ihm um. Er machte vor dem Österreicher halt und sagte: »Entschuldigen Sie bitte, ich bin hier fremd, ich fürchte, ich habe mich da verirrt. Ich wollte auf den Paß, zur Aussicht auf den See. Habe eine Abkürzung gewählt und drehe mich jetzt im Kreis herum. Bin ich noch auf österreichischem Boden?«

Der Österreicher nahm seinen Arm und riß ihn mit einem Ruck hinter sich: »So, jetzt erst sind Sie auf österreichischem Boden. Sie sind ein Bruder aus dem Reich, zur Sommerfrische bei uns?«

»Ja«, sagte Josmar. Und ihm schien es, daß er keinen Atem mehr hatte.

»Nächstens suchen's ka Abkürzung bei einer Grenze. Da ham'r dann immer Scherereien wegen die Touristen. Gehen Sie jetzt gradaus, wie ich Ihnen zeige, da kommen's auf die Straße und da gehn's links, da bleiben Sie recht schön bei uns im Österreichischen.«

Josmar wollte danken, er öffnete den Mund, es kam kein Ton heraus. Er schloß ihn langsam, beschämt wandte er sich um und ging. Er fühlte den Blick der Männer auf seinem

Rücken, plötzlich merkte er, daß er lief, er hatte geglaubt, langsam und gemessenen Schrittes zu gehen. Nun war es gleichgültig, er lief.

Er sah das graue Band der Straße. Als er auf sie hinunterspringen wollte, knickten ihm die Beine, er ließ sich fallen, die Stoppeln taten ihm weh. Er streckte sich aus und legte den Kopf auf die Stoppeln. Er wollte langsam und gleichmütig aus- und einatmen, es gelang nicht. Er öffnete den Mund, er weinte. Er sagte laut: »Nein! Nein!« Er weinte, wie er als Kind zu weinen pflegte, leise schluchzend, die Oberlippe vorgeschoben, um die Tränen aufzufangen und sie in den Mund zu bringen. Der salzige Geschmack beruhigte ihn allmählich.

»Kurasch ham's, dös muß ich ausdrücklich anmerken, und a Schwein, Glück meine ich, ham's auch gehabt. Stehen Sie auf. Die Gegend ist net gesund. Vor zwei Jahren haben's zehn Schritt von hier auf unserem Boden, verstehn's, einen auf der Flucht erschossen. Is gut, daß ich dagewesen bin.«

Der Grenzpolizist stand vor ihm. Er sprang auf und sagte: »Ich habe mich eben verirrt.«

»Aber na, erzähln's mir kane Geschichten, ich habe Sie ja schon vorher bemerkt gehabt, Sie waren mit noch zwei Leuten, einem Weibsbild darunter. Sie haben kan geschickten Führer net gehabt. Und wenn meine Kollegen nicht so teppate Bauernlackel gewesen wären, da hätt' ma jetzt net das Vergnügen. Jetzt geben's mir Ihren Paß, damit ich Ihren Grenzübertritt eintrage. Denn Ordnung muß sein! Und jetzt gebe ich Ihnen einen guten Rat. Wenn Sie da die Straße hinuntergehen, biegen Sie die zweite Straße, die was a bissl hinaufführt, rechts ab. Sie kommen dann in die Stadt, wo ich zu Hause bin. Gehen's in den Gasthof ›Zum weißen Hirschen‹, sagen's, der Wachtmeister Krenitz hat Sie geschickt mit an schönen Gruß von mir und daß ich gleich nach der Ablösung komme. Da feiern's Hochzeit, es ist die Jüngste. Die Hendeln, was da heute verputzt werden! – Na, Freundschaft, Genosse!« schloß er mit dem Gruß der österreichischen Sozialisten.

4

Die Tische waren um den Lindenbaum angerichtet, unter dem Baum saßen die Fiedler. Josmar hatte den Eindruck, daß niemand mehr nüchtern war, und es war erst ein Uhr vorbei.

Josmar sah zur schneebedeckten Kuppe des Triglav hinauf. Tief unten die Wälder schienen sich zu bewegen. Ihr Grün verfloß in ein Blau, ein samtenes Blau, dachte Josmar. Er war gerührt und wußte nicht, warum.

Er hatte zuviel gegessen, zuviel getrunken. Die Magd führte ihn in sein Zimmer. »Schad, die Tanzerei werden's verschlafen.«

»Na, Sie werden schon genug Tänzer finden.«

»Aber net so an feinen wie Sie«, antwortete sie. »Wann's ganz lustig wird am Abend, wecke ich Ihnen halt, wann's erlauben.« Und sie versetzte ihm einen leichten Schlag auf den Rücken. Er sah sie an, sie gefiel ihm, er nickte.

Die Wände des kleinen Zimmers waren hellblau gekalkt. Er sah den dunkelblauen Streifen an, der das Hellblau vom Weiß des Plafonds abhob, er dachte: Ich wußte nicht, daß ich so große Angst hatte.

Das Bett war hart, das Kissen zu hoch, er tat es weg. Er legte sich wieder zurecht, zog die Knie an.

Durch das geschlossene, verhängte Fenster drang das Spiel der Fiedeln herein. Es wurde manchmal vom Gelächter überdeckt, doch kam es wieder daraus hervor.

Vielleicht müßte man bewußter leben, dachte Josmar. Doch würde das die Angst nicht mindern. Wie sich Dojno an meiner Stelle verhalten hätte? Ich wußte nicht, daß ich noch so weinen kann.

In den Zelten und die hier, die leben am Leben vorbei. Es ballt sich über ihren Köpfen zusammen, sie wissen's nicht. Traumwandler. Darum können sie auch so lachen. Und wir wachen, sind die einzigen, die wahren Sturmvögel, die schlafen nicht.

Die Augen fielen ihm zu. Eine Fliege näherte sich summend seiner Stirn, er wollte die Hand heben, sie verscheuchen.

Lisbeth schrie, er sollte doch aufpassen, er sei schon wieder auf ihre Schleppe getreten. Er antwortete ihr zornig. Je länger er sprach, um so heftiger wurde sein Zorn. Und er konnte sich nicht aufhalten, er mußte laufen.

Die Fliege flog davon, sie setzte sich auf den Schirm der Lampe. In der Nähe hing der Fliegenfänger, da summte was. Sie stellte sich auf die rote Fläche, sie konnte nicht weiterfliegen. Sie summte laut, sehr laut.

Lisbeth war weg, plötzlich. Er hatte keine Zeit, auf sie zu warten, er begann zu laufen.

Der Traum wurde wortlos, Josmar schlief sehr tief.

Peter Altenberg

RÜCKKEHR VOM LANDE

Nun ist es wieder Herbst geworden, und die Grabenkioske füllen sich zur Abendzeit mit wohlgepflegten und gebräunten Damen.

Man hätte so viel zu erzählen, und man schweigt!

Man ist wieder in diesem Gefängnis »Großstadt«.

Man träumt von Licht und Luft und Wasser.

Man war ein anderer, besser, menschlicher.

Nun geht man seinen Trab wie eh und je.

Man fühlt sich altern, schwerfällig werden, klammert sich an dieses unglückselige Wort: »Verpflichtungen«!

Die Wohnung will nicht in Ordnung kommen, und die Dienstboten kündigen.

»Die gnädige Frau war am Land viel netter zu uns – – –.«

Ja, das war sie.

Die Kellner in den Kiosken begrüßen alle Gäste wie Weltreisende, die vielfache Gefahren überstanden haben – – –.

Nun nehmen sie Soda-Himbeer im sicheren Port!

Die Deklassierten, die nicht fort waren, mischen sich in die Menge der Zurückgekehrten, als ob nichts vorgefallen wäre – – –.

Ja, sie haben sogar die naive Frechheit, zu behaupten, Wien wäre am angenehmsten, wenn alles »auf den Ländern« weile – – –.

Damen, mit den veredelten gebräunten Antlitzen, lasset euch nicht betrügen von dem Prunk der Großstadt! Erschauet in den Spiegeln eurer Gemächer einen Zug auf eurem Antlitz, den Licht und Luft und Wasser und Freiheit modelliert haben, und der nicht da war ehedem, und der verschwinden wird im Wintertrubel!

Komödie hier, Komödie dort vielleicht – – –.

Doch unter freiem Himmel ist das Theater schöner!

Theodor Fontane

DER SOMMER- UND WINTER-GEHEIMRAT

Um die Sommerzeit sind sie wie andre Menschen
Aus Schwiebus, Reppen oder Bentschen.
Zumal in Bädern, in Ostseefrischen
Sitzt man mit ihnen an selben Tischen,
Und sind auch verschieden der Menschheit Lose.
Gleichmacherisch wirkt die Badehose,
Der alte Adam mit seinen Gebrechen
Läßt manches schweigen und manches sprechen.
Am Spill wurde gestern ein Seehund geschossen,
Zu drängen sich alle Strandgenossen;
Man will ein Kinderhospiz errichten,
»Sie könnten einen Prolog uns dichten.«
Allgemeines heitres Sich-Anbequemen,
Ein Unterschied ist nicht wahrzunehmen.

So der Sommer; er hat sein Bestes getan,
Aber nun bricht der Winter an.
Beim Botschafter S. ist Gala-Fête,
Dein Spill-Freund ist mit an der Tête,
Noch schützt dich die bergende Fensternische,
Jetzt aber gilt es, jetzt geht es zu Tische,
Du sitzt vis-à-vis ihm, es trifft dich sein Gruß,
Davor dein Herz ersteinen muß.
Es wundert sein Chef sich, sein Kollege,
Die Badebekanntschaft ist plötzlich im Wege,
Von dem, mit dem du den Seehund umstanden,
Von dem »sommerlichen« ist nichts mehr vorhanden,
Statt seiner der »winterliche« . . . Du frierst.
Suche, daß du dich rasch verlierst.

Alfred Kerr

Besuch nach der Sommerreise

I.

Allmählich kommen alle wieder. Die meisten sind noch nicht so nervös; vorläufig.

Man empfängt einen Besuch – und sagt (indes der Atem vor Staunen stockt): »– ich darf mit Genugtuung feststellen, daß du nicht mehr so kribblig bist . . .«

Dies sagt man zu dem . . . Gast, der einen besucht.

II.

Beim letzten Besuch vor der Abreise höchste Kribbligkeit. Mißtrauen, leichte Müdigkeit in Blick und Wesen, Neigung zu aufwallend wildem Verdacht, hartnäckig flinke Launen, schmerzlich-vergnügtes Lachen, kleine Tollheit mit Augenauskratzen, zuletzt der reizvolle Tobsuchtsanfall, wenn sich beim Aufbruch der Hut nicht gleich findet. So vor der Abreise.

Jetzt klimpert der Gast ein bißchen auf dem Klavier, wo die von meiner Fahrt mitgebrachten Noten zu alten Liedern aufgeschlagen sind, zeigt lachend alle hübschen Zähne, beschaut eine kleine Büste des Feldherrn Bonaparte, von mehreren Seiten, und spricht: »Wir haben uns dort manchmal gemopst, aber Seeluft ist wundervoll.«

Beglückte Augen, strahlendes Lächeln, Glaube an die Zukunft der Weltentwicklung, Vertrauen in meine Treue, leise Tanzstimmung in der Seele, nette Muskelkraft und zuletzt, wenn der Hut in der Dämmerung gesucht wird, vollständige Gefaßtheit.

So der ... Gast, der einen besuchen kommt, nach der Sommerreise.

Was ist der Mensch?!

August Strindberg
ZEHN JAHRE

Der Dampfer pfeift, gibt Signale, und die Maschine stoppt. Jetzt gleitet das Schiff auf die Brücke zu, und er erkennt sie. Sie grüßen sich mit den Augen, können aber des Abstandes wegen noch kein Wort wechseln.

Das Schiff legt an. Er sieht, wie sie langsam über den Landungssteg vorwärts gedrängt wird. Das ist sie, und doch ist sie es nicht. Zehn Jahre liegen dazwischen! Die Mode hat sich gewandelt, der Schnitt der Kleider ist ein anderer geworden. Früher wurde ihr feines dunkles Gesicht zur Hälfte von der damals üblichen Kapuze eingerahmt, die die Stirn frei ließ; jetzt ist es beschattet von der scheußlichen Imitation eines Männerhutes. Damals zeichnete sich ihre anmutige Gestalt in leichten, spielerischen Linien unter dem hübschen drapierten Besuchsumhang ab, der die Rundung der Schultern und die Bewegung der Arme schelmisch verbarg und dann wieder hervorhob; jetzt ist die ganze Figur entstellt von einem langen Kutschermantel, der die Kleider, nicht aber die Gestalt abzeichnet. Und als sie den letzten Schritt auf dem Landungssteg macht, da fällt sein Blick auf ihren kleinen Fuß, in den er so verliebt gewesen, als er noch in einem Knöpfstiefel von der Form des Fußes steckte, während ihr jetziger Schuh einem chinesischen Spitzenpantoffel gleicht, der dem Fuß nicht erlaubt, sich in den tanzenden Rhythmen zu heben, die damals sein Entzücken waren.

Das war sie, und doch war sie es nicht! Er umarmte und küßte sie. Sie fragten einander nach ihrem Ergehen, und er erkundigte sich auch nach dem Befinden der Kinder. Dann gingen sie den Strand hinauf.

Die Worte holperten trocken und gezwungen heraus. Wie seltsam! Sie scheuten sich gleichsam voreinander; und es fiel keine Anspielung auf den Briefwechsel.

Schließlich faßte er sich ein Herz: »Wollen wir einen Spaziergang machen, bevor die Sonne untergeht?«

»Ja, gerne«, sagte sie und nahm seinen Arm.

Sie gingen die Straße entlang, dem Städtchen zu. An den Sommerhäuschen waren die Läden geschlossen, und die Gärten waren abgeerntet. Hier und da an den Bäumen saß noch ein Apfel, der sich hinter einem Blatt versteckt hatte, aber die Beete waren aller Blumen beraubt. Die Veranden, die ihre Zeltmarkisen verloren hatten, ähnelten Skeletten, und wo man sonst Gesichter gesehen und fröhliches Lachen gehört hatte, herrschte Stille.

»Es sieht so herbstlich aus«, sagte sie.

»Ja, es ist unheimlich, die Sommerhäuschen so zu sehen.« Sie wanderten weiter.

»Wir wollen uns ansehen, wo wir damals gewohnt haben«, sagte sie.

»Ja, eine hübsche Idee!«

Sie gingen an der Badeanstalt entlang.

Dort lag das Häuschen, eingeklemmt zwischen dem des Gärtners und dem des Lotsenaldermannes, mit seiner Veranda, seinem Gärtchen und seinem roten Lattenzaun, der das Ganze umgab.

Erinnerungen an das Vergangene tauchten auf. Dort in dem Zimmerchen wurde das erste geboren. Jubel und Festlichkeit! Jugend und Gesang! Da stand der Rosenstrauch, den sie gepflanzt, da lag das Erdbeerbeet, das sie angelegt hatten; nein, es lag nicht mehr da, denn es war zugewachsen und wieder zu einem Rasenplatz geworden. Dort an den Eschen sah man noch die Spuren der Schaukel, die nicht mehr vorhanden war.

Peter Altenberg

Sommers Ende

Ich sehe nun so viele Gesichter mit der »Patina des Landlebens«. So von gesteigertem Stoffwechsel verschönerte, idealisierte. Wie der Maler sie auffassen würde in exzeptionellen Augenblicken ihres trägen flachen Seins. Ein Maler müßte z. B. sagen: »Ich werde Ihnen einen Ausdruck geben, Fräulein, wie wenn Herr v. B. soeben um Ihre Hand anhielte – – –.« Diesen Ausdruck von Verklärtheit bringt merkwürdigerweise ebenso auch der Sommer und das Landleben auf die Antlitze der Menschen. Wie sorgenbefreit sind sie, so in Feiertagsstimmung wegen nichts. Wehe denen, die ganz unverändert bleiben. Irgendetwas stockt in ihnen, das die guten Kräfte der Natur selbst nicht besiegen können. Da erblickte ich eine blühende verjüngte Mutter mit ihrem ganz bleichen Kindchen. Es war sehr elegant angezogen, man küßte es, man herzte es. Ich aber war erfüllt von Besorgnis. Was ist dir, Kind, daß dir die Sonne nicht an kann, die Luft und das Wasser?! Wie könnt ihr alle so unbesorgt liebkosen, wenn die Natur ernst und geheimnisvoll ihre Kräfte, ihre edle Dienstleistung versagt hat während des Sommers?! Ein alter Herr kam zurück, wie wenn er sagen würde: »Ich habe mich noch ein bißchen herausgeschaufelt aus dem Grabe.« Junge Frauen sehen jetzt unbeschreiblich herrlich aus, und dennoch sagt ihr süßes Antlitz gleichsam: »Nun, und wofür all diese Regeneration?! Nur damit einige, die mich nichts kümmern, schmachtend sagen: ›Gnädige schauen aber aus‹ wie fünfzehn‹ – – –.« Manches ist geschehen in den Sommertagen, in den Sommernächten, was man von den süßen Antlitzen nicht ablesen kann. Von merkwürdigen exzeptionellen Erlebnissen, von paradiesischen fernen Orten kehren die Menschen zurück in die Pflicht des Lebens, in die alte unbequeme Ordnung, über alles Erlebte geheimnisvoll schweigend. Nur Dichter und Künstler sind indiskret. Sie erheben alles in eine höhere Rangordnung, in allgemein Wertvolles, indem sie Leid und Freud verkünden! Aber die Sommerromane aller dieser Menschen bleiben ungeschrieben, ungelesen. Nur manchmal sagt einer oder eine: »Kinder, wenn ich euch erzählen dürfte – – –. Ihr würdet staunen, würdet es nicht für möglich halten. Aber ich darf nicht – – – .« Sommers Ende. Auf vielen Antlitzen bemerkte ich die »Patina des Lebens«. Einzelne Antlitze blieben unverändert. Da muß eine tiefe Hemmung sein. Sei es seelischer Art oder ökonomischer oder physiologischer. Denn die Natur, Sonne, Licht und Wasser, bemühten sich direkt fanatisch, alle Schäden auszubessern, zu heilen, wo es nur immer noch möglich ist. Sie läßt den Kränklichen nicht im Stich, versucht an ihm ihr Möglichstes, wie die edelste Samariterin. Ein bleiches Kind, vom Sommerparadies zurückkehrend, ist etwas Tragisches. Oder eine junge Frau. Oder ein Mann, der Sorgen hat. Man nimmt sich viel, viel zu wenig Mühe, den Ausdruck des Antlitzes seiner Nebenmenschen zu beobachten. Man tut es geflissentlich nicht, um nicht gerührt, ergriffen zu werden. Man sagt: »Sie werden immer jünger.« Aber man sieht es, daß er immer älter wird. Sommers Ende! Viele kehren verjüngt zurück. Aber die Winterkampagne zehrt viele aufgestapelte Lebensenergien auf. Wollt ihr nicht lieber hundert Jahre alt werden in Frieden?!? Nein, sie wollen es nicht!

Theodor Fontane

Die Sommerfrischen

Die fingen en famille mit dem Jahr 70 an und haben sich durch zwanzig Jahre fortgesetzt. Ich blieb immer in Norddeutschland: Mecklenburg, Norderney, Harz, Thüringen, Schlesien. In Schlesien war ich mit besonderer Vorliebe. Überall herum im Hirschberger und Schmiedeberger Tal: Hermsdorf, Schreiberhau, Krummhübel, Erdmannsdorf, Buchwald, am häufigsten in Krummhübel. In diesen Sommerfrischen habe ich viele meiner Romane geschrieben und überhaupt sehr glückliche Tage gelebt. Aber zuletzt ging es nicht mehr. Diese ländlichen Gebirgsaufenthalte, gleichviel wo, sind entzückend, solange man jung ist oder sich jung fühlt, was dasselbe bedeutet. Aber es ist vorbei damit, sowie die Kräfte nicht mehr ausreichen, in die Berge zu steigen, und sich an dem Ozon der Berge für all das schadlos zu halten, was die Aufenthalte als solche an einem verbrechen. Diese Verbrechen sind groß: die Verpflegung ist miserabel, der Komfort null, die Wohnung noch miserabler. Entweder man wohnt in einer Laterne, darin man sich vor Morgen- und Mittagssonne nicht lassen kann, oder man wohnt sonnenlos, so wachsen die Pilze aus der Erde, und alles riecht nach Multer und Schimmel. Die Mäuse laufen einem über das Bett; wenn man einschlafen will, blaffen die Hunde, worauf die der Nachbardörfer antworten, und wenn man endlich eingeschlafen ist, krähen die Hähne und die pralle Morgensonne fällt einem aufs Bett. Daß man trotzdem in leidlicher Verfassung bleibt, ist eine Frage der Luft, die die Nerven überanspannt, und es zuwege bringt, daß man sich eines hohen Gesundheitsgefühls rühmt, das aber eigentlich nur eine Nervenüberreizung ist. Von dem Augenblick ab, wo einem dies klar wird, ist dieser ganze Himmel entgöttert, und man macht, daß man ihn verläßt mit dem festen Entschluß, ihn nicht wieder aufzusuchen. Sommerfrischen für den, der jung ist oder es sein will. Aber erhebt man diesen Anspruch nicht mehr und sehnt man sich nicht nur nach Luftfrische, sondern auch nach Behagen, so findet man diese Vereinigung von Luft und Licht und Frische und von Komfort und Behagen nur in den großen Bädern, deren Deutschland, Gott sei Dank, so viele hat: Interlaken, Ragaz, Baden-Baden, Wiesbaden, Kissingen, Karlsbad, die man aufsuchen kann, auch ohne Kurgast zu sein. Ich habe mich schließlich ganz zu diesen bekehrt.

Charles Baudelaire

Irgendwo ausser der Welt

Dieses Leben ist ein Spital, wo jeder Kranke von dem Wunsch besessen ist, das Bett zu wechseln. Der eine möchte dem Ofen gegenüber leiden, und der andere glaubt, am Fenster würde er genesen.

Mir scheint immer, dort, wo ich nicht bin, wäre ich

glücklich, und wo wir unseren Aufenthalt nehmen könnten, ist eine der Fragen, über die ich mich unaufhörlich mit
meiner Seele unterrede.

»Sag, meine Seele, arme, durchkältete Seele, wie wäre es,
wenn wir in Lissabon wohnten? Da muß es warm sein, und
du würdest wieder munter werden wie eine Eidechse.
Diese Stadt liegt am Meer; es heißt, sie sei aus Marmor
erbaut, und das Volk dort habe einen solchen Abscheu vor
den Gewächsen, daß es alle Bäume ausreißt. Das wäre eine
Landschaft nach deinem Geschmack; eine Landschaft aus
Licht und Mineral, und Wasserflächen, sie zu spiegeln!«
Meine Seele gibt keine Antwort.

»Da du die Ruhe so sehr liebst und das Schauspiel der
Bewegung, willst du mit nach Holland kommen, in jenem
Land der Behaglichkeit zu wohnen? Vielleicht gefällt es dir
in jener Gegend, deren Bild du in den Museen so oft
bewundert hast. Was hältst du von Rotterdam, du, die du
die Wälder der Masten liebst, und die Schiffe, die am Fuß
der Häuser vor Anker liegen?«
Meine Seele bleibt stumm.

»Doch vielleicht lockt dich Batavia mehr? Da fänden wir
obendrein den Geist Europas mit der Schönheit der Tropen
vermählt.«
Kein Wort. – Sollte meine Seele gestorben sein?

»Ist es denn schon so weit gekommen, daß du an deiner
Erstarrung Gefallen findest? Wenn dem so ist, laß uns nach
jenen Ländern flüchten, die Gleichnisse des Todes sind? – Ich
hab's, arme Seele! Wir werden unsere Koffer packen und
nach Tornio reisen. Fahren wir noch weiter, bis ans äußer-
ste Ende des Nordmeers; weiter, weiter vom Leben weg,
wenn es möglich ist; in der Polarwelt wollen wir uns
niederlassen. Dort streift die Sonne die Erde nur mit schrä-
gen Strahlen, und der langsame Wechsel von Helle und
Dunkel löscht das Vielerlei und vermehrt die Monotonie,

dieses halbe Nichts. Dort werden wir uns lange baden können in den Finsternissen, während das Nordlicht uns zu unserer Unterhaltung von Zeit zu Zeit seine rötlichen Garben zuwirft, wie den Widerschein eines höllischen Feuerwerks!«

Endlich bricht meine Seele ihr Schweigen, und sehr weise ruft sie mir zu: »Wohin auch immer! wohin auch immer! wenn es nur außer der Welt ist!«

»Wir verreisen!« liest Emil Kubinke in Dackel Männes Augen. Vom Vordersitz einer Kutsche blickt der Hund mit »abgrundtiefer Verachtung« auf den Friseur der Familie herab. Im Haus hinter Kubinke sind fast alle Jalousien heruntergelassen, die meisten hochherrschaftlichen Mieter sind bereits verreist. Herrchen und Frauchen von Männe samt Hausgehilfin Hedwig brechen als letzte auf. Georg Hermanns Held Emil Kubinke aber verreist nicht; Sommerfrische ist für ihn nur ein reizendes Wort.

Es duftet verführerisch nach Sommer ohne Staub, Erdenschwere und Mühsal; in ihm scheint der Widerspruch zwischen Sommer und Frische, zwischen brütender Hitze und luftigem Wohltemperiertsein in ein heiteres Spiel aufgelöst. Zu solch angenehmen Assoziationen, die der längst ungebräuchliche Begriff noch heute weckt, trägt wahrscheinlich bei, daß die Sommerfrische eine fast versunkene Erinnerung an die Kinderstube bürgerlichen Lebens ist.

Bereits zu Anfang des letzten Jahrhunderts beginnen Städter, einige Wochen des Sommers auf dem Land zu verbringen. Die Städte sind in der heißen Jahreszeit nämlich kein angenehmer Aufenthaltsort. Alfred Kerr klagt noch um 1900, »wir alle fressen Staub jetzt, Tag für Tag«. Der Staub der größtenteils unbefestigten Straßen ist neben Lärm und Hektik nicht einmal die schlimmste aller Plagen in den Städten, die durch die Industrialisierung unablässig anschwellen. Die Hitze läßt in Senkgruben, der teilweise offenen Kanalisation, den Manufakturen und Fabriken starke Gerüche entstehen. Dazu kommen die Ausdünstungen vieler Bewohner, die sich einer eher zurückhaltenden Körperpflege befleißigen. Zu allem Überfluß werden die Städte im Sommer immer wieder von Typhus- und Dysenterie-epidemien heimgesucht.

Da verspricht der Landaufenthalt die Einkehr in ein kleines Paradies. Der Adel hält es schließlich seit altersher so: Er verbringt die warmen Monate des Jahres auf seinen Gütern und wohnt nur im Winter in der Stadt.

Dem adligen Vorbild nachzueifern, ist ein Motiv der bürgerlichen Sommerreise. Wer es sich als Bürger leisten kann, sucht daher die renommierten Kurorte und Bäder auf. Wer sich Marienbad, Karlsbad, Travemünde oder Baden-Baden nicht leisten kann, reist aufs Land und bemüht die Kulturkritik Rousseaus. Als einer der ersten formuliert Dr. Deneken bereits 1802 ganz im Sinne des französischen Aufklärers, für den Aufenthalt auf dem Land spreche die Liebe zur Natur, die Begeisterung für das einfache ländliche Leben und, damit verbunden, die Kritik an der Stadt als Sitz der Kultur. In den folgenden Jahrzehnten wird das Bild der vermeintlich unentfremdeten Natur um so leuchtender, je umfassender die Industrialisierung mit ihren Zwängen das gesellschaftliche Leben durchdringt. Paradoxerweise erlaubt dann eine Errungenschaft der neuen Zeit einem schnell größer werdenden Kreis von Reisenden, die Natur aufzusuchen – die Eisenbahn.

Sind es um 1800 noch wenige Pioniere, die sich einige Wochen bei Bauern einmieten, so wird der bald »Sommerfrische« genannte Landaufenthalt nach 1850 höchst beliebt unter höheren Beamten und Angestellten, Professoren, Kaufleuten, Handwerkern und Selbständigen wie Ärzten und Rechtsanwälten. Der jährliche Landaufenthalt besitzt, das weiß selbst Dackel Männe, ein erhebliches Sozialprestige und wird daher in manchem Heiratskontrakt der Ehefrau zugesichert.

Die Reisenden aus den »gebildeten Ständen« sind in der glücklichen Lage, über ihre Zeit recht souverän verfügen zu können; die Lehrberufe haben ohnehin lange Ferien. Die Geldmittel sind jedoch beschränkt. Der Sommerfrischeort muß daher, erinnert sich der Berliner Hans Fallada, »billig sein, nicht zu weit von Berlin entfernt liegen, und er mußte dem Ideal entsprechen, das meine Eltern von ländlicher Stille und Schönheit hatten«.

Gut erreichbar und billig, schön und ruhig – solche Schnäppchen sind nicht leicht zu finden. Die Familie Fallada verschlägt es in Orte, in die nie zuvor ein Berliner seinen Fuß gesetzt hat, und einmal sogar in ein Dorf, das bereits von allen Einwohnern verlassen ist.

Der Vater von Hans Fallada hat wahrscheinlich den falschen Sommerfrische-Führer konsultiert. Diese alphabetisch geordneten Kompendien, die neben bekannten Sommerfrischen gänzlich unbekannte verzeichnen, erscheinen um die Jahrhundertwende bereits jährlich. Sie richten sich an ein »Familienpublikum, das den Sommer über nicht allzufern von seinem Wohnsitz Erholung suchen möchte«, und informieren über sämtliche wissenswerten Aspekte. Von der märkischen Sommerfrische Karlsdorf etwa heißt es: »bei Alt-Friedland (Bez. Potsdam) am Stobber schön gelegen. Laub- und Nadelwald, Berge, See und Bach. Für in bezug auf Komfort bescheidene Ansprüche. (72 Einwohner) Reiseverbindung: Von den Stadtfernbahnhöfen (Ostbahn) bis Station Trebnitz (Mark). Von Bahnhof Trebnitz bis Neuhardenberg 3 mal täglich Postomnibus; von Neuhardenberg Abholung durch Privatfuhrwerk. (Waldchaussee 4 km.) Gasthöfe z. Zt. noch nicht auf Sommerfrischler eingerichtet, aber vorhanden. – Wohnungen, möbliert (ohne Federbetten), 7–10 Mk. für die Woche, 30–35 Mk. für den Monat, je nach Größe. Auskunft über diese (wenn Rückporto beiliegt) durch Hermann Krenzien in Karlsdorf, Post Trebnitz (Mark). Fernsprecher. – Molkerei. – Arzt, Apotheke in Neuhardenberg, 30 Minuten entfernt.

Ausflüge ins Tal des Stobberflüßchens, zur Lapnower, Eichendorfer, Alten und Pritzhagener Mühle, in die Märkische Schweiz usw.«

Gasthöfe sind des öfteren wie in Karlsdorf »noch nicht auf Sommerfrischler« und ihren mitunter mehrere Monate dauernden Aufenthalt eingerichtet. Daher mieten die Gäste Fremdenzimmer oder Wohnungen in Pensionen, Fremdenheimen oder von Dorfbewohnern. Für die Bauern, Fischer und ländlichen Handwerker ist diese Miete oft die einzige Einnahme in Bargeld. Die meist anspruchslosen Zimmer werden in der Regel ohne Möbel, jedoch mit Betten vermietet. »Beschloß die Mutter, daß ›menagiert‹ werden sollte«, erinnert sich Albert Fuchs, »so wurde auf dem Land in einem Privathaus eine Wohnung gemietet. [...] Infolgedessen wurde ein beträchtlicher Teil unseres Wiener Haushaltes: kleinere Möbelstücke, Bettzeug, Kochgeschirr, Eßgeschirr in Kisten verpackt, die entsprechende Dimensionen hatten, und hinausspediert. Die Köchin übersiedelte mit uns.«

Der städtische Haushalt wird aus Kostengründen in die Sommerfrische verpflanzt. Die »kleine Auswanderung« mit Sack und Pack, als die sie die Schauspielerin Tilla Durieux bezeichnet, bedeutet für die Frauen harte Arbeit. Schließlich führen sie den Haushalt in der Sommerfrische weiter. Die privaten Gegenstände sorgen jedoch auch für Vertrautheit in der Fremde, ebenso wie die freundschaftlichen Bande, die zwischen den (Nebenerwerbs-)Vermietern und der Gastfamilie sowie vor allem zwischen den Kindern wachsen. Sie werden jedes Jahr erneuert, weil man jahraus, jahrein zu »seiner« Familie fährt. Solche freundschaftlichen Kontakte sind typisch für die Sommerfrische. Sie ist ein familiäres Vergnügen in einem durch Vertrauen charakterisierten Umfeld und darin ein Gegenentwurf zur Geldwirtschaft der Stadt.

Dennoch entsprechen die Sommerfrischen oft nicht in jeder Hinsicht den Erwartungen der Städter. Theodor Fontane, der sich im Alter des Komforts wegen zu Kurbädern bekehrte, wirft einen ironisch erbitterten Blick zurück auf die vermeintlichen Paradiese. »Verbrechen« hätten die Sommerfrischen an ihm begangen: »die Verpflegung ist miserabel, der Komfort null, die Wohnung noch miserabler. Entweder man wohnt in einer Laterne, darin man sich vor Morgen- und Mittagssonne nicht lassen kann, oder man wohnt sonnenlos, so wachsen die Pilze aus der Erde, und alles riecht nach Multer und Schimmel. Die Mäuse laufen einem über das Bett; wenn man einschlafen will, blaffen die Hunde, worauf die der Nachbardörfer antworten, und wenn man endlich eingeschlafen ist, krähen die Hähne und die pralle Morgensonne fällt einem aufs Bett.«

Angesichts solcher Hindernisse für Städter, auf dem Land ein einmal erreichtes zivilisatorisches Niveau zu halten, können die Begegnungen zwischen Einheimischen und Erholungssuchenden nicht unproblematisch gewesen sein. Überliefert ist von diesen Spannungen leider kaum etwas. George Grosz ist einer der wenigen, bei dem sich klare Worte über die Einwohner des Darß finden: »Sie sagen ganz offen: am Badegast interessiert uns nur sein Geld, er selbst kann zu Hause bleiben.«

Geradezu freundlich wirken dagegen die benachbarten Fischländer, wenn sie ihre Sommergäste »Sandhasen« und »Strandhöpers« nennen. Die revanchieren sich mit Spottversen: »Up Fischland ist't en groten Spaß,/Dor heiten alle Minschen Klas!/Klas! ruppt de anner, Klas! de ein,/Hest du Klas-Klasen sinen Klas nich seihn?«

Mit solchen Späßen sind die Vergnügungen in der Sommerfrische schon weitgehend benannt. Es existieren weder Parkanlagen noch prächtige Einkaufsstraßen oder Casinos, von Schlössern ganz zu schweigen. Die Sommerfrischen sind kein »Paradeplatz der Toilettenkünste«. Sie locken mit Ruhe und Landschaft; Ausflüge und Wanderungen, manchmal Kinderfeste und, wo möglich, Baden, Rudern und Angeln sind die einzigen Attraktionen. Robert Musil berichtet seinem Briefpartner, er habe seiner Seele in der Sommerfrische durch »Kuhmilch und Almspaziergänge eine gewisse Kindlichkeit« wiederbeschert. Seine Grußformel ist eine überzeugende Probe des bereits erreichten, »geradezu dichterischen Grads von Imbezillität«: »Es grüßt Sie herzlich Ihr Muh – Muhsil.« Die Sommerfrische ist mithin kein repräsentatives gesellschaftliches Vergnügen, sondern ein individuell-familiäres.

Doch die Familie verbringt oft nur wenige Wochen der Sommerfrische gemeinsam. In der Regel pflegt das Familienoberhaupt am Sonnabend an- und am Sonntagabend wieder abzureisen, um in der Stadt seiner Erwerbstätigkeit nachzugehen, während Ehefrau und Kinder auf dem Land bleiben. Vierzehn unbezahlte Urlaubstage können Beamten und Angestellten nach dem Reichsbeamtengesetz von 1873 gewährt werden, ein Anspruch besteht jedoch nicht; bei Siemens gibt es laut Thomas Nipperdey vierzehn Tage Angestelltenurlaub. 1901 haben ungefähr 50% der Angestellten im Großhandel, bei den Banken und der chemischen Industrie die Möglichkeit, Urlaub zu nehmen, jedoch weniger als 10% der Arbeiter (1914).

Die notwendige Pendelei des Ehemanns beschränkt – ebenso wie die Kosten des Aufenthalts und der Umfang des Gepäcks – den Kreis der in Frage kommenden Orte: Sie dürfen möglichst nur zwei bis drei Stunden Fahrtzeit von der Stadt entfernt liegen. Manch einer der Strohwitwer fährt nach einigen Stunden im Kreise der Lieben gern wieder heim, nutzt er doch die häusliche Einsamkeit für eine amouröse Tändelei in der Stadt, die südlich der Alpen die hübsche Bezeichnung »commedia italiana« trägt.

Ohne die Eisenbahn wäre es sehr viel schwieriger gewesen, zweigleisig zu fahren, und die Sommerfrische wäre wohl gar ein Randphänomen geblieben. Bis zum Siegeszug der Eisenbahn werden die meisten Wege zu Fuß zurückgelegt, und die Mobilität ist entsprechend beschränkt. Eine Kutsche zu unterhalten, ist kostspielig; teuer sind auch die wenigen Lohndroschken, die eine Konzession für die Fahrt über das Land besitzen. Sie verkehren zudem unregelmäßig und sind langsam.

Die frühen Eisenbahnlinien werden zwar als Fernverbindungen geplant und gebaut, jedoch sofort ausgiebig von Sommerfrischlern genutzt. Das sich schnell verdichtende Eisenbahnnetz erweitert den Kreis der Reiseziele und der Reisenden. Die Mittelgebirge und die Seebäder rücken an die Städte heran, und die Sommerreise wird nun selbst für Teile des Kleinbürgertums finanzierbar. Mit den städtischen Schulferien bricht in den Reisezielen die Hauptsaison an. Als Sommerfrische gilt spätestens ab 1890 auch der Aufenthalt an der See.

Die Zahl der Reisenden nimmt rapide zu: 2815 Besucher pro Jahr zählt Norderney 1865, 1885 sind es 11 000 und 1911 bereits 47 000; aus 460 Besuchern 1872 in Oberstdorf werden 1890 über 4 000 und 1913 schon 19 000. In den deutschen Ostseebädern verdreifacht sich zwischen 1880 und 1890 die Zahl der Gäste auf ca. 50 000.

Diese Reisenden haben sehr unterschiedliche Bedürfnisse. Das in der zweiten Hälfte des 19. Jahrhunderts zahlenmäßig stark zunehmende Bürgertum ist in sich differenziert und achtet auf Distinktion. Darauf reagieren die am einträglichen Vermietungsgeschäft interessierten Einwohner der miteinander konkurrierenden Reiseziele. Sie gründen Verschönerungs-, Fremdenverkehrs- und Kurvereine, erheben zu deren Finanzierung Kurtaxen, stellen Bänke auf, schaffen Wege und Anlagen, organisieren Feuerwerke, Konzerte, Badeanstalten. Um die Jahrhundertwende nennen sich viele Sommerfrischen, die auf keine Geschichte als Bad oder Kurort zurückblicken, Luftkurorte.

Diese geschäftstüchtigen Aktivitäten werden von den Gästen, die seit Jahren dieselbe Sommerfrische aufsuchen, mit Argwohn betrachtet. Ein Stammgast warnt Peter Altenberg, eine Hymne auf den Ort zu schreiben: »Die, die ihn erkannt haben, sind schon seit langen Jahren da Sommergäste, und die, die durch Sie erst aufmerksam gemacht werden, verschandeln ihn!«

Ähnliches befürchten die Bürger von Büsum im Jahre 1908. Dort entfacht ein Plakat, das mit den nackten Waden einer Nixe das Wattlaufen anpreist, einen Sturm der Entrüstung. Die Büsumer wollen kein »Luxusbad mit aufregenden Vergnügungen« wie Westerland auf Sylt oder Travemünde werden, sondern eine Familiensommerfrische mit ländlichem Gepräge bleiben.

Meist werden die sozialen Unterschiede auf subtilere Weise fortgeschrieben: Während das mondäne und von vielen Ausländern besuchte Ostseebad Heringsdorf sozial schwächere Gäste mit einer hohen Kurtaxe abschreckt, gilt das »benachbarte kinderwimmelnde Ahlbeck«, so Victor Klemperer, als »ausgesprochen kleinbürgerlich«. Eine Sommerfrische ist auch das offenbar sehr karge Prerow, das einem Zeitungsreporter 1884 »einen Vorgeschmack von einer Reise durch die Sahara« verschafft.

So vertraut sind die Sozialcharakteristika der Urlaubsorte seinen Lesern, daß Theodor Fontane mit ihnen einen Roman beginnen lassen kann: Gordon wittert einen Skandal, als er in der Harzsommerfrische Thale die schöne titelgebende Hauptperson Cécile und den fünfzigjährigen Oberst a. D. von St. Arnaud erblickt. »Das ist Baden-Baden«, sagte der vom Balkon aus sie Beobachtende [Gordon]. ›Baden-Baden oder Brighton oder Biarritz, aber nicht Harz und Hotel Zehnpfund.‹«

Der sozialen Stellung der Reisenden entspricht oft die zwischen Wohn- und Reiseort zurückgelegte Entfernung. Als die Sommerfrische an Nord- und Ostsee um die Jahrhundertwende populär geworden ist, reist, wer es sich leisten kann, längst nach England, Italien oder Südfrankreich. Und weil es selbst dort im Sommer gedrängter als früher zugeht, entdecken die »Stützen der Gesellschaft« den Winter als Urlaubszeit: 1865 begrüßt Davos die ersten Wintergäste, 1883 folgt St. Moritz.

Die überkommenen, stadtnahen Sommerfrischen geraten durch den Zug in die Ferne ins Hintertreffen. 1915 beklagt die Centralstelle für den Fremdenverkehr Groß-Berlins nicht etwa Einschränkungen des Reiseverkehrs durch den Ersten Weltkrieg, sondern daß die Berliner die märkischen Sommerfrischen verschmähen. Die immer schneller werdende Eisenbahn rückt ständig weiter entfernt liegende Orte nahe. Auf der Fahrt dorthin fliegen die Bahnhöfe der einstigen Sommerfrischen nur noch so vorbei an den Abteilfenstern.

Gestiegener Wohlstand und veränderte Ansprüche tun ein übriges. Ruhe und Landschaft stehen nicht mehr obenan auf der Liste der Erholungssuchenden. Die 20er Jahre haben es amerikanisch eilig. Sie genießen die ländliche Szenerie im Zeitraffertempo: bei einem »weekend«, einer Landpartie oder einem Sonntagsausflug, oft mit dem Auto. Und Tucholskys Claire und Wolfgang erleben in drei Tagen Rheinsberg genug für einen ganzen Urlaub und eine Erzählung.

Unter dem vertrauten Namen »Sommerfrische« bürgert sich das Neue ein, die sommerliche Fernreise. In der Erzählung *Mario und der Zauberer* beschreibt Thomas Mann

1930 eine »der beliebtesten Sommerfrischen«. Es ist Torre »am Tyrrhenischen Meer, städtisch-elegant und monatelang überfüllt«. Sommerfrische ist synonym geworden mit der Sommerreise bzw. ihrem Ziel.

Dann gerät die Sommerfrische in Vergessenheit. Der Tourist marschiert in den 30ern gleich massenweise: die »Nationalsozialistische Gemeinschaft ›Kraft durch Freude‹« tritt an, um den Urlaubshunger des »deutschen Arbeitsmenschen« zu befriedigen. Propagandawirksam wird dem Massentourismus zum Durchbruch verholfen.

Die Idee einer unaufwendigen, stadtnahen Urlaubsform überlebt in Nischen, etwa als kinderfreundlicher Urlaub auf dem Bauernhof. Heute, knapp 150 Jahre nach ihrer ersten Blüte, erlebt die Sommerfrische eine Renaissance. Auf die Entdeckung der Langsamkeit in den 80ern folgt die der Nähe in den 90ern. Besonders die Berliner entdecken nach dem Mauerfall die märkische Landschaft und ihre wichtigsten Attraktionen wieder: Schönheit und Ruhe.

Ein wenig gewandelt haben sich die Etiketten, unter denen die Sommerfrische heute reüssiert. Es ist weniger schwärmerische Naturliebe im Spiel, weniger humanistischer Abscheu vor der Geldwirtschaft. Statt dessen spricht man vom »sanften Tourismus«, von einer »ökologisch unbedenklichen Form«, Urlaub zu machen.

Mit der Mobilität aber, deren Anfänge einst die Sommerfrische ermöglicht haben, ist diese Art des Urlaubs weiterhin eng verbunden. Heute scheint die Mobilität grenzenlos geworden zu sein, doch dieses Versprechen wird täglich dementiert durch Staus auf den Autobahnen und Wartezeiten auf den Flughäfen. Einmal im Jahr muß es wohl so sein. Aber warum nicht – zumindest für den Zweit- und kleinen Zwischendurchurlaub – einfach in der Nähe bleiben, statt in der eingekeilten Karosse beim Blick auf das nahe und doch unerreichbare Meer zu schwitzen?

Warum nicht schon entspannen, während andere noch beim Einchecken stehen? Mit einem Wort: Warum nicht in die Sommerfrische fahren?!

Ja, warum eigentlich nicht?

Jörg Plath

Für Hinweise und Anregungen danke ich Uta Rüenauver, Sigrid Ruschmeier, Peter Urban-Halle und Thomas Karlauf.

Joachim Ringelnatz: Sommerfrische.* Aus: Gedichte Bd. 2. Das Gesamtwerk in 7 Bänden. Hg. v. Walter Pape. K. H. Henssel Verlag, Berlin 1985, S. 31 f. © Diogenes Verlag, Zürich 1994.

Deneken: Über die Sitte der Städter, den Sommer über sich in Bauernhäusern einzumieten.* Aus: Der Neue Teutsche Merkur vom Jahre 1802. Hg. v. Christoph Martin Wieland. 2. Band. 5. Stück. May 1802. Weimar 1802, S. 16–34. Interpunktion, Orthographie und Syntax behutsam modernisiert.

Guy de Maupassant: Heiß wie ein Dampfbad. Aus: Bel-Ami. Aus dem Französischen von Anna Wagenknecht. Rütten und Loening, Berlin 1994, S. 6. © Aufbau-Verlag, Berlin.

Alfred Kerr: »Staub soll er fressen«. Aus: Wo liegt Berlin? Briefe aus der Reichshauptstadt 1895–1900. Hg. v. Günther Rühle. © Aufbau-Verlag, Berlin 1997, S. 50.

Peter Altenberg: Sommerreise.* Aus: Vita ipsa. S. Fischer Verlag, Berlin 1918, S. 84–86.

Hans Fallada: Reisevorbereitungen. Aus: Damals bei uns daheim. Erlebtes, Erfahrenes und Erfundenes. Rowohlt Taschenbuch Verlag, Reinbek bei Hamburg 1982, S. 72–74. © Aufbau-Verlag, Berlin 1994.

Hermann Harry Schmitz: Wie es kompliziert war, bis ich in die Sommerfrische kam.* Aus: Das Buch der Katastrophen. 33 Irrzählungen. Ausgewählt, präsentiert und benachwortet von Frank Meyer. © L + L Verlag, Düsseldorf 1996, S. 111–121.

Hans Fallada: Eine elende Plackerei. Aus: Damals bei uns daheim. Erlebtes, Erfahrenes und Erfundenes. Rowohlt Taschenbuch Verlag, Reinbek bei Hamburg 1982, S. 75 f. © Aufbau-Verlag, Berlin 1994.

Käthe Kollwitz: Schwärmerische Seeliebe. Aus: Die Tagebücher. Hg. v. Jutta Bohnke-Kollwitz. © Siedler Verlag, Berlin 1989, S. 727 f.

Alberto Moravia: Angst.★ Aus: Römische Erzählungen. Aus dem Italienischen übertragen von Katarina Helmling. Rowohlt Taschenbuch Verlag, Reinbek bei Hamburg 1990, S. 58–64. © Alberto Moravia, vertreten durch Eulama, Rom. © Dacia Maraini/Carmen Llera, Erben.

Hans Fallada: Beati possidentes! Aus: Damals bei uns daheim. Erlebtes, Erfahrenes und Erfundenes. Rowohlt Taschenbuch Verlag, Reinbek bei Hamburg 1982, S. 83–87. © Aufbau-Verlag, Berlin 1994.

Georg Hermann: Verlobt und verliebt. Aus: Kubinke. Fischer Taschenbuch Verlag, Frankfurt am Main 1987, S. 200–205. © Verlag Das Neue Berlin, Berlin.

Hans Fallada: Die brausende Halle. Aus: Damals bei uns daheim. Erlebtes, Erfahrenes und Erfundenes. Rowohlt Taschenbuch Verlag, Reinbek bei Hamburg 1982, S. 87–93. © Aufbau-Verlag, Berlin 1994.

Victor Klemperer: Das ferne ausländische Bornholm. Aus: Curriculum vitae. Erinnerungen 1881–1918. Band 1. Aufbau Taschenbuch Verlag, Berlin 1996, S. 508–515. © Aufbau-Verlag, Berlin und Weimar 1989.

Peter Altenberg: Land.★ Aus: Vita ipsa. S. Fischer Verlag, Berlin 1918, S. 199.

Franz Hessel: Stadtsommer.* Aus: Ermunterung zum Genuß. Hg. v. Karin Grund und Bernd Witte. © Brinkmann & Bose, Berlin 1981, S. 143–145.

Alfred Polgar: Natur.* Aus: Kleine Schriften Bd. 2. Hg. v. Marcel Reich-Ranicki in Zusammenarbeit mit Ulrich Weinzierl. © Rowohlt Verlag, Reinbek bei Hamburg 1983, S. 203–205.

Franz Grillparzer: Eine unangenehme Empfindung. Aus: Sämtliche Werke. Ausgewählte Briefe, Gespräche, Berichte. Hg. v. Peter Frank/Karl Pörnbacher. Bd. 4. Carl Hanser Verlag, München 1965, S. 509.

Karl Kraus: Pfleget den Fremdenverkehr.* Aus: Die Fackel vom 1. 4. 1913, S. 16 f. © Suhrkamp Verlag, Frankfurt am Main.

Hugo von Hofmannsthal: Das Dorf im Gebirge.* Aus: Gesammelte Werke in Einzelausgaben. Prosa 1. Hg. v. Herbert Steiner. S. Fischer Verlag, Frankfurt am Main 1956, S. 277–281.

Nikolaus Lenau: An den Ischler Himmel im Sommer 1838.* Aus: Sämtliche Werke und Briefe in 6 Bänden. Hg. v. Eduard Castle. Bd. 1: Gedichte. Insel Verlag, Leipzig 1910, S. 354.

Pablo Neruda: Ferienmonat der Armen. Aus: Ich bekenne ich habe gelebt. Deutsch und mit einem Nachwort von Curt Meyer-Clason. © Hermann Luchterhand Verlag, Darmstadt/Neuwied 1974, S. 20–25. Alle Rechte vorbehalten: Luchterhand Literaturverlag, München.

Anton Tschechow: Der Gast. Eine kleine Episode.* Aus: Ein unbedeutender Mensch. Erzählungen 1883–1885. Hg. und mit Anmerkungen versehen von Peter Urban. Diogenes Verlag, Zürich 1976, S. 270–274. © Artemis & Winkler Verlag, Düsseldorf/Zürich.

Hugo von Hofmannsthal: Ein unmenschlicher Brief. Aus: Hugo von Hofmannsthal/Carl J. Burckhardt: Briefwechsel. Hg. v. Carl J. Burckhardt. S. Fischer Verlag, Frankfurt am Main 1956, S. 21.

Peter Altenberg: Angenehme Reise-Eindrücke.* In: Gesammelte Werke in 5 Bänden. Bd. II. Extrakte des Lebens. Gesammelte Skizzen 1898–1919. Hg. v. Werner Schweiger. Löcker Verlag/ S. Fischer Verlag, Wien/Frankfurt am Main 1987, S. 44–47. © Erhard Löcker GmbH, Wien.

Guy de Maupassant: Eine Frau trat ein. Aus: Unser einsames Herz. Gesamtausgabe der Romane von Guy de Maupassant in 6 Bänden. Übertragen von Josef Halperin. Artemis Verlag, Zürich 1964, S. 57–86. © Artemis & Winkler Verlag, Düsseldorf/Zürich.

Robert Musil: Muh-Muhsil. Aus: Briefe 1901–1942. Hg. v. Adolf Frisé. Rowohlt Verlag, Reinbek bei Hamburg 1983, S. 237. Gesammelte Werke. © Rowohlt Verlag, Reinbek bei Hamburg 1978.

Franz Kafka: Die Schraube. Aus: Briefe an Felice und andere Korrespondenz aus der Verlobungszeit. Hg. v. Erich Heller und Jürgen Born. Fischer Taschenbuch Verlag, Frankfurt am Main 1976, S. 427 f.

Ludwig Steub: Brixlegg.* Aus: Drei Sommer in Tirol. Mit einem Vorwort von Josef Pfennigmann. 3 Bände. © Süddeutscher Verlag, München 1977. Bd. 1, S. 43 f.

Daphne du Maurier: Aug in Aug. Aus: Eine Schriftstellerin nimmt Gestalt an. Autobiographische Aufzeichnungen. Aus dem Englischen von Hanna Lux. Rainer Wunderlich Verlag Hermann Leins. Tübingen 1978, S. 37. © Agence Hoffman, München, und Curtis Brown, London.

Victor Klemperer: Ein märkisches Gefühl des Behagens. Aus: Curriculum vitae. Erinnerungen 1881–1918. Band 1. Aufbau

Taschenbuch Verlag, Berlin 1996, S. 124–128. © Aufbau-Verlag, Berlin und Weimar 1989.

Peter Altenberg: Vöslau.* Aus: Gesammelte Werke in 5 Bänden. Bd. II. Extrakte des Lebens. Gesammelte Skizzen 1898–1919. Hg. v. Werner Schweiger. Löcker Verlag/S. Fischer Verlag, Wien/Frankfurt am Main 1987, S. 203 f. © Erhard Löcker GmbH, Wien.

Robert Musil: Spazierenschwimmen. Aus: Briefe 1901–1942. Hg. v. Adolf Frisé. Rowohlt Verlag, Reinbek bei Hamburg 1983, S. 384 f. Gesammelte Werke. © Rowohlt Verlag, Reinbek bei Hamburg 1978.

Tilla Durieux: Zeit zu lernen. Aus: Meine ersten neunzig Jahre. Erinnerungen. Die Jahre 1952–1971 nacherzählt von Joachim Werner Preuß. Herbig Verlag, München/Berlin 1971, S. 15–16. © Herbig in der F. A. Herbig Verlagsbuchhandlung, München.

Edmond und Jules de Goncourt: Der schwitzende Denker. Aus: Tagebücher. Übertragen und hg. v. Justus Franz Wittkop. © Insel Verlag, Frankfurt am Main 1983, S. 67.

Peter Altenberg: Landeindrücke.* Aus: Vita ipsa. S. Fischer Verlag, Berlin 1918, S. 161 f.

Max Kretzer: Natürlich Berliner! Aus: Großstadtmenschen. Globus, Berlin 1920. Zitiert nach: Berlin in Bewegung. Literarischer Spaziergang 1: Die Berliner. Hg. v. Klaus Strohmeyer in Zusammenarbeit mit Marianne Strohmeyer. Rowohlt Taschenbuch Verlag, Reinbek bei Hamburg 1987, S. 194–202. © Klaus Strohmeyer, Berlin.

Carlo Emilio Gadda: Alles außer dem guten Geschmack. Aus: Die Erkenntnis des Schmerzes. Aus dem Italienischen von Toni Kienlechner. Mit einem Nachwort von Hans Magnus Enzensberger. Piper Verlag, München/Zürich 1985, S. 29–33. © Piper Verlag, München 1964.

Peter Altenberg: Der Landungssteg.★ Aus: Gesammelte Werke in
5 Bänden. Bd. 1. Expeditionen in den Alltag. Gesammelte Skizzen 1895–1898. Hg. v. Werner Schweiger. Löcker Verlag/
S. Fischer Verlag, Wien/Frankfurt am Main 1987, S. 224–226.
© Erhard Löcker GmbH, Wien.

Hugo von Hofmannsthal: Prolog zu einem Wohltätigkeitskonzert
in Strobl.★ Aus: Gedichte Dramen I 1891–1898. Hg. v. Bernd
Schoeller in Beratung mit Rudolf Hirsch. © Fischer Taschenbuch Verlag, Frankfurt am Main 1979, S. 62–64.

Thomas Mann: Gute Travemünder Gesellschaft. Aus: Buddenbrooks. Verfall einer Familie. © S. Fischer Verlag, Frankfurt am
Main 1986, S. 132–134.

Peter Altenberg: Stammgäste.★ Aus: »Semmering 1912«. S. Fischer Verlag, Berlin 1913, S. 77.

Hermann Harry Schmitz: In der Sommerfrische. Mein erster
Mittag an der Table d'hôte und was daraus entstand.★ Aus: Das
Buch der Katastrophen. 33 Irrzählungen. Ausgewählt, präsentiert
und benachwortet von Frank Meyer. © L+L Verlag, Düsseldorf
1996, S. 123–134.

Theodor Fontane: Lebensluft. Aus: Effi Briest. In: Romane und
Erzählungen in drei Bänden. Bd. 2. Hg. v. Helmuth Nürnberger.
© Carl Hanser Verlag, München/Wien 1985, S. 535–537.
(dtv 12499)

Heinrich Mann: Sie Baffze! Aus: Professor Unrat. Rowohlt Taschenbuch Verlag, Hamburg 1981, S. 118 f. © S. Fischer Verlag,
Frankfurt am Main 1994.

George Grosz: Ein schauerlicher tierischer gläubiger Ernst. Aus:
Briefe 1913–1959. Hg. v. Herbert Kunst. © Rowohlt Verlag,
Reinbek bei Hamburg 1979, S. 122–127.

Natalia Ginzburg: Sommer.* Aus: Das imaginäre Leben. Aus dem Italienischen von Maja Pflug. © Verlag Klaus Wagenbach, Berlin 1995, S. 45–51.

Leo N. Tolstoj: Meine vorteilhafteste Seite. Aus: Kindheit. Knabenalter. Jünglingsjahre. Aus dem Russischen von Herrmann Röhl. Revidiert und hg. v. Gisela Drohla. © Insel Verlag, Frankfurt am Main 1976, S. 315–341.

Edmond und Jules de Goncourt: Verliebt für 15 Schritte. Aus: Tagebücher. Übertragen und hg. v. Justus Franz Wittkop. © Insel Verlag, Frankfurt am Main 1983, S. 25–27.

Robert Musil: Eine schöne 40jährige Fichte. Aus: Tagebücher. Hg. v. Adolf Frisé. Rowohlt Verlag, Reinbek bei Hamburg 1976, S. 917 f. Gesammelte Werke. © Rowohlt Verlag, Reinbek 1978.

Eduardo Mendoza: So ist's recht. Aus: Die Stadt der Wunder. Aus dem Spanischen von Peter Schwaar. © Suhrkamp Verlag, Frankfurt am Main 1989, S. 195 f.

Elias Canetti: Die feindliche Masse. Aus: Die gerettete Zunge. Geschichte einer Jugend. © Carl Hanser Verlag, München 1977, S. 128 f.

Carl Zuckmayer: Der letzte Zug. Aus: Als wär's ein Stück von mir. Horen der Freundschaft. © S. Fischer Verlag, Frankfurt am Main 1969, S. 188–193.

Alfred Kerr: Der Neue Westen an der Ostsee. Aus: Wo liegt Berlin? Briefe aus der Reichshauptstadt 1895–1900. Hg. v. Günther Rühle. © Aufbau-Verlag, Berlin 1997, S. 301.

Alfred Polgar: Die lila Wiese.* Aus: Kleine Schriften Bd. 2. Hg. v. Marcel Reich-Ranicki in Zusammenarbeit mit Ulrich Weinzierl. © Rowohlt Verlag, Reinbek bei Hamburg 1983, S. 45–48.

Manès Sperber: Ordnung muß sein! Aus: Wie eine Träne im Ozean. Romantrilogie. Erstes Buch. Deutscher Taschenbuch Verlag München 1980, S. 98–105. © Europa Verlag, München/Wien. (dtv 12472)

Peter Altenberg: Rückkehr vom Lande.* Aus: Gesammelte Werke in 5 Bänden. Bd. II. Extrakte des Lebens. Gesammelte Skizzen 1898–1919. Hg. v. Werner Schweiger. Löcker Verlag/S. Fischer Verlag, Wien/Frankfurt am Main 1987, S. 179 f. © Erhard Löcker GmbH, Wien.

Theodor Fontane: Der Sommer- und Winter-Geheimrat.* Aus: Große Brandenburger Ausgabe. Gedichte 1–3, Bd. 1. © Aufbau-Verlag, Berlin 1995.

Alfred Kerr: Besuch nach der Sommerreise.* Aus: Erlebtes. Deutsche Landschaften, Menschen und Städte. Hg. v. Günther Rühle. Werke in Einzelausgaben. Argon Verlag, Berlin 1989, S. 19 f. © S. Fischer Verlag, Frankfurt am Main 1995.

August Strindberg: Zehn Jahre. Auszug aus: Herbst. In: Ein Puppenheim und andere Erzählungen. Aus dem Schwedischen von Klaus Möllmann. Mit Illustrationen von Barbara Gutjahr und einem Nachwort von Leopold Magon. Insel Taschenbuch Verlag, Frankfurt am Main 1981, S. 44 f. © Sammlung Dieterich, Leipzig 1964, 1992.

Peter Altenberg: Sommers Ende.* Aus: Gesammelte Werke in 5 Bänden. Bd. II. Extrakte des Lebens. Gesammelte Skizzen 1898–1919. Hg. v. Werner Schweiger. Löcker Verlag/S. Fischer Verlag, Wien/Frankfurt am Main 1987, S. 129 f. © Erhard Löcker GmbH, Wien.

Theodor Fontane: Die Sommerfrischen.* Aus: Kritische Jahre – Kritiker-Jahre. Autobiographisches aus dem Nachlaß. Berlin 1934, S. 11–13.

Charles Baudelaire: Irgendwo außer der Welt.* Aus: Sämtliche
Werke/Briefe in acht Bänden. Hg. v. Friedhelm Kemp und
Claude Pichois in Zusammenarbeit mit Wolfgang Drost. Bd. 8.
© Carl Hanser Verlag, München/Wien 1992, S. 293–295.

Klassische Anthologien
in <u>dtv</u>-Originalausgaben

**Deutsche Erzählungen
des 19. Jahrhunderts**
Von Kleist bis Hauptmann
Hrsg. von Joachim Horn,
Johann Jokl, Albert Meier,
Sibylle von Steinsdorff
dtv 2099

**Deutsche Lyrik
vom Barock bis zur
Gegenwart**
Hrsg. von Gerhard Hay
und Sibylle von Steinsdorff
dtv 12397

**Erzählungen der
deutschen Romantik**
Herausgegeben und kom-
mentiert von Albert Meier,
Walter Schmitz, Sybille
von Steinsdorff und
Ernst Weber
dtv 12546

Nicht nur zur Osterzeit
Ein Frühlings-Lesebuch
Herausgegeben von
Gudrun Bull
dtv 12606

Ostern
Ein Spaziergang rund um
die Welt
Hrsg. von Ulf Diederichs
dtv 12325

**Vom Glück des Reisens zu
Lande, zu Wasser und in
der Luft**
Hrsg. von Ulf Diederichs
dtv 11802

Ich fahr so gerne Rad…
Geschichten von der Lust,
auf dem eisernen Rosse
dahinzujagen
Hrsg. von Hans-Erhard
Lessing
dtv 12017

Die Kunst des Wanderns
Ein literarisches Lesebuch
Herausgegeben von
Alexander Knecht und
Günter Stolzenberger
dtv 20030

**Hyperion am
Bahnhof Zoo**
Hautnahe Männerge-
schichten
Hrsg. von Hans Stempel
und Martin Ripkens
dtv 12524

Theodor Fontane
Allerlei Glück
Ein Lebensbuch
Vorgestellt von
Ulf Diederichs
dtv 12538

Die Hanser-Fontane-Ausgabe im <u>dtv</u>

Herausgegeben von Helmuth Nürnberger.
Mit Anmerkungen, Zeittafel und Literaturhinweisen
sowie einem Nachwort des Herausgebers.

**Wanderungen durch die
Mark Brandenburg**
3 Bände
dtv 59025

Briefe
Ausgabe in fünf Bänden
Ausgewählt und heraus-
gegeben von
Helmuth Nürnberger u. a.
dtv 59037

Vor dem Sturm
dtv 2345

Grete Minde
dtv 12554

Ellernklipp
dtv 12469

L' Adultera
dtv 12470

Schach von Wuthenow
dtv 2375

Graf Petöfy
dtv 2412

Unterm Birnbaum
dtv 12372

Cécile
dtv 12553

Irrungen, Wirrungen
dtv 12615

Stine
dtv 12498

Quitt
dtv 2378

Unwiederbringlich
dtv 2349

Mathilde Möhring
Mit einem Nachwort
herausgegeben von
Gotthard Erler
dtv 2350

Frau Jenny Treibel
dtv 8390

Effi Briest
dtv 12499

Die Poggenpuhls
dtv 2398

Der Stechlin
dtv 12552

Erich Kästner im dtv

»Erich Kästner ist ein Humorist in Versen, ein gereimter Satiriker, ein spiegelnder, figurenreicher, mit allen Dimensionen spielender Ironiker ... ein Schelm und Schalk voller Melancholien.«

Hermann Kesten

Doktor Erich Kästners Lyrische Hausapotheke
dtv 11001

Bei Durchsicht meiner Bücher
Gedichte · dtv 11002

Herz auf Taille
Gedichte · dtv 11003

Lärm im Spiegel
Gedichte · dtv 11004

Ein Mann gibt Auskunft
dtv 11005

Fabian
Die Geschichte eines Moralisten
dtv 11006

Gesang zwischen den Stühlen
Gedichte · dtv 11007

Drei Männer im Schnee
dtv 11008

Die verschwundene Miniatur
dtv 11009 und
dtv großdruck 25034

Der kleine Grenzverkehr
dtv 11010

Die kleine Freiheit
Chansons und Prosa
1949–1952
dtv 11012

Kurz und bündig
Epigramme
dtv 11013

Die 13 Monate
Gedichte · dtv 11014

Die Schule der Diktatoren
Eine Komödie
dtv 11015

Notabene 45
Ein Tagebuch
dtv 11016

Ingo Tornow
Erich Kästner und der Film
dtv 12611

Das Erich Kästner Lesebuch
Hrsg. von Sylvia List
dtv 12618

Oskar Maria Graf im dtv

»Oskar Maria Graf gehört zu den bedeutendsten
Schriftstellern unseres Jahrhunderts.«
Carl Zuckmayer

Wir sind Gefangene
Ein Bekenntnis
dtv 1612
Grafs Erlebnisse
1905 bis 1918.

**Das Leben meiner
Mutter**
dtv 12381
Aus der Lebensbeschrei-
bung einer einfachen Frau
aus dem Volke, wie es die
Mutter Oskar Maria Grafs
war, erwächst eine Chro-
nik bäuerlich-dörflichen
Daseins und der politi-
schen Ereignisse der Zeit.

Anton Sittinger
Roman
dtv 12453
Aus dem Blickwinkel ei-
nes deutschen Kleinbür-
gers schildert Oskar Maria
Graf die Ereignisse der
Jahre 1918 bis 1933 und
legt am Beispiel eines Menschen »wie du und ich«
Verhaltensweisen bloß, die
mitverantwortlich waren,
daß sich das nationalso-
zialistische Terrorregime
etablieren konnte.

**Die Erben des
Untergangs**
Roman einer Zukunft
dtv 11880

An manchen Tagen
Reden, Gedanken und
Zeitbetrachtungen
dtv 11898

Bolwieser
Roman eines Ehemannes
dtv 12310
Xaver Bolwieser, ein klein-
bürgerlicher Bahnhofs
vorsteher, wird plötzlich
aus der Bahn geworfen:
Seine Frau hat Liebhaber,
die Gerüchteküche bro-
delt, und sein Meineid, zur
Beteuerung ihrer
Unschuld, bringt ihn ins
Gefängnis ...

**Reise in die
Sowjetunion 1934**
SL 71012

Über Oskar Maria Graf:
Gerhard Bauer:
**Oskar Maria Graf
Ein rücksichtslos
gelebtes Leben**
dtv 30413